KB193383

칸트
예지계
강의

칸트 예지계 강의 : 윤리적 주체의 탄생

발행일 초판 1쇄 2025년 3월 20일 | **지은이** 이수영
펴낸곳 북튜브 | **펴낸이** 박순기 | **주소** 경기도 고양시 덕양구 소원로 181번길 15, 504-901
전화 070-8691-2392 | **팩스** 031-8026-2584 | **이메일** booktube0901@gmail.com

ISBN 979-11-92628-48-6 03160

Copyright © 이수영 저작권자와의 협의에 따라 인지는 생략했습니다. 이 책은 저작권자와 북튜브의 독점
계약에 의해 출간되었으므로 무단전재와 무단복제를 금합니다.
잘못 만들어진 책은 서점에서 바꿔 드립니다.

북튜브 책으로 만나는 인문학강의 세상

Immanuel Kant

칸트
예지계
강의

윤리적 주체의 탄생

이수영 지음

Booktube
북튜브

서문

보르헤스의 『픽션들』(1944)에는 「끝」이라는, 짧막하지만 언제나 보르헤스의 것이라고 할 수 있는 강렬함을 간직한 단편이 있다. 7년 전 자신의 형제를 죽인 자에 대해 복수하는 한 흑인의 얘기로, 복수의 방식은 칼을 사용한 전통적인 결투다. 흑인은 상대방에게 요청한다. 7년 전 자신의 형제를 죽였을 때처럼 모든 힘과 기술을 다해 결투에 임해 달라고. 그렇지 않으면 결투와 복수의 정당성이 확보되지 않는다며. 팽팽하던 싸움은 결국 흑인의 승리로 끝이 나고, 보르헤스는 다음과 같은 내용을 덧붙인다. 정의 구현의 과제를 마친 그 흑인은 이제 아무도 아니거나 또 다른 사람이 되었다고. 왜냐하면 그는 한 사람을 죽였고 그래서 이 지상에서 그 어느 곳도 갈 데가 없기 때문이라고.

흑인이 놓인 세계를 어떻게 표현할 수 있을까? 분명 이 지상에 있지만 더 이상 이 지상에 속하지 않는 존재, 그래서 또 다른 사람이거나 차라리 아무도 아닌 사람(아마 Nobody?)의 세계. 세계 내부에 있지만 그 내부가 곧 외부가 되어 버린 존재. 살아 있지만 살아 있다고 할 수 없는 존재. 칸트의 예지계적 세계를 이런 노바디들의 세계라고 말하면 어떨까?

칸트 비판이라면 단연 니체라고 할 수 있는데 내게 니체의 문제점으로 보이는 것은 그에게는 예지계가 철학적으로 너무 단순화되어 있다는 점이다. 그중에서도 『안티크리스트』(1888)가 대표적인데, 여기서는 신이나 영혼, 가책, 신의 다가옴, 은총, 구원, 신의 나라와 같은 개념들은 이 자연적 세계에는 실재하지 않는 공상적이고 허구적인 것들로 치부된다. 심지어 이런 예지계적 존재들의 실재성은 꿈이 갖는 실재성보다 더 못한 것으로 간주되고, 진정으로 실재하는 것 자체를 왜곡시키고 탈가치화하며 부정한다는 점 때문에 극렬한 비난의 대상이 된다. 가령 자연적인 성욕은 금욕주의적 신의 세계에서는 언제나 원죄의 대상이 된다는 식이다.

니체의 비판은 실재와 비실재, 존재와 허구와 같은 대립적 도식을 바탕으로 구성되어 있는 것으로 보이는데, 이 '허구적 세계'를 조금 다른 방식으로 볼 수는 없는 것일까? 다시 말해 칸트적인 예지계적 세계가 실재의 부정이 아니라 이 정상적이고 실재적인 세계 자체의 균열을 드러내는 지점이라면 어떨까? 존재/비존재의 구분 대신 현실/균열의 구분을 도입하고 싶은 것이다. 이런 구도에서 예지계는 더 이상 현실 바깥의 초월적이고 공허한 영역이 아니라, 현실 내부에 존재함에도 불구하고 그 현실성이 부정되는 대상이나 의미를 규정할 수 있는 생산적인 개념이 된다. 벤야민은 신체를 구속하고 생명을 몰수하는 제도적이고 법 정초적인 폭력만이 아니라 몸에는 손 하나 대지 않으면서도 그 존재를 소멸시켰다 되살릴 수 있는 신적인 폭력이 있다고 말했다. 살아 있지만 산 것 같지 않은 삶이 있고, 죽었지만 죽지 않은 그런 삶도 있는 법이다. 이렇게 존재/비존재의 구도에서는 포착할 수 없는 세계를 칸트는 무한판단의 영역인 예지계라 불러 철학적으로 규명하려고 했다. 나는 예지계적 세계에서만 출현할 수 있고 분별할 수 있는 칸트적 윤리를 몇 가지 사례를 들어 이해해 보고자 했으며, 이를 통해 칸트의 자유가 얼마나 멋진 개념인지를 보여 주고자 했다.

이 책은 〈남산강학원〉의 〈글공방 나루〉에서 기획한 '월간 이수영'에서 2022년 10월부터 2023년 12월까지 진행한 강의를 바탕으로 한다. 칸트의 물자체에서 시작된 강의는 칸트의 보편성에서 끝을 맺었다. 칸트의 철학을 교육이나 폭력, 운명이나 환상과 같은 다양한 개념을 통해 이해하려는 기획이었는데, 강의를 끝내고 전체를 돌아보니 내 문제의식이 예지계(물자체) 주변을 떠나지 못했다는 사실을 알게 되었다. 칸트의 철학이 갖는 의미심장함을 발견하게 해준 것은 슬라보예 지젝이었고 그를 통해 독일관념론을 새롭게 독해할 수 있는 관점을 획득할 수 있었다. 세계를 주파하고 돌파하는 데는 여러 방식이 있는 듯하고, 외부와의 접속과 탈주가 그 한편이라면 현실 내부의 균열을 포착하는 것은 다른 한편일 듯하다. 이 책은 두번째 방법에 대한 초보적 탐색이자 응용이라고 볼 수 있을 것이다. 아직 독일관념론이나 칸트 철학에 대해 문외한인 내게 이 예지계라는 개념을 다양한 방식으로 해석하고 적용해 볼 수 있게 프로그램을 기획하고 자리를 마련해 준 〈글공방 나루〉의 친구 문성환과 신근영에게 고마움을 전하고 싶다. 강의 진행을 도맡아 애써 준 줄자와 보라에게도, 그리고 중구난방인 녹취를 풀어 준 양희영 선생님께도 감사를 드린다.

하지만 이 책을 가능케 한 더 중대한 물질적 토대가 있었으니 그것은 〈감이당〉의 '중년펀드'에서 지원받은 '기본소득'이다. 정기적 수입이 없던 나와 같은 연구자에게, 그것도 국가나 제도의 지원을 전혀 받을 수 없는 개인 연구자에게 〈감이당〉이 기본소득을 제공했다는 것, 그리고 그것을 바탕으로 이런 책이 그 성과로 나왔다는 것은 국가 외부에서 가능한 공부의 비전을 보여준 것이라 할 수 있을 것이다. 여전히 새로운 공부, 새로운 사유, 새로운 공동체를 위해 실험 중인 〈감이당〉의 모든 분들에게 감사를 드린다.

2025년 1월

〈감이당〉 장자방에서

차례

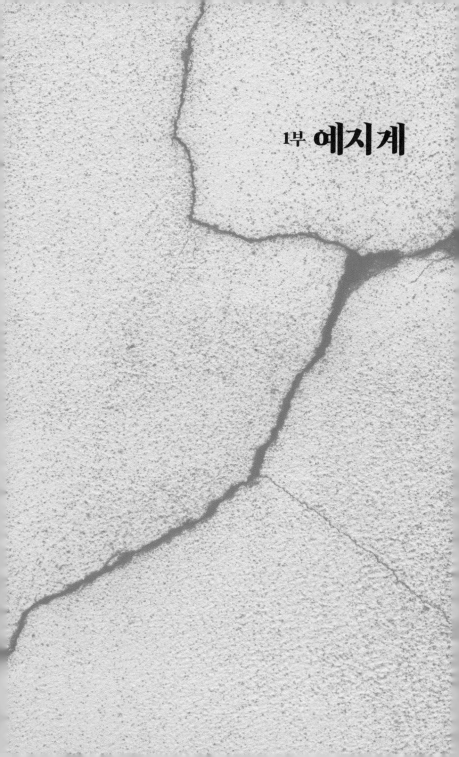

1부 **예지계**

1강 _ 윤리는 어디에서 탄생하는가 :
물자체의 철학

지금부터 모두 열한 번의 강의를 통해 칸트 철학을, 그중에서 특히 칸트 철학의 윤리적 측면을 집중적으로 살펴보려고 합니다. 이를 통해 칸트의 윤리학이 우리 삶과 마주치는 지점, 우리 삶을 칸트의 윤리학(철학)으로 분석할 수 있는 지점을 보여 주려고 합니다. 그 첫 시간으로 칸트 하면 떠오르는 대표적인 개념인 '물자체'에 대해 이야기를 해보려고 합니다.

칸트의 물자체에 대한 논의는 굉장히 촘촘하고 정교해서 파악하기는 쉽지 않은데요. 대충 세 부분 정도로 나누어서 이야기를 해볼 수 있지 않을까 생각합니다. 첫번째는 물자체라는 개념이 어떻게 해서 출현하게 되었는지 살펴보아야 하겠습니다. 물자체 개념의 인식론적 유래 정도라고 할 수 있을 텐데, 칸트가 기존 형이상학에 대해 행한 그 유명한 '비판'의 결실이 물자체라고 할 수 있겠습니다. 그다음으로는 칸트가 물자체를 증명하는 방식을 따라가 보려고 합니다. 우리가 직접 만날 수 없다고 하는 저 물자체(사물 자체)의 존재를 어떻게 개념적으로 제시할 수 있는 것일까요? 상당히 궁금해지는 부분입니다. 마지막 세번째는 이 강의의 핵심이라고도 할 수 있는데, 이 물자체라는 것을 과연 우리 삶의 측면에서 어떻게 해석을 하고 어떻게 적용할 수 있는지 알아보도록 하겠습니다.

우리의 인식이 존재의 총체성에 육박하지 못한다는 사실을 칸트는 물자체라는 개념을 통해 설명합니다. 우리 감성에 주어지는 질료들은 사물 '자체'가 아니라 사물의 '현상'일 뿐이기 때문에 물자체는 우리 인식이 접근해서는 안 되는, 유한성의 한계로 작동하는 셈입니다. 물자체에 대한 그 어떤 직접적인 규정적 인식도 있을 수 없다는 이 불가능성을 긍정적으로 읽을 방법은 없을까요? 인식의 한계 앞에서 물러나는 게 아니라, 그 한계를 이용해 우리 삶을 새롭게 해석할 방법은 없을까요? 물자체는 오히려 '세계'가 현상들의 질서와 법칙으로만 구성된 것은 아니라는 사실을 더욱더 두드러지게 보여 주는 것처럼 느껴집니다. 따라서 인과적 사태로 환원되지 않는 것, 바로 '주체의 자유', 그것이 물자체가 우리 삶에 의미 있게 다가오는 지점이 아닐까 생각합니다. 그것이 어떤 현실이든 결코 자유로운 주체를 배제할 수 없다는 것, 바로 이 지점에서 칸트의 물자체를 생각해 보도록 하겠습니다.

기존 형이상학에 대한 불만

칸트가 쓰는 물자체는 독일어로 'Ding an Sich' 영어로는 'Thing in itself'이고, 해석하자면 '사물 그 자체' 정도의 뜻을 갖습니다. 기본적으로 우리는 다양한 사물을 경험하지만 그런 경험 속에서도 사물 그 자체는 경험할 수 없다고 알고 있습니다. 왜 그런 것일까요? 칸트가 이 개념을 가져오게 된 데에는 기존의 형이상학에 대해서 갖는 불만 같은 게 있습니다. 다시 말해 기존 형이상학의 특정한 문제를 해결하는 과정에서 도출된 개념이 물자체가 되겠습니다.

예를 들어서 '삼각형은 세 각을 갖는다'는 명제가 있다고 해 보죠. 삼각형을 분석하면 세 각이 나오므로 타당한 명제이고, 이렇게 주어에 술어가 포함되는 명제를 분석명제라고 합니다. 분석명제는 필연적으로 참일 수밖에 없는데, '총각은 결혼하지 않은 남성이다'처럼 '총각'과 '결혼하지 않은 남성'은 사실 거의 동어반복과도 같은 구조를 갖고 있기 때문입니다. 칸트가 보기에 대부분의 철학자들은 이 분석명제의 차원에서 자신의 철학적 주장을 전개하고 있다고 합니다. 분석명제상으로 참이라면 자신의 주장도 형이상학적 진리일 수 있다는 것이죠.

그렇다면 이렇게 질문을 해보죠. 삼각형이 있다면 그 삼각형이 세 각을 갖는 것은 참이겠지만, 그런 삼각형이 없다면 어떻게 될까요? 삼각형이 없는데 그 부재하는 삼각형이 세 각을 가질 이유야 당연히 없겠죠. 이를 바탕으로 형이상학적으로 훨씬 중요한 명제로 접근해 보겠습니다. '완전한 신은 존재한다.' 데카르트의 존재론적 신 증명에 사용된 명제이기도 하고, 라이프니츠의 주장에도 합당한 명제인데요. 신이 만약 완전하다면 그는 존재할 수밖에 없습니다. 존재하지 않는다면 완전하다고 할 수 없을 테니까요. 따라서 이 명제는 분석적으로 참인 명제이고, 따라서 신의 존재는 증명된 셈입니다.

그런데 문제는 이것입니다. 신이 '존재'한다면 그는 '완전'할 겁니다. 하지만 신이 존재하지 않는다면? 존재하지 않는데 완전성이라는 속성을 포함하고 있을 이유도 없습니다. 삼각형이 존재하지 않는다면 세 각을 가질 이유가 없는 것처럼 말이죠. 그렇다면 여기서 관건은 신의 실존에 대한 우리의 '경험'이 되겠습니다. '삼각형은 세 각을 갖는다'나 '완전한 신은 존재한다'는 명제는 논리적으로 분석하면 그 타당성을 의심할 수 없는 참된 명제입니다. 그러나 삼각형과 신의 실존을 우리가 경험할 수 없다면 아무리 논리적으로 타당하다고 해도 이 명제를 참이라고 인정할 수가 없다는 것입니다. 이런 명제를 칸트는 종합명제라고 하는데, 가령 '아버지는 박사이다'라는 명제의 경우, 박사인 아버지는 아버지라는 주어에 대한 논리적 분석이 아니라 경험적 확인을 거쳐야 하는 것입니다. 아버지가 박사인지 아닌지 직접 확인을 해봐야 하는 것이죠.

이처럼 칸트가 보기에 명제의 논리적 참(분석명제)과 존재에 있어서의 참(종합명제)은 다른데, 기존의 형이상학자들은 (분석)명제가 참이라면 그 존재도 필연적으로 확인된다고 규정해 버렸던 것입니다.[1] 그러므로 그들은 '완전한 신은 존재한다'는 명제를 내세워 신 존재 증명에 성공했다고 주장하고 이를 바탕으로 자신의 철학을 전개합니다. 따라서 문제는 주어와 술어 차원의 논리적 관계 분석이 아니라, 대상에 대한 우리의 '경험'이 어떻게 가능한지 경험 기제에 대한 정확한 확인이 되겠습니다. 그러므로 기존 형이상학이 수많은 가상적 문제들(신의 존재 여부, 영혼의 불멸 여부, 자유의 인정과 부정 등)로 인해 매우 불안정한 토대

---

[1] 대표적인 사례로는 '구별 불가능자의 동일성 원칙'을 주장한 라이프니츠가 있다. 이수영, 『순수이성비판 강의』, 북튜브, 2021, 48~49쪽.

를 노출하고 있었던 까닭은 바로 이 '경험' 자체에 대한 탐구의 부재에 있었던 것이라고 칸트는 진단합니다. 바로 여기서 물자체라는 개념이 출현하는 것입니다.

우리는 어떻게 세상을 경험하는가

칸트에 따르면 우리가 세상을 경험하는 정신의 두 가지 출처가 있습니다. 감성(sensibility)과 지성(understanding, 오성)이 그것인데요. 감성을 통해 외적인 자료들(감각 표상들)이 들어오면, 지성이 감성적 질료들을 종합하는 방식으로 우리는 세상을 경험하게 되어 있다는 것이 칸트의 주장입니다. 이런 관점에서 보면 앞에서 얘기했던 분석명제와 종합명제 상의 문제는 기존의 형이상학이 이 감성의 영역을 무시하고 오직 지성의 영역만으로 대상의 실존을 증명하려 했던 것이라고 할 수 있겠습니다. 지성의 종합은 물론 논리적인 것이지만, 그렇다고 그것이 감성의 질료 없이 종합할 수 있는 것이 아니라는 점에서 칸트는 우리 경험의 가능성과 조건이 감성과 지성 두 가지의 결합이라고 강하게 주장합니다.

가령 우리가 종소리를 세고 있다고 해보죠. 도합 다섯 번의 종소리라는 우리의 경험(인식)은 어떻게 가능한 것일까요? 종은 매번 울리고 있고, 울릴 때마다 종소리는 우리 감성에 들어오게 됩니다. 그러나 각각의 종소리는 앞에 있던 종소리와 아무런 관계도 없이 그저 순간적으로 나타났다 사라지는 질료에 불과합니다. 그렇다면 우리가 '종소리는 모두 다섯 번 울렸어'라고 인식했을 때 이 경험은 어디서 발생한 것일까요? 다섯번째 종소리가 우리의 감성에 들어오면서 스스로 '다섯번째'라고 밝히면서 들어오는 것이 아니기 때문에 다섯번째라는 인식은 분명 외부 대상에서 온 게 아니라 우리 정신 내부에서 만들어진 것이겠습니다. 즉 이 경험은 순간순간 울렸다 사라지는 종소리라는 외적 질료들을 우리의 지성이 '십진법'이라는 개념을 사용해 구성하고 종합한 것이라고 할 수 있다는 것이 칸트의 주장이라 할 수 있습니다. 감성적 질료만 있다면 그것은 흩어지는 소리들일 뿐일 테고, 지성만 있다면 종소리라는 내용이 없는 형식적인 십진법에 불과할 것입니다. 따라서 감성과 지성의 협동은 우리 경험의 가능성을 구축하는 중요한 조건이라고 할 수 있습니다.

우리의 지성이 그 작업 대상으로 삼는 것은 감성이고, 작업 방식은 (십진법과 같은) 개념에 의한 종합이 되겠습니다. 그리고 경험적 질료들을 수용하는 감성도 그저 투명한 창구만은 아닌 게, 시공간이라는 선험적 형식을 지니고 있다고 합니다. 시간과 공간이라는 형식을 통해 세계의 경험적 질료들을 감성적 방식으로 종합하고 수용하는 것이죠. 칸트의 시공간론은 개념적으로 접근할 때는 무척 난해한 것이지만, 우리는 예를 통해서 쉽게 접근할 수 있습니다. 앞에서 든 예를 다시 보겠습니다. 종소리를 세는 과정을 정확히 살펴보자면, 우선 두번째 종소리를 들을 때 첫번째 종소리는 사라졌지만 그것이 완전히 사라져서는 셀 방법이 없습니다. 따라서 그것은 어딘가에 보존되어야 하는데, 우리는 '기억'이 그런 역할을 한다는 것을 잘 압니다. 기억(정확히는 상상력)은 첫번째 종소리를 우리 감성 어딘가에 떠올려서 놔둬야 할 텐데, 그러면서도 그것을 아무렇게나 놔둬서도 안 됩니다. 그것이 첫번째 울린 종소리라는 시간적 형식을 부여해야하고, 동시에 그것을 특정한 공간(공간적 형식)에 둬야 합니다. 그때 우리는 하나의 공간에 모인 다섯 개의 종소리를 십진법에 의해 종합해서 '종소리는 모두 다섯 번 울렸어'라고 판단하게 됩니다. 이렇게 인간의 감성은 시공간적인 선험적 형식을 통해 외부의 대상을 자신만의 방식으로 수용하게 되고, 여기에 대해 지성이 구성적 입법 과정에 돌입하게 되는 것입니다.

칸트에 따르면 인간은 시공간적인 형식을 통해서만 세계를 경험할 수 있지만, 우리의 상상력을 펼쳐 다른 존재에 대해서도 생각해 볼 수 있습니다. 만약 시공간이라는 형식을 갖고 있지 않은 존재라면 어떨까요? 대표적으로 신은 영원하고 편재한다고 하는데, 이 말은 신에겐 시공간이라는 형식이 부재한다는 뜻으로 읽을 수 있을 듯합니다. 그렇다면 그는 분명 인간과는 다른 방식으로 세계와 만나고 있을 거라고 우리는 충분히 추측할 수 있습니다. 칸트에 따르면 우리의 지성은 언제든 감성적 질료들에만 입법합니다. 감성에 주어진 질료들을 구성하고 종합함으로써 지성의 범주는 현실적인 대상을 만들어 내는데, 문제는 이 '현실적 대상'이 감성에 질료를 제공하는 저 '객관'이 아니라는 사실입니다. 우리 감성적 질료의 기원은 저 물자체이지만 감성적 질료의 종합에 의해 구성된 대상은 저 물자체와 일치할 수 없는 것입니다. 왜냐하면 물자체가 아니라 시공간적 형식을 거친 질료들만이 우리에게 주어질 수 있기 때문이죠. 그러므로 신이 있다면 그는 분명 물자체에 대한 인식을 소유할 수 있을 것이라고 말할 수도 있겠지만, 인간에겐 이 길이 금지되어 있습니다.

이처럼 인간의 경험과 인식 가능성에 대한 철저한 분석은 물자체라는 새로운 개념을 낳게 됩니다. 기존의 철학자들도 물론 인간의 인식을 초월하는 신적인 차원을 거론하고 있지만 이는 칸트의 물자체의 세계와는 공통성이 없습니다. 그들에게는 경험 차원에 대한 분석이 배제되어 있기 때문에 인간의 참된 인식은 신에게도 참되게 적용될 수 있다는 무차별적 인식이 있을 뿐입니다. 분석명제만으로 신의 존재를 증명하는 것, 그것이 바로 칸트적인 물자체의 세계가 배제되어 있다는 증거입니다. 시공간이라는 감성적 형식 때문에 인간이 경험하는 세계는 '현상계'(Phenomena)라 하고, 물자체의 세계는 '예지계'(본체, Noumena)라 구분합니다. 칸트와 더불어 세계는 이제 두 개로 분열되고, 결코 그 일치에 이를 수 없게 됩니다. 이 분열의 세계를 어떻게 사유해야 하는가, 그것이 바로 이번 강의의 주제이고 이전체 강의의 내용이 되겠습니다. 그렇다면 물자체의 예지계가 있다는 것은 어떤 방식으로 증명될까요? 지금까지는 인간의 경험 조건만을 살펴봤기 때문에 예지계의 출현 자체를 다루지는 못했습니다.

이율배반, 세계의 비일관성

칸트는 『순수이성비판』(1781) 서문에서 "신앙을 위해서 지식을 버려야 했다"는 충격적인 이야기를 합니다. 철학자의 자세라기보다는 신앙인의 태도처럼 보이니 상당히 파문이 큰 발언이었고 니체는 두고두고 이 구절을 들어 칸트를 비판하기도 합니다. 그러나 이 말은 지식을 버리고 오직 신만을 믿겠다는 그런 뜻이 결코 아닙니다. 여기서 '신앙'이란 '지식'이 상징하는 인식적 작업의 태도가 적용되지 않는 그런 영역, 즉 물자체의 예지계를 가리킵니다. 앞에서도 말했듯이 우리의 인식적 경험은 감각적 질료의 지성적 종합에 의해 가능한데, 이는 물자체라는 인식 바깥의 영역을 개방하는 일이기도 합니다. 이 물자체는 우리가 경험할 수도 없고 인식할 수도 없는 영역입니다. 그렇다면 이곳에서는 무슨 일이 벌어질까요? 생각해 보죠. 우리가 뭔가를 결정할 때 그 결정이 어려운 이유는 모든 것을 알고 있지 못하기 때문이죠. 설령 지금 모든 것을 알고 있다고 하더라도 미래에 어떻게 될지 알 수는 없기 때문에 모든 결정은 힘겨운 것입니다. 바로 이런 영역에서 나타나는 것이 윤리입니다. 칸트의 말은 윤리적 실천은 정확히 인식이 끝나는 자리에서 시작된다는 것입니다. 누구나 알고 있고 아는 대로 되는 것이라면 그런 것을 우리가 윤리적인 영역이라고 할 수는 없을 것입니다.

이런 접근은 스피노자와는 완전히 다릅니다. 스피노자에게 윤리적인 태도는 신적인 필연성에 대한 인식에 있습니다. 세계의 모든 필연성을 소유한 신이 최고의 윤리적 존재이자 가장 자유로운 존재라면, 그에 미치지 못한 인간은 아직 자유롭지 못하며, 따라서 인간의 윤리적 지향은 세계의 필연성에 대한 인식에 있게 됩니다. 인간이 자유로워지려면 세계의 인과적 필연성을 인식해야 한다는 것이죠. 이는 어떤 점에서는 타당하기도 합니다. 어떤 사물이나 인간의 본성을 정확히 알지 못하면 그 대상과의 만남에서 자유를 확보할 방법이 없으니까요. 그런 점에서 스피노자에게 인식은 곧 윤리(자유)입니다. 인식된 필연, 그것이 곧 스피노자의 자유입니다. 그러나 칸트의 철학에서는 그런 윤리가 불가능합니다. 왜냐하면 인과적 필연성에 대한 '인식'은 언제나 시공간적인 감성적 질료 위에서 가능한 것이고 이는 물자체라는 공백을 만들어 내기 때문입니다. 칸트의 관점에서 보았을 때 스피노자에게는 아마도 이 '공백'에 대한 사유가 부재한 것이 아니었을까 하고 추리할 수도 있겠습니다. 그런 점에서 칸트에게 윤리는 우리가 아는 대로 하는 것이 아니라 한 치 앞도 모르는 그런 지점에서 발생하는 어떤 사건과도 같은 것이라 생각할 수 있습니다. 그리고 사실 윤리란 말의 무게가 정확히 실행되는 지점도 언제나 그와 같은 무지에 바탕을 둘 때가 아닐까요?

그렇다면 이 물자체라는 균열과 공백의 세계는 어떻게 증명될 수 있을까요? 칸트는 '변증적 가상'을 다루는 『순수이성비판』 후반부, 그중에서도 특히 우주론적 이념들을 다루는 부분에서 이 물자체에 대한 증명을 시도합니다. 그것이 바로 그 유명한 '이율배반'(Antinomy)의 장입니다. 이율배반은 우리가 알고 있는 '모순'(Contradiction)과는 다른 개념입니다. 예를 들어서, 'A는 B이다'라는 명제가 참이면 'A는 B가 아니다'는 무조건 거짓이어야 되잖아요. 이 두 명제가 다 참이라면 모순이 되는 거죠. 둘 중 하나만 참이 되는 것, 이것이 모순율의 조건입니다. 그런데 이율배반은 두 입장이 팽팽히 맞서면서 두 입장이 다 타당하다고 인정되는 상태입니다. 왜 이런 이율배반적인 사태가 발생하는 것일까요?

칸트는 이율배반을 크게 수학적 이율배반과 역학적 이율배반으로 나눕니다.[2] '수학적'인 이유는 어떤 대상의 크기와 관련된 것을 다루기 때문이고, '역학적'인 이유는 대상의 크기가 아니라 대상들의 관계를 다루기 때문입니다. 수학적 이율배반은 간단히 이렇게 됩니다. ①정립 : '세계는 시공간적으로 유한하다.' ②반정립 : '세계는 시공간적으로 무한하다.' 세계는 유한할까요 아니면 무한할까요? 형이상학의 역사에서 두 입장은 팽팽히 맞서는 이율배반 상태에 있습니다. 그리고 역학적 이율배반은 이렇게 됩니다. ①정립 : '세계에는 자유인과가 있다.' ②반정립 : '세계에는 자연법칙만 있다.' 인과의 법칙만이 지배하는 것일까요 아니면 거기에 자유라는 또 다른 세계가 있는 것일까요?

---

2) 이수영, 『순수이성비판 강의』, 359~371쪽 참조.

두 주장도 형이상학의 역사에서 팽팽하게 맞서면서 계속됩니다.

먼저 수학적 이율배반을 살펴보겠습니다. 창조론은 대표적으로 세계가 시공간적으로 유한하다는 정립의 의견을 보여 줍니다. 창조된 시초가 있고 종말도 있으니까요. 하지만 세계의 영원한 순환을 얘기하는 의견도 있죠. 그런 점에서 세계가 시공간적으로 무한하다는 반정립의 입장도 쉽게 기각할 수 없습니다. 그렇다면 칸트는 어떤 입장을 지지하는 것일까요? 정립일까요 반정립일까요? 놀랍게도 칸트는 두 입장이 모두 맞다는 사실을 증명합니다. 옳음에 대한 증명 과정은 상당히 복잡한데 사실 중요한 것은 그게 아닙니다. 칸트는 두 주장의 옳음이 잘못된 전제 위에서 나왔다는 사실을 보여 주기 위해서 타당성에 대한 증명을 시도했던 것이기 때문이죠. 두 주장이 '이율배반'이었던 이유, 즉 두 주장이 타당함에 있어 팽팽히 맞섰던 이유가 그 자체로 물자체를 드러낸다는 것입니다.

세계의 '크기'는 우리가 현상적으로 경험할 수 있는 것이긴 합니다. 지구의 크기이든 우주의 크기이든, 아니면 지구의 역사이든 우주의 역사이든. 시공간적 크기에 대해 우리는 어떤 말들을 꺼낼 수 있습니다. 그게 무한히 크다든지 무한히 오래되었다든지. 하지만 그 크기에 대해 '유한'과 '무한'이라는 확정된 양을 제시할 수는 없습니다. 우리는 지금도 세계의 크기와 시간(역사)에 대해 조금씩 더 알아 가고 있을 뿐입니다. 우리는 그 어떤 경우에도 유한한 물자체나 무한한 물자체를 경험할 수 없습니다. 만약 우리가 경험하는 것이 물자체라면 우리는 세계의 크기에 대해 유한하다거나 무한하다고 말할 수 있겠습니다. 그러나 우리는 세계를 그저 현상적인 것으로만 경험할 뿐입니다. 정립과 반정립의 명제들은 모두 경험 가능한 세계와 경험 불가능한 물자체를 결합하는 방식으로 형이상학적인 주장을 펼치고 있었던 것입니다. 그런 점에서 두 명제는 모두 '거짓'입니다. 다시 말해 세계의 유한과 무한을 주장하는 명제들이 이율배반에 빠진 것은 이 접근 불가능한 물자체를 현상의 영역에서 다루고 있었기 때문입니다. 그래서 유한한 크기나 무한한 크기라는 경험적인 영역처럼 얘기했던 것인데, 이는 정확히 물자체를 다루는 방식입니다. 만약 세계에 물자체가 없었다면 이율배반은 없었을 것입니다.

역학적 이율배반을 살펴보시죠. 인과적 자연법칙만 존재한다는 반정립과 자유도 존재한다는 정립은 표면적으로는 이율배반처럼 보입니다. 하지만 칸트는 이런 상태도 현상계와 물자체의 세계를 구분하지 않아서 발생하는 문제로 파악합니다. 물리학적 세계를 보면 알 수 있듯이 인과성은 현상계에서는 무조건

타당합니다. 그러나 물자체의 세계는 현상계의 법칙이 적용되지 않습니다. 따라서 거기서는 자유인과가 타당하다고 할 수 있습니다. 만약 세계가 현상계와 예지계로 구분된다면 정립과 반정립은 이율배반적으로 맞설 이유가 없습니다. 자유는 예지계에, 자연인과는 현상계에 배치하면 되기 때문입니다. 두 주장이 맞서는 이율배반적 상황은 현상계와 물자체의 세계를 구분하지 않았기 때문입니다. 더 정확히 말하자면 분명히 존재하는 물자체의 영역(자유인과의 세계)을 현상계의 영역(자연인과의 세계)과 동일한 장에 놓고 주장을 대립시켰기 때문에 이율배반에 빠지는 것입니다. 칸트는 물자체의 세계(예지계)를 구분함으로써 이율배반을 해소하면서 문제를 해결하고, 자유의 세계가 분명 존재한다는 증명을 마칩니다.

칸트에 따르면 물자체의 세계는 분명하게 있습니다. 왜냐하면 이율배반들은 현상계에 두어야 할 것들을 그 영역을 넘어 물자체에까지 적용하는 데서 발생하기 때문입니다. 세계의 확정된 크기나 자유는 물자체의 영역입니다. 그런데 '크기'는 또한 현상계에서 다룰 수 있는 것이기도 합니다. 그래서 현상계적 크기와 물자체의 크기를 동일시하면 세계가 유한하다거나 무한하다는 주장이 맞서게 됩니다. 만약 세계가 현상계로만 이뤄졌다면 우리의 경험이 나아감에 따라 세계는 점점 더 커지는 것으로 경험될 것이기 때문에 아무도 세계의 유한과 무한을 주장할 수 없을 것입니다. 만약 세계가 물자체로만 이뤄졌다면 우리의 경험은 곧 세계 자체에 대한 경험일 테고 세계의 유한과 무한을 확정된 상태로 주장할 수 있을 것입니다. 그런데 이런 가정 자체는 칸트에 의해 애초에 받아들여질 수 없습니다. 우리는 물자체에 도달할 수 없기 때문이죠. 따라서 물자체의 영역이 분명히 있고, 그 영역을 받아들이게 되면 이율배반은 해소됩니다. 이율배반은 존재하는 물자체를 부적절하게 현상계와 같은 자리에 놓고 다뤘기 때문에 발생한 가짜 문제들이었던 것입니다.

칸트는 현상계와 예지계의 분리에 대해 이런 예를 들고 있습니다. 물에 빠진 사람에게 위험을 무릅쓰고 손을 내민 사건은 분명 윤리적 행위입니다. 그런데 이 사건을 현상적인 차원에서 파악하면 물리적 인과성에 의해 충분히 설명이 되는데, 손을 내미는 행위가 물에 빠진 사람을 구하는 것은 당연하기 때문입니다. 그러나 예지적인 차원에서 파악하면 이렇게 손을 내미는 행위 자체가 예지적 원인, 즉 자유에 의해 초래되었다고 설명할 수도 있습니다. 물자체가 있다는 것, 그것은 우리의 세계가 이처럼 하나의 동일성에 의해 구성되지 않았다는 말과 같습니다. 세계는 균일하지 않은 비일관성의 요소를 갖습니다. '요소'라는 표현은 사태를 오도할 수 있으므로 표현을 바꿔 본다면, 세계는 봉합

될 수 없는 균열로만 구성되어 있다고 하면 이해하기 더 좋을 수 있겠습니다. 이 의미에 대해서는 앞으로 다각적인 차원에서 검토하도록 하겠습니다.

숭고와 무한자의 현시

경험 불가능한 물자체의 영역은 경험적인 감성적 직관 바깥의 세계라고 할 수 있겠습니다. 그렇다면 이렇게 경험이 불가능한 세계가 우리에게 어떻게 드러날 수 있을까요? 여기서 칸트는 상당히 정교한 철학 체계를 구성합니다. 앞에서 말했듯이 경험이 가능하기 위해서는 감성과 지성의 종합이 필요하고, 감성은 시공간적 형식을 통해 '객관'에서 주어지는 질료들을 종합할 수 있어야 합니다. 만약 이 '종합'이 불가능해진다면? 바로 이때 물자체에 대한 간접적 증거를 확인하게 됩니다. 현상계가 전부였다면 종합이 불가능할 이유가 없죠. 그런데 종합되지 않았다면 현상계가 전부는 아니라는, 다시 말해 이 세계는 현상계적인 종합이 성공하지 못하는 지점을 품고 있다는 말이 됩니다. 바로 이것을 드러내는 칸트적 상관물이 '숭고'입니다.

어떤 대상이 아름답다는 판단은 앞에서 말한 인식적 판단이 아닙니다. 대상에 대한 인식을 목적으로 하는 판단이 아니기 때문에 이런 판단을 칸트는 취미판단이라고 해서 인식판단과 구분합니다. 숭고는 취미판단에서 다뤄집니다. 앞에서 종소리를 셀 때의 경우를 다시 상기해 보면, 이때 상상력(혹은 기억. 감성에서 중요한 능력)과 지성이라는 두 정신의 능력이 십진법이라는 특정한 개념에 의해 서로 종합되고 부합될 때 다섯 번의 종소리라는 인식판단이 성립했죠. 그러나 취미판단은 대상에 대한 개념적 판단에 대해서는 무관심하기 때문에 특정 개념에 의해 지도될 필요 없이 상상력은 자유롭게 유희하게 됩니다.[3] 대상의 현존이나 개념적 인식에 무관심한 상상력이 자유롭게 유희하면서도 지성과 합치하는 상태를 주관적인 합치라고 하는데, 이때의 합치를 통해 쾌의 감정이 발생하고 그래서 취미를 대상의 아름다움 여부를 쾌의 감정을 통해 확인하는 능력이라고 할 수 있습니다. 취미판단에서 핵심은 지성이 아니라 상상력입니다. 감성에 주어지는 표상들이 지성에 의해 인도되면 이때는 인식판단을 구성하게 되지만, 취미판단이려면 표상들은 상상력에 의해 쾌/불쾌의 감정과 관계를 맺어야 합니다.

---

3) 취미판단과 숭고에 대해서는, 손민주, 「상상력의 자유에 관한 고찰: 칸트의 상상력 개념의 유형 분석을 중심으로」, 서울대석사, 2017, 31~35쪽, 40~42쪽 참조.

그런데 숭고는 기본적으로 불쾌의 감정과 연결되는 표상과의 마주침입니다. 쾌는 상상력의 자유로운 유희가 지성과 일치하면서 '아름다움'이라는 판단을 만들 때 발생합니다. 그렇다면 불쾌는 불일치에서 파생되어야 하겠습니다. 가령 피라미드처럼 거대한 대상을 아주 가까이에서 보게 될 때의 상황을 생각해 보죠. 피라미드의 크기를 평가하기 위해서는 상상력이 그 대상의 직관을 포착하고 총괄해야 합니다. 포착은 주어진 표상들을 차례로 지각하는 것이라 그 한계가 없으나 포착된 표상들을 전체적으로 엮는 총괄의 작용은 언제나 한계가 있을 수밖에 없습니다. 조금 전에 본 피라미드의 표상들을 다 떠올리기 전에 이미 새로운 표상들이 쇄도해 오기 때문에 상상력은 표상들의 총괄에 실패하게 됩니다. 이 실패의 감정이 바로 불쾌입니다.

바로 여기서 숭고가 발생합니다. 단적으로 큰 대상이나 폭발하는 화산과 같은 역동적 대상 앞에서 상상력은 자신의 포괄의 능력의 한계를 느끼면서 불쾌의 감정을 표명하지만, 그럼에도 불구하고 자신으로 하여금 그것들을 포괄하게 하라는 내면의 압박도 동시에 느끼게 되는데 이것이 우리 정신 안에 있는 무한자, 즉 이성 이념입니다. 숭고판단에서 상상력은 무한자를 총괄할 수 없다는 것을 불쾌를 통해 표명하면서도 우리 안에 무한자와 관계할 수 있는 이성이 있음을 일깨우면서 간접적으로 쾌를 발생시킵니다. 이 불쾌 속의 쾌가 숭고미라고 하는 것입니다. 상상력의 종합 실패로 인해 드러나는 무한자의 이념, 이것이 바로 우리가 경험할 수 없는 물자체 세계의 상관자라 할 수 있습니다. 무한자를 우리가 표상하고 종합할 수는 없기 때문이죠. 그런 점에서 숭고는 대상의 성질이 아니라 우리 내부의 이념입니다.

화산이나 피라미드가 숭고한 게 아니라 그것을 바라보는 우리 내부의 무한자라는 이념의 현시가 숭고미를 만들어 낸다고 했습니다. 여기서 우리는 중요한 장면에 도달하게 됩니다. '세계는 비일관적이다'라는 표현은 세계에 대한 객관적 분석이라면 타당하지 않습니다. 세계는 우리와 관계없이 비일관적이지 않습니다. 세계는 상상력과 지성(혹은 이성)을 통해 세계와 관계를 맺는 인간 없이 비일관적일 수 없습니다. 세계 자체가 균열을 갖고 있는 게 아니라 인간이 세계를 구성하려고 접근할 때 비일관성이 발생한다는 것이 칸트 철학의 핵심입니다. 만약 인간이라는 주체가 없다면 세계의 비일관성이나 물자체를 논의할 수도 없습니다. 이 세계가 현상계든 예지계든 그 어떤 하나의 원리에 의한 전부가 아닌 이유는 인간이라는 주체가 그 세계에 개입되어 있기 때문입니다.[4] 세계가 단일한 현상계이거나 단일한 물자체라면 주체의 자리는 있을 수 없습니다. 칸트 이전의 세계, 즉 중세까지의 세계는 바로 이 주체의 자리가 마련되지 않은 세계라 할 수 있겠습니다. 주체가 있다는 것, 그것은 세계가 물자체와 같은 비일관성의 영역을 품게 된다는 뜻입니다. 이것이 오늘 강의에서 핵심적인 내용이라고 할 수 있겠습니다.

현상계와 물자체의 관계를 다시 정리해 보죠. 현상계가 있고 물자체가 그 외부에 있다? 이런 이미지는 정확하지 않습니다. 그건 이 세계와, 그 바깥에 신의 나라를 구성하는 것과 아무런 차이가 없습니다. 칸트의 물자체(예지계)는 그렇게 구성되어 있지 않습니다. 어쨌든 존재하는 것, 그리고 우리가 알 수 있는 것은 현상계입니다. 우리는 현상계만을 종합하고 현상계만을 개념으로 인도합니다. 그러므로 현상계와 예지계라는 두 영역이 서로 머리를 맞대고 경계를 이루고 있다고 해서는 곤란합니다. 물자체는 어떤 사물이나 세계처럼 자신의 영토를 갖는 그런 공간이 아닙니다. 현상계 자체의 내재적 한계 혹은 균열, 그것이 바로 물자체입니다. 물자체는 따로 있는 게 아니라 현상계의 한계의 형태로만 표현될 뿐입니다.

---

4) 슬라보예 지젝, 『헤겔 레스토랑』, 조형준 옮김, 새물결, 2013, 284~289쪽. 칸트에게 물자체가 주체에 의해 구성된 현상계적인 장의 내적 한계라는 관점은 여기서 빌려 온 것이다.

소거될 수 없는 주체

칸트의 세계에 물자체가 존재한다는 것, 이는 세계가 언제나 비일관적이고 뒤틀려 있다는 뜻으로 읽을 수 있습니다. 그러나 주의할 것이 있습니다. 여기서 '세계'라고 할 때 이것이 '세계 자체'가 아니라는 사실입니다. 앞에서도 말했듯이 우리는 세계 자체, 즉 물자체에 도달할 수 없죠. 지금 말하는 '세계'는 물자체로서의 세계가 아니라, 인간의 초월론적(transcendental) 개입에 의해 초래된 세계, 그래서 이미 인간과 분리될 수 없는 그런 세계입니다. 인간이 세계 바깥에서 세계를 보는 초월적(transcendent) 구조와는 완전히 다르죠. 니체도 말하지만 우리는 세계 바깥에 놓일 방법이 없습니다. 이는 단순히 세계 '안'에 있다는 게 아니라 시공간이라는 감성적 형식을 통해 세계와 만나고(초월론적 구조) 그런 식으로만 세계를 구성하고 있다는 뜻으로 읽는 게 좋겠습니다.

　인간은 시공간적 감성 형식 때문에 '현상'으로서만 세계를 구성할 수 있습니다. 그래서 인간이 만드는 세계는 세계 전부가 될 수 없는 유한성의 구조를 갖습니다. 그리고 현상적 질서는 우리가 '인과적'이라고 말합니다. 자연과학적 질서는 기본적으로 인과적 법칙의 구조를 갖고 있죠. 알다시피 스피노자는 이 인과적 구조를 신적인 필연성의 세계에까지 확장해서 적용합니다. 그런 점에서 스피노자에게 세계는 하나의 질서로 통일된 일의 성(univocity)의 구조에 다름 아닙니다.[5] 그런데 물자체라는 칸 트의 개념을 중심에 두면 인과적 질서는 세계 그 자체가 될 수는 없습니다. 즉 일의성의 세계라는 것은 칸트적인 체계에서는 이 미 이율배반을 낳게 되는 그런 개념이 됩니다. 현상계적 질서가 세계의 전부가 아니기 때문에 인과적 질서만이 세계 운영 원리 가 될 수는 없습니다. 달리 말해서 모든 것이 꼭 인과적 질서로 환원되지 않는다는 것, 그렇기 때문에 세계는 인과적 질서의 차 원에서 균질적이지 않습니다.

그런 점에서 물자체의 세계는 인과적 질서의 예외, 즉 자유 를 표현합니다. 세계와 만나는 주체의 감성적 형식이 물자체를 파생시킨다면, 자유란 곧 주체의 자리라 할 수 있습니다. 다시 말해 칸트적인 주체는 인과적 질서의 예외 지점에서만 탄생하 는 그런 것입니다. 만약 이 세계가 인과적 구조로만 이뤄져 있다 면 과연 주체가 있을 필요가 있을까요? 주체 내부든 외부든 그 어떤 원인이 모든 것을 결정한다면 인간도 그저 사물에 불과한

---

5) 신과 만물의 구조가 인과적으로 동일하기 위해서는 그 둘을 매개하는 '속성'이 공 통적이라는 사실이 중요한데 이에 대해서는, 이수영, 『에티카, 자유와 긍정의 철 학』, 오월의봄, 2013, 71~74쪽 참조.

것이지 않을까요? 그렇다면 이 주체의 자유를 어떻게 이해하면 좋을까요? 물론 그것은 창조주처럼 완전한 새로운 시작일 수는 없겠습니다.

칸트는 '의무에 맞게' 한 행위와 '의무로부터' 비롯된 행위를 구분합니다.[6] '살인하지 말라'는 계율이 있다고 합시다. 이 계율의 명령에 따라 살인하지 않았다고 해서 그런 행위가 꼭 윤리적이지는 않다고 칸트는 말합니다. 상당히 충격적인 주장인데요. 살인 행위를 하지 않고 참았다는 것, 그건 윤리적인 것 아닐까요? 그런데 칸트는 그런 행위가 계율이라는 의무가 명령했기 때문에 나타난 것이라면 의무에 맞는 '적법한' 것이긴 해도 '윤리적' 행위는 아니라는 것입니다. 계율의 명령을 따르는 것은 일종의 기계적 결정일 수도 있습니다. 시켜서 한 행위를 자유로운 행위라고 하지 않듯이 말이죠. 칸트의 표현으로는 '준칙의 주관적 원리'가 무엇이었는지를 판별하는 게 윤리의 판정에 있어 무엇보다 중요합니다. 가령 살인을 하지 않은 이유가 나중에 일이 복잡해지는 게 싫어서 차라리 '살인하지 말라'는 계율을 지키는 게 낫겠다는 판단을 한 것일 수도 있겠죠? 이런 행위는 계율(의무)에 맞는 적법한 행위일 뿐입니다. 대신 인간 생명의 소중함에

---

6) 이수영, 『실천이성비판 강의』, 북튜브, 2021, 148~151쪽 참조.

대한 무한한 애정을 갖고 있었다면 그는 당연히 살인하지 않았을 테고(그런 점에서 표면적으로도 적법하고) 나중에 일이 복잡해지는 것도 감수할 각오가 되어 있겠죠(심층적으로도 윤리적이고).

이제 칸트가 말하는 '자유'를 규정해 볼 수 있겠습니다. A→B라는 인과관계를 생각해 보죠. A는 B를 발생시키는 원인입니다. 이런 관계는 분명 현상계의 원리입니다. 그리고 앞에서 얘기했던 적법한 행위의 원리이기도 합니다. 계율(의무) A가 명령하기 때문에 B라는 행위를 한다. 그러나 윤리적 행위가 발생하려면 기본적으로 자유가 바탕이 되어야 합니다. 이때 자유는 어디에 있을까요? A라는 원인 이전에 존재하는 것이라면 그건 소급적 원인밖에 되지 않겠습니다. 앞에서 든 예를 다시 떠올려 보면, A라는 계율이 있어 B를 하게 하더라도 A라는 계율이 그저 명령이 되지 않게 만들어야 윤리적인 행위가 될 수 있겠죠? 다시 말해 A가 계율로서 원인으로 작동할 때 A가 사회적 명령이니까 B라는 행위가 있어야 한다는 식이면 여기서 주체의 자리는 소멸됩니다. 이때 A라는 원인을 작동시키는 것은 A 바깥의 사회라는 또 다른 원인(타자)입니다. 이렇게 또 다른 타자를 도입하지 않게 하는 것, A가 원인으로 작동하지만 그것이 오롯이 주체의 (형식적) 승인에 의해서만 가능하도록 하는 것, 이때 주체의 자유가 살아 있게 됩니다. 생명이 소중하기 때문에 그 어떤 불편

함과 고통이 따르더라도 살인하지 말라는 계명을 지키겠다고 한다면 이때 계명이라는 원인의 실행은 주체의 승인에 의해서만 가능하게 되었죠. 이런 것을 칸트는 '준칙'이라고 부릅니다. 준칙이 살아 있을 때, 그때가 바로 주체의 자유가 개입하는 순간입니다. 만약 세계가 현상계의 인과적 질서로만 이뤄져 있다면 주체의 자유가 승인될 여지는 없습니다.

이런 관점에서 보면 주체의 자유는 두 가지 행위를 동시에 낳는다고 해석될 수 있습니다. 적법한 행위를 가장한 사악한 행위(일이 복잡해지는 게 싫어서 계율을 지킨 경우)와 적법하면서도 윤리적인 행위(고통을 감수하고 계율을 지킨 경우). 칸트에게 악은 언제나 주체의 승인에 의해 이뤄진 행위입니다. 물론 윤리적인 행위도 마찬가지죠. 수많은 인과가 이 세계를 지배할지라도 어떤 원인으로 하여금 그런 원인으로 작동케 한 것이 주체라면, 이 순간 자유는 실현됩니다. 바로 이 지점이 물자체의 표현 순간입니다. 만약 인과적 질서가 완벽했다면, 다시 말해 세계가 어떤 비일관성의 구조를 간직하지 않았다면 주체의 자유가 들어설 방법이 없습니다. 칸트의 물자체는 이런 식으로 읽을 때 가장 흥미로워지는 것이라 생각합니다.

정언명령과 형식적 특성

칸트에게 '윤리적인 것'은 지켜야 할 윤리적 항목에 있지 않습니다. '진실하라'는 항목을 실천했다고 해도 윤리적일 수 없는 것이 칸트 윤리학의 특징이고, '국가에 충성하라'는 명령에 충실했다고 해도 윤리적일 수 없는 것이 칸트 윤리학의 특징입니다. 즉 칸트 윤리에서 핵심은 실천하는 '내용'이 아니라 그 '형식'에 있습니다. 이웃을 사랑하고 심지어 원수를 사랑했다고 해도 비윤리적일 수 있는 게 칸트 윤리학의 까다로운 형식적 조건입니다. 이를 표현하는 것이 바로 그 유명한 '정언명령'(Categorical Imperative)입니다. '너의 의지의 준칙이 항상 동시에 보편적 법칙 수립의 원리로서 타당할 수 있도록 그렇게 행위하라.'

'가언적'인 명령이 어떤 결과를 낳기에 충분한 경우에만 따르는 조건적인 명령을 뜻한다면, '정언적'인 것이란 결과와 관계없이 단적이고도 무조건적으로 의지를 규정하는 명령을 뜻합니다. 가령 '행복하고 싶다면 이렇게 하라'는 계율은 행복이라는 결과를 전제한 것이므로 조건적입니다. 행복을 원하지 않는 사람은 이런 계율을 지킬 필요가 없죠. 그러나 정언명령은 무조건적입니다. 무조건 지켜야 하고, 그렇지 않을 때는 모두 비윤리적인 행위가 됩니다. 그런데 이 칸트의 정언명령을 자세히 보면 상당히 기묘합니다. 분명 명령이긴 한데 그 명령의 '내용'이 없습니다. 뭘 하라는 건지 정확히 나와 있지 않아 보이기도 합니다. '살인하지 말라'도 아니고 '진실하라'도 아닙니다. '행위하라'는 것인데 그것도 '어떤 원리에 타당할 수 있도록' 행위하라고 합니다. '그렇게' 행위하라고 하죠. 즉 이 명령의 특징은 명령의 내용이 부재한, 그저 형식의 층위에서만 지시하고 규정하는 명령이라는 것입니다. 정언명령은 순수하게 형식적인 특징밖에 없는 그런 명령입니다.

그런데 이런 '형식적' 명령이야말로 가장 생생하게 주체의 자유를 살아 있도록 합니다.[7] '원리에 타당한지 타당하지 않은지' 누가 판단해야 할까요? 판단을 타인이 해준다면 이는 자유에 위배됩니다. 해야 할 행위에 대한 판단은 오로지 주체에게 주어져 있습니다. 십계명의 명령이라 그렇게 한 것이라고 하면 이때 주체는 사라지고 없습니다. 정언명령은 무조건적인 명령이지만 그 형식적 특성 때문에 결코 기계적으로 추종할 그런 명령이 될 수 없습니다. 예지계적 주체로 존재한다는 것, 다시 말해 칸트적 주체로 존재한다는 것은 어떤 외적인 조건("십계명에서

---

7) 정언명령의 '형식주의적' 특성과 말소될 수 없는 주체에 대해서는, 알렌카 주판치치, 『실재의 윤리』, 이성민 옮김, 도서출판b, 2004, 37~42쪽, 101~104쪽 참조.

하라고 하잖아요")도 핑계로 삼을 수 없는 상황에 처하는 것이고, 철저히 자유로워야 한다는 그런 곤란한 상황에 처하는 것입니다. 모든 것이 인과적으로 결정되는 것처럼 보이고 인과적으로 나를 압박하더라도 거기서 주체의 자유를 사용해야 한다는 그런 명령입니다. 이런 관점에서 보더라도 칸트의 물자체의 세계, 즉 예지계는 이 세계 저편에 있는 그런 초월적 공간이 아님을 알 수 있습니다. 일상적인 기계적 습속의 세계에도 주체가 자유를 행사하는 정언명령의 순간, 예지계는 그 균열 속에서 드러나게 됩니다.

안티고네와 아이히만 : 주체의 자리

여기서 윤리성은 기본적으로 '판단력'의 구조를 갖고 있다는 사실을 알 수 있습니다. 판단력이란 보편적 개념과 특수한 대상의 관계에 적용되는 인식 능력인데, 특히 문제가 되는 것은 보편적 개념이 부재할 때입니다. 구체적 사례들은 존재하지만 그것들을 포괄할 보편 개념이 없을 때 우리는 상상력을 활용해서 그런 개념을 창출해야 합니다. 이를 칸트는 '반성적 판단력'이라고 부릅니다. 정언명령도 바로 이런 과정을 요구하고 있습니다. 어떤 것이 진리라든가 충성 행위라든가 하는 것이 정해져 있어도 소용이 없습니다. 정해진 보편성을 구체적 사례에 적용하는 것은 판단력을 반성적으로 사용하는 게 아닙니다. 내 의지의 준칙이 진정 보편적일 수 있는지 확인하는 것은 오로지 주체에게만 맡겨져 있어야 합니다. 다시 말해 아무리 사소한 행위일지라도 그것이 보편적이고도 숭고한 차원으로 고양될 수 있는 것은 오직 주체의 판단력에만 달려 있습니다.

가령 『안티고네』에서 그녀의 고집을 봅시다. 국가의 반역자로 몰린 폴리네이케스의 장례가 금지되는데도 불구하고 안티고네는 크레온의 명령을 어기고 몰래 오빠의 시신에 흙을 뿌리고 장례식을 거행합니다. 친족의 장례는 신이 정한 불문율이라는 것이 그녀의 항변이었습니다. 이때 그녀가 말하는 '신의 불문율'이란 자신의 행위가 가장 보편적인 행위라는 것, 따라서 그 누구도 이런 행위를 말릴 수 없다는 뜻과 같습니다. 그녀는 오빠의 장례를 국가 질서 전체와도 맞먹을 수 있는 윤리적 사명으로 고양시키고 있는 것입니다. 그런데 더 놀라운 것은 그녀의 이런 사소한 고집이 크레온의 국가를 거의 붕괴상태로 내몬다는 것입니다. 보편성에 대한 고집, 즉 윤리적 행위는 그것이 비록 개인적 행위에 불과할지라도 언제나 기존 체계 전체를 뒤흔들 수 있는 힘을 갖는다는 것입니다. 윤리적 행위는 사전에 어떤 것일지

정해질 수 없습니다. 그것이 과연 옳은지 그른지 선험적으로 알려질 수 없습니다. 그것은 사실 옳고 그름의 차원에 놓인 게 아닙니다. 주체는 자신의 자유를 사용하든가 말든가 해야 합니다. 다시 말해 윤리적 차원은 해야 함과 하지 말아야 함 사이에 존재하는 아주 심각한 것입니다. 자유를 사용한다는 것, 그것은 하나의 행위를 보편성의 차원으로 숭고하게 만드는 과정과 같습니다. 그 어떤 위협도 안티고네로 하여금 자신의 행위를 되돌리도록 만들지 못합니다.

물자체의 세계는 바로 이렇게 나타납니다. 주체의 자유가 살아 있는 한 물자체는 은폐될 수 없습니다. 안티고네의 반대편에 아이히만이라는 사람이 있습니다. 그는 유대인 학살에 책임이 있는 중간 간부 정도 되는 인물인데, 이렇게 말합니다. 자신은 공무원으로서 칸트가 말하는 의무의 윤리를 잘 지키고 살았다고. 즉 죄가 없다는 것이죠. 그러나 그는 칸트의 윤리를 제대로 모르고 있습니다. 윤리적 행위는 의무에 따르는 게 아니라, 그런 의무를 실행토록 하는 원인을 자신에게서 발견하는 것이라는 사실을 말이죠. 그는 기계적인 공무원이었을지언정 살아 있는 주체는 아니었던 것입니다. 그에겐 칸트의 정언명령이 사라지고 없습니다.

한 작품이 훌륭하다고 할 때 이 기준은 누가 만드는 것일까요? 바로 작품을 읽고 보는 자기 자신이죠. 그가 이 작품을 어떤 (가상의) 보편성의 척도 아래서 판단하는 것입니다. 그리고 누군가는 그런 판단에 동의하게 됩니다. 그런 보편성의 척도가 공통성을 형성한 것이죠. 그러나 이때 공통성이 사전에 설정되어 있고 우리가 그런 공통성을 무작정 따른 게 아닙니다. 우리는 각자 보편성의 척도를 자유롭게 설정하고 있었고 그런 보편성이 공통성의 장을 형성하는 것입니다. 물자체의 세계는 주체 개인의 자유를 요청하는 것이기도 하지만 동시에 보편성이라는 숭고한 영역을 형성하는 것이기도 합니다. 물론 이 정언명령의 자리는 어렵고 불안한 자리입니다. 그래서 우리는 언제나 누가 하자는 대로 하거나 여론을 따르거나 정해진 규칙대로 하려고 합니다. 기계적 습속의 삶은 언제나 자유를 희생하는 대가를 치러야 합니다.

2강 _ 칸트의 물자체와 헤겔의 절대지

오늘은 헤겔의 '절대지'(absolute knowledge)라는 개념을 다뤄 보고자 합니다. 물론 헤겔을 본격적으로 다루겠다는 말은 아니고, 절대지 개념을 통해 칸트의 물자체와 물자체를 둘러싼 철학적 관점에 대한 이해를 조금 더 깊게 해보려고 합니다. 우리는 대상과 세계를 바라보는 나 자신을 주관(주체)이라고 하고, 이 주관이 그 대상으로 하는 것들을 객관(객체)이라고 부릅니다. 그리고 이 주관과 객관의 관계가 정상적일 때 진리에 대한 인식에 도달했다고도 하죠. 그런데 우리가 인식하고 있는 것이 진정 진리라고 할 수 있을까요? 그런 진리란 신에게만 해당하는 것이 아닐까요? 이처럼 우리는 언제나 진리의 점근선을 우리 인식의 한계라고 생각하는 경향이 있습니다. 그렇다면 문제는 우리가 갖는 진리가 신이 갖고 있는 진리에 미치지 못한다는 것을 우리가 어떻게 알 수 있는가 하는 점입니다. 앞에서 다뤘듯이 칸트의 세계는 바로 이런 지점에 위치합니다. 우리 인식은 물자체에 대해서는 그 입법의 능력이 없다는 것이죠.

그렇다면 헤겔이 말하는 '절대지'라는 개념은 어떨까요? '절대'적인 '지'라면 인간이 도달할 수 없는 영역이 아예 존재할 수 없는 인식, 즉 신적인 인식을 뜻하는 것으로 보입니다. 다시 말해 헤겔은 물자체라는 칸트의 한계선을 돌파해 인간의 유한성을 극복한 철학자로 간주되는 경향이 있고, 그래서 그는 보통 전체성과 총체성의 철학자라는 비판을 많이 받습니다. 헤겔과 더불어 정신적 개념으로 포섭할 수 없는 세계의 대상이 없어졌고, 그래서 세계의 특수성과 예외들이 사라지는 총체적 이념의 세계가 되었다는 것이죠.

헤겔의 절대지라는 개념을 제대로 이해하기 위해서는 칸트 철학의 강조점과 한계를 조심해서 살펴볼 필요가 있습니다. 칸트가 예지계에 도달할 수도 없고 도달하려고 해서도 안 된다면서 인식의 유한성이라는 조건에 엄밀한 철학자였다면, 헤겔은 이런 유한성의 한계를 제거하고 신조차 주관의 개념적 매개의 힘으로 전환할 수 있다면서 형이상학을 완성한 철학자인 것일까요? 그런데 이런 구도는 사실 상당히 단순합니다. 개념의 힘을 유한성에서 무한성으로 확장하면 되는 문제이니까요. 그런데 헤겔은 우리가 모든 것을 다 알 수 있다는 그런 '절대지'를 주장하지 않았습니다. 오히려 그는 칸트가 주장하는 인간 인식의 유한성 자체에 충실했다고 보는 것이 더 좋을 듯합니다. 어찌 보면 유한성의 원칙을 어기는 쪽은 오히려 칸트라고도 할 수 있겠습니다.

유한성과 절대성의 문제

칸트가 1724년, 헤겔이 1770년생이므로 헤겔은 칸트의 철학적 후배입니다. 헤겔은 철저하게 칸트에 입각해서 세계를 보려고 해요. 그리고 칸트에 입각해서 칸트를 넘어서는 철학자라고도 생각되고요. 칸트를 비판하기는 하지만 칸트의 관점에 충실한, 혹은 칸트보다 더 칸트적인 철학자? 이런 관점에서 한번 이야기를 해보겠습니다.

　칸트의 초월론 철학은 기본적으로 지성의 선험적 범주(개념)의 종합을 통해 현실적 대상에 대한 경험이 가능한 것으로 설정되어 있습니다. 그런데 여기서 중요한 것은 선험적인 범주의 작업이 자체적으로 완성될 수 없다는 사실입니다. 즉 감성으로부터 주어지는 질료들이 없다면 범주의 종합은 공허한 개념으로 그친다는 것입니다. 간단히 말해 칸트의 철학은 주객관이 분리된 인식론이고, 어떻게 보면 의식 바깥의 대상에 진리의 기준이 존재하는 인식론입니다.[1] 이때 질료들의 본성에서 철학적 문제가 발생하죠. 과연 우리는 질료들의 총체를 우리 감성을 통해 받아들이는 것인가? 앞에서도 살펴보았듯이 칸트에 따르면 감성을 자극하는 질료들은 사물의 '전체'가 아닙니다. 만약 감성적 질료들이 사물의 전체라면 우리는 물자체에 도달할 수 있을 것인데, 칸트는 이런 가능성을 부정합니다. 인식은 물자체가 아니라 시공간적 직관에 주어진 '현상'에 대해서만 입법할 수 있는 근원적 '유한성'을 갖습니다.

바로 이 지점에서 헤겔의 절대지에 대한 오해도 발생하는 것으로 볼 수 있습니다. 절대라는 개념은 인식이 입법하는 지점이 현상만이 아니라 물자체까지라는 주장인가? 유한한 인식에서 무한하고 절대적인 인식으로? 통념에 따르면 절대지는 주관과 객관이 완전히 일치하는 인식, 개별적이면서도 보편적인 인식, 그래서 절대자의 인식이자 절대자에 대한 인식입니다. 그래서 그야말로 절대적인 지식입니다. 절대성이란 그 바깥이 없는 세계를 뜻하기도 하므로 그런 앎이란 물자체에 도달한 것이

---

1) 강순전, 「정신으로서의 이성」, 『철학사상』 38호, 2010, 78~82쪽.

겠습니다. 물론 이렇게 말해도 틀린 것은 아닙니다. 그러나 중요한 것은 이 '절대성'에 대한 올바른 이해입니다. 절대성이란 인식의 한계가 부재한다는 그런 뜻일까요?

헤겔에 대한 오해를 풀기 위해 먼저 검토해야 하는 문제는 칸트의 구도가 갖고 있는 '형이상학적' 성격입니다. 칸트는 기존 형이상학의 문제들을 '변증적 가상'이라는 이름으로 비판하면서 형이상학의 정리된 근거를 정초합니다. 그런데 그런 칸트가 정작 탈피해야 할 형이상학적 전제 아래서 논의하고 있다는 것이 헤겔의 생각입니다.

유한성 너머 저 초월적인 영역에 존재하는 것이 물자체이죠. 물자체의 예지계란 현상들 너머에 존재하는 진정한 사물들의 세계이고요. 오로지 유한성에만 입각해서 오성의 범주를 사용할 것을 주장했던 칸트였지만, 저 무한성의 세계를 완전히 소거하지 못한 것도 칸트입니다. 우리 외부에 우리가 접근할 수 없는 물자체로 보존되어 있는 어떤 본체적 영역을 가정한다는 것, 이것이 이미 형이상학적입니다. 다시 말해 모든 인식과 경험의 선험적 근거를 정초하던 '초월론적' 방법에서 벗어나 '초월적'인 세계를 전제하는 그런 낡은 형이상학에 갇혀 있는 것이 칸트라는 것입니다. 왜냐하면 현상계와 예지계라는 구도 아래서는 유한성을 극복하고 저 무한성의 영역에 도달해야 한다는 어떤 초월적 욕망이 발생하지 않을 수 없기 때문입니다.

'변증적 가상'이라는 이름 아래 신과 영혼과 자유를 그저 이성적 '이념'에 불과한 것, 즉 비실재적인 것으로 평가절하했던 칸트가 그 물자체를 척도로 우리의 유한한 인식과 경험을 설정한다는 것 자체가 이미 초월적이고 형이상학적인 구조를 형성하는 것이죠. 우리가 도달할 수 없는 저 영원하고 불변하고 절대적인 초월적 세계라는 '가상'을 말이죠. 헤겔의 '절대성'이라는 개념은 칸트의 '비판' 철학에 숨겨져 있는 그런 형이상학적 요소에 대한 근본적 비판이라고도 할 수 있습니다. 우리의 현상적 세계가 저 물자체의 세계에 대해 '상대적'이라는 것이 이미 초월적인 형이상학에 불과하다는 것이죠. 헤겔은 이렇게 생각합니다. '저 외부에 초월적으로 존재하는 본체적인 세계는 사실 존재하지 않는 것이다.' 물자체에 도달함으로써 물자체를 포괄하는 방식이 아니라(이것이 칸트의 구도에서 도출되는 형이상학적 결론이죠), 물자체를 아예 없애 버린 것, 그것이 헤겔의 절대성입니다. 엄밀하게 표현하자면, "초월성은 절대적으로 내재적이며, 유한한 현실 '너머'에 있는 것은 단지 그것의 자기극복의 내재적 과정일 뿐"[2]입니다.

주관 바깥의 물자체에 도달함으로써 초월적 외부와의 동일성에 이르는 절대성이 있을 수 있습니다. 이를 형이상학적 절대성이라고 해보죠. 헤겔의 절대지는 이런 절차를 뜻하는 것이 아닙니다. 자기 바깥의 초월성을 인정하지 않는 것은 동일하지만 그것은 물자체에 도달해서가 아니라 물자체에 대한 인정을 거부해서입니다. 이제 헤겔에게 물자체는 주관 내부의 어떤 사태가 됩니다. 그리고 이런 주관적 사태에 대한 인식에 도달할 때만이 절대지의 단계에 이르게 됩니다. 우리의 인식이 그 인식 바깥의 물자체를 상정하는 한 절대성은 실현될 수 없을 테니까요. 하지만 이 실현도 헤겔만의 독창적인 방법을 통해서입니다.

물자체에 대한 헤겔의 비판

물자체에 대한 상대적인 인식에서 벗어나 우리 인식 자체를 절대적인 것으로 확립하려면 어떻게 해야 할까요? 다시 말해 유한한 우리의 인식 자체에 입각해서 세계를 해석하려면? 주관이 있고 그 바깥에 초월적 대상이 있어 주관이 그 대상의 전체성에 도달하지 못한다는 통념은 정확히 칸트적입니다. 이런 구도에서

---

2) 지젝, 『헤겔 레스토랑』, 363쪽. 물자체에 대한 헤겔의 관점과 절대지의 특성에 대해서는 이 책 말고도 지젝의 관련된 여러 논의들을 참조했다.

는 우리는 늘 진리(물자체)에 점근선적으로밖에는 다가갈 수 없다는 생각을 품게 되고, 이 때문에 초월적 욕망이 도래하게 됩니다. 그런데 한번 생각해 보죠. 우리의 인식이 물자체와 같지 않다는 것을 알려면 우리가 주관 바깥으로 나가 물자체와 인식을 비교해야 하는데, 이는 이미 불가능한 방법입니다. 그런 점에서 칸트는 유한한 인식 바깥의 초월적 시선을 전제하고 있다고 할 수 있겠습니다.

헤겔의 절대적 시선이란 단순하게 얘기해서 우리의 유한성에 '절대적으로' 입각하자는 것입니다. 초월적 시선 자체를 아예 버리는 것이죠. 무한하고 초월적인 시선을 유한한 인식 아래 놓게 되면 주관 바깥에 물자체가 있는지 우리는 알 수가 없습니다. 즉 우리 인식을 초월한 시선 자체가 사라지게 되는 것입니다. 그렇다면 우리 외부에 있을 것으로 전제된 그런 '대상들'은 아예 존재하지 않는 것이란 말일까요? 헤겔은 그런 외적 대상이란 우리 사고의 '추상성' 때문에 발생하는, 다시 말해 우리 사고 자체의 내적 균열로 인해 발생하는 착각이라고 생각합니다. 칸트는 인간의 정신이 지성과 이성이라는 요소들로 구성되어 있는 것으로 생각하지만, 헤겔은 우리 의식이 역사적인 변화를 겪는다는 데 특히 주목합니다. 그래서 특정한 의식 아래서는 주관 바깥의 대상(가령 물자체)을 실재하는 것으로 전제하지만, 의식이 시간의 흐름과 더불어 발전하게 되면 그런 외적 대상이 주관의 내적 한계로 인해 발생한 가상이라는 사실을 깨닫게 된다는 것입니다.

헤겔에게 '대상'은 본체적으로 고정된 게 아닙니다. 대상은 정신의 본성이 바뀜에 따라 그 성격을 계속해서 바꾸는 그런 것입니다. 가령 '지각'과 '오성'을 비교해 보겠습니다. 지각이라는 의식 형태는 '사물'이라는 대상적 개념을 갖고, 오성이라는 의식 형태는 '힘'이라는 대상적 개념을 갖습니다. 각각의 대상에 맞춰 지각의 의식 형태에서는 '자기동일적 보편자'라는 지가 생겨나고, 오성의 의식 형태에서는 '관계'라는 지가 생겨납니다.[3] 지각은 소금, 책상, 핸드폰과 같이 바깥에 있는 사물로서의 대상을 포착하는 의식 형태입니다. 소금 결정 하나는 단일한 물체이고, 지각은 이런 개별적 단일성을 중심으로 앎을 전개하면서 이런 것들을 그 사물의 진리라고 생각합니다. 하지만 소금을 조금 더 자세히 들여다보면 단일한 물체라는 특성만이 아니라 다양한 성질이 등장합니다. 짜고 입방체 모양을 하고 있고 하얗죠.

분명 사물은 단일해야 하는데 이렇게 다양성도 보여 주기 때문에 지각이라는 수준의 의식 상태는 이런 모순적인 상황을

---

3) 강순전, 『정신현상학의 이념』, 세창출판사, 2016 참조.

해결할 수 없습니다. 대상이 단일체이기도 하고 다양체이기도 하다는 종잡을 수 없는 분열 상태에 처하게 됩니다. 그런데 이런 분열은 의식이 '지각' 단계에 있었기 때문에 발생한 것이라는 게 헤겔의 놀라운 발상입니다. 만약 이 착종된 상태로 의식이 계속 자리하게 되면 저 모순된 상황을 해결하지 못하고 이런 모순을 세계의 본체에 다가갈 수 없는 의식의 유한성 때문이라고 생각할 수도 있겠죠? 헤겔이 보기엔 칸트가 바로 이런 상황이라는 것입니다. 우리가 사물을 단일한 것으로도 포착할 수 없고 다양성으로도 포착할 수 없을 때 '사물은 순수다공성'이라는 가상의 사물 개념을 만들어 낸다고 합니다. 사물은 하나의 객체이지만 공간적으로 여러 구멍들을 가지고 있어서 그 안에 희고 입방체이고 짜다는 성질들을 함께 품을 수 있다는 것이죠. 그런데 그런 대상도 없고 그런 대상 개념도 있을 수 없죠. 하지만 지각 상태의 의식은 내재적인 자기모순을 해결할 방법이 없기 때문에, 다시 말해 다른 의식 상태(정확히는 오성)로 발전할 수 없기 때문에 그런 가상적인 사물 개념을 만드는 것입니다.[4]

그런데 사물이라는 대상을 포착하는 지각이 아니라 '힘'(법

---

4) 정윤호, 「헤겔 『정신현상학』에서 힘과 오성의 대칭적 관계에 관한 연구」, 연세대석사, 2016, 16~18쪽.

칙)이라는 대상 개념을 갖는 오성 단계로 발전하면 의식은 이제 그런 상태를 모순으로 파악하지 않게 됩니다. 힘은 이미 관계 속에 있는 것들이죠. 밀어내고 끌어당기고 하는 동시적이고 모순적인 관계들 속의 힘. 의식의 발전은 대상들을 관계 속에서 보도록 하고 그렇게 해서 심지어 사물이 아닌 생명체도 힘이라는 관점에서 다룰 수 있게 됩니다. 생명체는 기본적으로 단일성 속에 있지만 동시에 변화하는 모순적 본성을 갖고 있는 것이죠. 이처럼 헤겔은 대상의 본체가 있어 우리가 그 현상만을 파악한다는 칸트의 비역사적 인식에서 벗어나, 대상에 대한 의식 형태가 변할 때 그 대상의 개념도 변한다는 역사적 인식으로 전환하면서 물자체 개념을 해결합니다. 지각 단계일 때의 의식의 난처함과 같은 그런 의식 내부의 문제가 외부에 '순수다공성'과 같은 어떤 가상을 설정하게 한다는 것이죠.

이처럼 각각의 의식 형태가 갖는 인식론적 한계가 있는데, 이는 힘이라는 개념을 대상으로 둔 오성에서도 마찬가지입니다. 오성은 현상들의 세계를 힘의 수축과 발산을 통해 설명하는데, 이때 오성은 이런 힘들의 이면을 사물의 내면, 즉 초감성적 본질로 설정하고는 그 본질을 '법칙'을 통해 해명하고자 합니다. 여기서 발생하는 것은 보편적 법칙과 구체적이고 특수한 현상들 사이의 불일치라는 문제와 사유의 주관적 산물에 불과할 정도로 공허해지는 일반법칙이라는 문제입니다. 다시 말해 사물들의 힘 관계를 더 많은 사물들로 확장하면서 법칙적으로 표현하면 할수록 그 법칙이 사물들로부터 소원해지는 사태가 벌어지는 것이죠. 이때 오성은 이런 문제를 해결하기 위해 현상과 초감성적 본질(즉 물자체)로 사물을 분리하게 되는데, 그럴수록 초감성적인 것은 오성에게 도달할 수 없는 것으로 간주됩니다. 그것도 당연할 것이, 저 물자체란 오성이 처한 인식론적 한계로 인해서 오성에 의해 가상적으로 생성된 것이기 때문이죠. 물자체가 오성에 의해 초래된 가상이라는 인식, 이것을 헤겔은 '이성'이라고 부릅니다. 이성적 의식의 단계에 도달하게 되면 우리 인식 바깥의 초월적인 대상이란 오성적 인식의 한계라는 인식을 갖게 되는 것입니다.

헤겔의 절대지

이처럼 지각의 모순이 오성의 등장과 더불어 해소되듯이, 오성의 모순도 이성의 등장과 더불어 해소됩니다. 주관 바깥에 설정된 법칙적인 초감성적 세계라는 것도 사실 오성이라는 의식 형태가 구성한 것이었음을 이성의 상태에서 깨닫게 됩니다. 이성은 주관 바깥의 실재처럼 보이는 것들이 사고 자체의 추상성과 비일관성에서 비롯된 것에 불과하다는 인식에 도달하게 되는 것이죠. 이것이 바로 헤겔이 말하는 절대지의 상태입니다. 세계의 모든 대상에 대한 개념적 앎에 도달할 수 있다는 오만의 표현이나 우리 관념으로 환원할 수 있다는 그런 논리적 절대성이 아닙니다. 칸트식으로 바꿔 보면 주관 바깥의 물자체에까지 개념적 인식이 도달함으로써 그 한계를 극복하는 방식과는 관계가 없습니다. 물론 헤겔을 그렇게 이해하는 쪽도 많기는 합니다만, 그건 너무 단순한 사고방식이죠.

주관 초월적인 모든 것에 대한 거부, 이를 헤겔의 절대성이라 말할 수 있겠습니다. 만약 그렇게 초월적인 것이 있다고 생각한다면 그건 우리의 의식이 오성 상태에 머물렀다는 반증이 되겠습니다. 이처럼 헤겔의 절대지 단계에 이르게 되면 우리는 세계의 그 어떤 대상도 우리 의식과 별개로 존재할 수 없다는 사실을 알게 됩니다. 칸트에 따르면 오성과 이성의 차이는 대상의 범위의 차원과 같습니다. 주관적 오성은 무제약자에 대한 전체적 시야를 갖는 이성의 도움을 받아 객관적 인식에 도달하는 것으로 되어 있습니다. 오성에서 이성으로 넘어갈 때 칸트는 확장된 전체적 시야의 형성을 그 특징으로 거론합니다. 개별적 사물의 인과에 대한 파악이 오성적 인식이라면 전체 삶의 목적에 대한 질문은 이성적 인식입니다. 그러나 헤겔의 절대성은 이런 인식의 확장과는 관계가 없습니다. 오성에서 이성으로 전환될 때 대상의 불가해성에서 앎으로 확장되는 게 아닙니다. 어떻게 보면 바깥으로 향하던 시선이 안으로 향하는 것과 같은 어떤 전복이 발생한다고나 할까요. 인식 바깥의 물자체가 인식 내부의 것으로 전환되는 것이죠.

주관 바깥에 주관적 인식으로는 도달할 수 없는 어떤 초월적인 사물의 상태가 있다고 믿는다면, 우리는 오성의 수준에 있는 것입니다. 우리가 헛되이 저 너머에서 찾는 것이 사실은 오성 자체의 비일관성에서 비롯된 것이었음을 깨달을 때 오성은 이성이 됩니다.[5] 절대지의 단계에서는 저 상실된 물자체와의 근원적 통일성이 회복되는 게 아닙니다. 통일성에 대한 갈망 자체가 오성적 인식의 한계에서 비롯된 것일 뿐입니다. 따라서 헤겔의 절대지는 신적인 경지에까지 이른 인식이 아니라, 우리 인식의 한계 자체에 입각한 앎입니다. 우리는 우리 바깥으로 나아갈 방법이 없습니다. 우리의 지평은 절대적으로 유한합니다. 그리고 이런 유한성을 말한 철학자도 원래 칸트였습니다. 그렇게 보면

---

[5] 슬라보예 지젝, 『그들은 자기가 하는 일을 알지 못하나이다』, 박정수 옮김, 인간사랑, 2004, 360쪽.

아이러니하게도 헤겔은 오히려 칸트의 철학을 칸트보다 더 철저하게 밀고 간 것으로도 보입니다.

정신과 신체 사이에 어떤 괴리가 느껴지듯이 주관과 현실 사이에서도 우리는 모종의 불일치를 느낍니다. 내가 생각한 현실이 아니라는 현실 인식이 대표적이죠. 그런데 이를 헤겔식으로 풀어 보면 이렇게 됩니다. '내가 생각한 현실'이란 아직 오성 단계에 머무르는 인식이라고. 이성 단계에 도달하면 내가 경험하는 현실을 초월한 그런 관념적 현실은 사라지게 됩니다. 그래서 헤겔의 유명한 말이 있습니다. '현실적인 것이 이성적인 것이고 이성적인 것이 현실적이다.' 현실을 부정하면 비이성적이니 주어진 현실을 수용하라는 그런 체념적이고 보수적인 주장이 아닙니다. 실재(현실적인 것)만을 대상으로 하는 것이 이성적인 인식이라는 뜻입니다. 반면에 오성적 인식은 비실재(물자체)를 자신의 분열된 인식 내부에 내포하고 있습니다. 실재는 오직 초월적 시선을 배제하는 이성 단계에서만 제대로 포착될 수 있습니다.

그러므로 이런 인식 아래에서는 초월적인 목적론이나 계획은 들어설 수 없게 됩니다. 이 세계가 신의 어떤 계획 아래 움직인다는 극단적인 목적론은 헤겔의 철학과는 관련이 없습니다. 사실 목적론이란 행위(사건)가 다 완료된 시점에서 과거를 회고

하는 시선에 의해서 주어지는 환상적 경로에 불과합니다. 고통을 다 헤치고 나아간 시점에서, 그래서 내게 이런 고통이 예비된 것이구나 하고 깨닫는 회고적 관점인 것이죠. 즉 현실에 미래의 초월적인 목적론은 예비되어 있지 않습니다. 이 회고적 시점을 실재하는 것으로 믿는 목적론은 일종의 오성적 인식이라 할 수 있죠. 이는 식민지 상태에서 벗어나기 위한 민족주의적 투쟁 속에서도 확인되는 사실입니다. '잃어버린 조화로운 과거의 공동체'와 같은 것은 애초에 존재하지 않습니다. 그건 고통스런 식민지 현실이 만들어 낸 회고적 환상입니다.

3강_신적 폭력에 대하여

계속해서 칸트의 이야기를 더 해보겠습니다. 지난 시간에는 칸트의 물자체를 헤겔의 절대지 개념을 통해 조금 다른 관점에서 살펴보았습니다. 헤겔이 비판했다고 해서 칸트 철학의 의미가 사라지는 것은 아닙니다. 칸트의 물자체는 여전히 사유해 볼 필요가 있는 중요한 개념이라는 생각입니다. 이와 관련해서 오늘은 칸트의 '윤리적 주체'라는 주제를 살펴보도록 하겠습니다. 윤리적 주체라고 하니까 도덕 시간의 답답한 느낌도 있는데요. 칸트의 윤리는 그런 반듯하게 사는 도덕과는 관련이 없고, 오히려 약간 무시무시한 지점이 있다고 해야 할지도 모르겠네요.

발터 벤야민은 법을 정초하고 보존하는 '신화적 폭력'과 비교하면서 '신적 폭력'이란 "피를 흘리지 않고 목숨을 앗아간다"고 말합니다. 목숨을 빼앗으면서도 피를 흘리게 하지 않는다?

피를 흘리게 하지 않는 폭력은 도대체 어떤 폭력일까요? 이번 시간에는 이 '신적 폭력'에 대해 알아보고자 합니다. 물음을 두 가지로 나눌 수 있겠습니다. 폭력이 인간적 규정을 넘어 '신적' 규정을 가질 수 있다는 것인데, 어떤 경우에 '신적' 속성을 부여할 수 있는 것인지, 그리고 신적인 것이 왜 꼭 '폭력적'이어야 하는 것인지. 우리는 벤야민의 난해한 구절을 칸트의 윤리적 주체를 통해 이해할 수 있는지 살펴보려고 합니다. 그리고 이해를 돕기 위해 전장연의 지하철투쟁과, 그 과정에서 널리 알려지게 된 넷플릭스 단편영화 「우리 죄를 사하여 주옵소서」(애슐리 이킨, 2022)를 참고해 보고자 합니다.

폭력 '비판'에 대하여

칸트의 윤리적 주체라는 문제를 좀 우회해 보도록 하겠습니다. 폭력에 관한 벤야민의 유명한 논문을 칸트를 통해 해석할 수 있는 가능성을 한번 타진해 보려고 하는데요. 이를 위해 벤야민의 「폭력의 비판을 위하여」라는 심오한 글을 먼저 살펴보겠습니다.

　　직접적 폭력의 신화적 발현은 좀 더 순수한 [폭력의] 영역을 열어 놓는 것은 고사하고 자기 자신을 모든 법적 폭력과 심층적으로 동일한 것으로 드러내며, 법적 폭력의 문제점에 대한 의혹을 그것의 역사적 기능의 유해성에 대한 확신으로 굳혀 주고 있기 때문에, 이를 파괴하는 것이 과제로 제기된다. 최종 심급에서 이 과제 자체는 다시 한번 신화적 폭력을 저지할 수 있는 순수하고 직접적인 폭력에 대한 질문을 제기한다. 모든 영역에서 신이 신화와 대립하는 것처럼, 신화적 폭력은 신의 폭력과 대립한다. 더욱이 신의 폭력은 모든 측면에서 신화적 폭력의 반대를 나타낸다. 신화적 폭력이 법 정립적이라면 신의 폭력은 법 파괴적이고, 전자가 경계들을 설정한다면 후자는 이것들을 경계 없이 파괴하고, 신화적 폭력이 죄를 짓게 만들면서 동시에 속죄시킨다면 신의 폭력은 면죄해 주고, 전자가 위협한다면 후자는 내려치고, 전자가 피를 흘리게 만든다면 후자는 피를 흘리지 않고 목숨을 앗아간다.[1]

벤야민의 글은 대부분 난해하지만 이 논문은 특히 더 그런 것 같네요. 하나씩 설명을 해보겠습니다. 우선, 앞부분에서 이

---

[1] 발터 벤야민, 「폭력의 비판을 위하여」, 자크 데리다, 『법의 힘』, 진태원 옮김, 문학과 지성사, 2004, 164쪽.

글 전체의 목적을 밝혀 주고 있는데요. 벤야민은 "신화적 폭력을 저지할 수 있는 순수하고 직접적인 폭력에 대한 질문을 제기"하기 위해 이 글을 썼다고 밝히고 있습니다. 여기서 순수하고 직접적인 폭력이란 바로 '신적 폭력'을 말합니다. 신화적 폭력을 저지할 수 있는 신적 폭력이라는 개념을 제시하고 싶다는 말입니다. 벤야민의 설명에 따르면 신화적 폭력이 법을 정립하는 폭력이라면, 신적 폭력은 법을 파괴하는 폭력입니다. 그다음 내용이 더 중요한데요. 신화적 폭력이 죄를 짓게 만들면서 속죄시킨다면, 신적 폭력은 면죄를 해준다고 합니다. '속죄'와 '면죄'는 그게 그것 같은데 구별되어 서술되고 있어 헷갈립니다. 또 위협하는 폭력과 내려치는 폭력, 피를 흘리게 하는 폭력과 목숨만 앗아가는 폭력으로 구별되어 있습니다. 벤야민은 두 대상을 구별하고 있는데 우리에겐 너무 막연합니다. 칸트를 통해 이 구절을 명확히 해보도록 하겠습니다.

「폭력의 비판을 위하여」에서 '비판'은 정확히 칸트적인 의미로 쓰인 것입니다. 일상적으로 사용하는 '비판'이라는 말은 대상이나 사태의 부적절함에 대한 지적이라는 의미가 있지만, 칸트가 '순수이성비판'이나 '실천이성비판'이라고 할 때는 어떤 경계 초월이나 위반에 대한 점검이라는 의미가 있습니다. 형이상학적 공간에서는 영혼이 불멸한다든가, 모든 사물의 가능성을 기초하는 신이 존재한다든가, 세계는 무한하다든가 하는 여러 주장들이 난무합니다. 누군가는 신의 존재 가능성을 주장하고 또 다른 누군가는 존재 증명은 불가능하다고 합니다. 영혼이든 신이든 세계의 크기든 모두 실증적 영역이 아니기 때문에 이를 검증하기 위해 경험이 시금석이 될 수는 없습니다. 다시 말해 신의 존재를 증명하기 위해 경험 사례를 수집하는 방법으로는 이 혼란을 종식시킬 수 없다는 것입니다. 그렇다면 어떻게 해야 이 혼란을 수습할 수 있을까요?

바로 여기서 칸트는 '비판'이라는 말을 사용합니다. 신이나 영혼이라는 대상이 아니라, 우리 인식이 어떻게 해서 성립하고 어떤 조건에서 인식 조건을 위반하는지 살펴보자는 것이죠. 인간의 이성이 경험에서 독립해 추구할 수 있는 인식이 과연 정당한 것인지 그 이성의 능력을 따져 보는 것이 비판입니다. 이렇게 되면 이성이 자신이 관할해서는 안 되는 영역에서 과도하게 입법적 능력을 사용하는 것을 목격할 수도 있는데, 이것이 비판에서 밝혀지는 일이 됩니다. 마찬가지로 벤야민도 폭력을 이런 식으로 살펴보려고 합니다. 어떤 폭력이라는 개념이 과도하게 다른 영역에 침범해서 폭력의 다양한 가능성을 억압하는 것은 아닌지 비판적으로 검토하겠다는 것입니다.

폭력은 일체 용납할 수 없다는 그런 '비판'이 아니라 수용가능한 폭력은 어디까지이고 그 한계에 대한 구분은 어떻게 할 수 있는가 하는 '비판'입니다. 칸트가 우리의 정신 속에서 지성과 이성을 구분하면서 비판을 전개하듯이[2] 벤야민도 신화적 폭력과 신적 폭력을 구분하면서 신화적 폭력을 넘어설 수 있는 신적 폭력의 가능성을 철학적으로 정초합니다. 영국의 저명한 문학비평가 테리 이글턴에 따르면 물론 벤야민은 칸트에 대해 상당히 전문적이었습니다. 폭력 비판에 대한 벤야민의 글은 그가 서른 살 되던 해인 1922년에 작성된 것입니다. 상당히 젊은 시절의 글인데도 깊이가 남달라서 예전에 공부할 때는 이해하기 어려웠습니다. 신화적 폭력은 어떻게든 알겠는데 신적 폭력이라는 의미가 잘 다가오지 않았는데, 칸트를 어느 정도 읽고 나니 벤야민의 글이 이해되기 시작하더군요.

윤리의 무조건성과 예지계

먼저 칸트가 말하는 윤리성 혹은 윤리적 주체라는 개념을 살펴보는 게 순서일 것 같네요. 보통 '윤리적'이라고 말하면 그 욕망

---

2) 칸트적 의미의 '비판'에 대해서는, 이수영, 『순수이성비판 강의』, 40~45쪽 참조.

은 최소한 저급하지는 않을 것처럼 보입니다. 물질적이고 일차원적인 욕망에서 정신적이고 고차원적인 욕망으로의 상승이 윤리적인 태도의 기반이겠죠. 부를 쌓고자 하는 욕망보다 세계의 진리를 파악하고자 하는 지적 욕망은 분명 고차원적인 욕망이긴 합니다. 그러나 이런 욕망이 꼭 윤리적인 것은 아닙니다. 칸트의 구분에 따르면 물질적인 쾌락에 집착하는 하위욕구능력보다 지적인 욕망이 상위욕구능력이긴 하지만, 상위욕구능력이 우리를 윤리적 존재로 바꿔 주는 것은 아니라는 것이죠.[3] 왜냐하면 둘은 모두 특정한 '쾌락'을 추구하기 때문입니다. 고상한 쾌락이든 저열한 쾌락이든 쾌락인 것은 마찬가지입니다.

칸트에게 윤리적인 것은 상당히 엄격합니다. 그것은 앎이 중지되는 순간에 시작된다고 말하면 아주 적당하겠습니다. 『순수이성비판』이 끝나는 자리에서 『실천이성비판』이 시작된다고도 할 수 있겠네요. 윤리는 우리의 앎이 더 이상 나아갈 수 없는 지점, 그래서 뭔가를 결단해야 하는 지점에서 시작됩니다. 윤리적 존재가 된다는 것이 조금씩 나를 개선해 가는 과정이라고 생각하겠지만, 칸트의 윤리는 이런 개선의 노력이나 점진적인 개혁과는 아무런 관계가 없습니다. 이런 것을 통해서는 절대로 윤

---

3) 이수영, 『실천이성비판 강의』, 40~46쪽.

리적 존재에 도달할 수가 없습니다. 그럼 어찌해야 할까요? 칸 트는 앞에서 말했던 상하위욕구능력들에 기반한 정념적인 것들 과 단절되는 순간만이 윤리적이라고 말합니다.

칸트가 너무 금욕주의자처럼 보이기도 합니다. 하지만 금 욕주의가 아닙니다. 정념적인 것과의 단절은 욕망의 억제하고 는 관계가 없습니다. 금욕주의적인 방식으로는 윤리적 주체가 될 수 없습니다. 칸트는 개인적이고 특수한 이익을 위해서 사 는 존재들을 정념적인 존재라고 부릅니다. '정념적'이라는 말은 'Pathological'의 번역인데 대개 '병리적'이라는 의미로 쓰고 있 습니다. 그러나 정념적인 것은 병적인 상태가 아닙니다. 아주 지 극히 정상적인 상태입니다. 쾌락을 추구하고 개인적인 이익을 위해 행동하는 것은 인간이라면 누구나 하는 정상적인 삶의 과 정입니다. 칸트는 정념은 병이 아니지만 그리고 정상이지만 이 런 정념적 삶 아래에서는 윤리에 도달할 수 없다고 말합니다. 정 념에 대한 억압과 금욕이 아니라 다른 세계로의 전환이 윤리의 바탕이 된다고 말하는 것입니다.

칸트가 말하는 윤리적 존재는 우리의 욕망을 더 상위의 고 차원적인 욕망으로 점진적으로 변화시키는 것이 아니라 우리가 갖고 있는 모든 정념성과 결별함으로써 가능합니다. 정념적 쾌 락은 개인적이라서 추구하는 쾌락이 모두 다를 수 있습니다. 이 때문에 정념성 아래서는 보편적인 윤리가 등장할 기반이 없습니다. 제각각의 기준에 따라 산다면 윤리는 있을 수 없는 것 아니겠습니까? 보편성을 확보할 수 있으려면, 따라서 정념성에서 벗어나는 길을 찾아야 합니다. 아니 오히려 보편성에 입각할 때 정념성이 사라지는 것이라고 해야 하겠습니다. 그럴 때 정념적 존재에서 윤리적 주체로 존재의 변이를 달성하게 됩니다. 칸트적 주체가 탄생하는 순간입니다.

정념성의 세계에서 산다는 것은 정확히 말해 인과적 원리속에서 사는 것과 같습니다. 무슨 일을 할 때 이런 이유 저런 이유가 있는 거죠. 행복해지고자 한다면 평소에 학업에 집중하고 좋은 회사에 취직해서 착실히 저축해야 한다는 처세의 교훈은 이런 정념성의 세계를 보여 줍니다. 하지만 윤리성의 세계는 이런 조건적 인과에서 벗어나야 비로소 보이는 것입니다. 어떤 조건 때문에(가령 행복을 위해서라는 조건) 어떤 행위를 하는 게 아니라 무조건적으로 해야 한다는 것, 그것이 윤리성의 세계입니다. 나의 조건이 아니어도 해야 한다는 것, 이것이 바로 보편성의 힘입니다. 앞에서 얘기한 정언명령의 세계가 바로 그런 것입니다.

그렇다고 윤리성의 세계가 인과관계를 완전히 부정하는 것은 아닙니다. 자연의 인과를 부정하고 살 수 있는 방법은 없죠. 그러나 인과의 작동은 주체 없이는 불가능하다는 인식, 이것이 칸트적 윤리를 만들어 냅니다. 나를 행동하게 하는 어떤 원인이 있어서 그 원인을 그대로 수용하게 되면 그 순간 '주체'는 있어도 없는 것과 다름없습니다. 당구공이 다른 당구공을 밀어서 움직인 것과 다를 바가 없는 것이죠. 인간도 자연의 존재(칸트적으로는 현상계의 존재)이므로 외부의 원인을 부정할 수는 없습니다. 하지만 인간이 '주체'라는 것은, 즉 자유의 존재라는 것은 외부의 원인으로 모든 것이 환원되지 않는 어떤 지점에 그 주체가 놓여 있다는 뜻입니다.[4] 외부의 타자로 환원되지 않는 공간에서 발생하는 게 '자유'이고, 이 자유야말로 윤리의 기본적 토대가 되겠습니다. 기계적으로 반응한 일에 대해 책임을 물을 수는 없으니까요.

정념적인 존재는 인과에 지배되지만 윤리적 존재는 그 인과를 승인하는 하나의 형식입니다. 차라리 무의식이라고도 해야 할 이 승인의 형식은 분명 우리에게 실재하는 것입니다. 손을 쓸 수도 없는 불가항력이었다고 해도 우리를 괴롭히는 어떤 죄의식이나 부채감과도 같은 감정은 이런 승인의 형식을 진행하

---

4) 슬라보예 지젝, 『시차적 관점』, 김서영 옮김, 마티, 2009, 408~410쪽. 지젝은 이런 주체의 행위를 "텅 빈 형식적 제스처"라고도 표현하는데, 여기서 '형식'은 칸트적 의미에서 감성적 질료들에 입법하는 지성과 이성의 개념(범주)처럼 그렇게 강한 의미로 읽어야 하는 형식이라고 생각해야 할 것이다.

지 못했다는 무력감의 다른 표현일 수도 있겠습니다. 수많은 원인들이 우리를 둘러싸고 있습니다. 그러나 우리는 그런 원인들로 나를 완전히 해소하지 못합니다. 군인이지만 명령의 체계 속에서만 움직일 수는 없습니다. 그런 명령에 따라 기계적으로 복종할 때 우리는 인간으로 존재한다는 것의 고뇌를 느끼게 됩니다. 이렇게 인과적 체계로 환원되지 못하는 지대, 바로 여기서 자유와 책임과 윤리가 탄생합니다. 모든 원인들에도 불구하고 그 원인들의 작동에 대한 형식적 승인의 자리에 자신을 놓을 때 실존적인 '개인'은 칸트적 '주체'로 변신하게 됩니다.

　윤리적 주체가 되는 순간을 어떻게 하면 제대로 파악할 수 있을까요? 예언자나 선지자들의 예를 들어 보면 어떨까요? 여러 선지자들이 있지만 그중에서도 대표적으로 예레미야의 경험이 인상적인데, 그는 하나님의 '말씀'을 삼키고는 고통에 몸져눕는 경험에 사로잡힙니다.[5] 이 순간은 그가 기존의 자신과 결별한 새로운 주체로 탄생하는 것이라 할 수 있는데, 그는 하나님의 말씀만을 진리로 선포해야 하는 자신의 사명을 고통의 과정을 거쳐 수용하게 됩니다. 그는 더 이상 개인의 이익이나 조국의 정

---

5) 신의 말씀을 전하는 여러 예언자가 등장하지만 '말씀'과 관련해서 가장 인상적인 예레미야의 고통의 경험에 대해서는 카렌 암스트롱, 『신의 역사』, 배국원·유지황 옮김, 교양인, 2023, 118~122쪽 참조.

치적 안정을 바라는 정념적 존재가 아닙니다. 정념적인 수준에서 그는 그야말로 텅 빈 존재이고, 윤리적 수준에서 그는 오로지 진리만을 선포하고 신의 진리로 충만한 존재가 됩니다. 신의 말씀을 전하는 사자, 그런 사자로서의 보편적 사명만을 존재의 중핵으로 수용하는 말씀의 화신이 됩니다. 그는 다른 어떤 일도 할 수 없고 기존의 인간으로 돌아갈 수도 없습니다. 이런 존재가 바로 키르케고르가 말하는 '사도'(apostle)라고 할 수 있겠습니다.[6] 그는 자신을 진리가 울려 나오는 울림통처럼 사용하는 존재인데, 그의 신체와 정신은 개인적인 특성으로서는 취소되고 오직 충격적인 진실의 중개자라는 형식으로 환원됩니다.

칸트적 주체는 외적 인과에 의해 지배되는 현상계를 떠나 자유에 의해 가능한 예지계로 이동합니다. 그런데 이때 현상계와 예지계의 관계를 초월적인 구도로 설정하면 곤란합니다. 예지계는 현상계 바깥에 어떤 초월적 시공간에 따로 자리 잡고 있는 세계가 아닙니다.[7] 칸트적 자유는 인과관계 외부에 있는 경험이 아니라 인과에 대한 형식적 승인의 경험을 뜻하기 때문에,

---

6) 키르케고르의 천재와 사도의 구분에 대해서는 슬라보예 지젝, 『시차적 관점』, 300~303쪽.

7) 그래서 칸트는 예지계라는 개념을 적극적이고 실재적인 것으로 사용해서는 안 된다고 경고하고, 어떤 한계 개념, 혹은 문제적 개념 정도로 다룰 것을 요청한다. 이수영, 『순수이성비판 강의』, 268~273쪽.

예지계도 현상계 바깥에 있는 게 아니라 현상계에 대한 자유로운 승인의 자리에서 생겨납니다. 다시 말해 우리가 윤리적 주체가 되는 그 순간이 이미 예지계적 세계에 자리 잡는 순간입니다. 따라서 칸트의 예지계는 어디 멀리 있어 우리가 찾아가야 하는 유토피아적 공간이 아니라 정념성에서 보편성으로 주체적 위치를 바꿀 때만 발생하는 그런 실재적 세계입니다. 우리가 예지계에 도달했다는 것은 어떤 도덕적 책무가 조건성 속에서 수용될 수 없는 상태가 시작되었다는 말과 같습니다.

예지계는 자유의 공간이자 무조건성의 공간입니다. 예레미야는 신의 말씀을 조건적으로 수용할 수 없기 때문에 기존의 인간적 상태와 결별하기 위한 고통의 시간을 필요로 했습니다. 칸트의 예지계는 이렇게 인간을 그 본성에서부터 변화시키는 무조건적인 자유의 장소입니다. 원래 신적 세계란 무조건성의 세계이죠. 신은 겸허했다고 복을 주지도 않으며 악을 떠나지 않았다고 징벌하지도 않습니다. 조건적인 상태에 묶여 있는 신이란 이미 원시적이고 이교적인 개념입니다. 물론 신을 그런 식으로 오독하는 경우도 많지만 그건 유일신 개념에 어울리지 않는 해석입니다. 이런 무조건적인 신의 세계를 가장 잘 보여 주는 경우가 바로 「욥기」가 아닐까 생각합니다. 신과 사탄의 시험을 무사히 통과하고 그의 신앙의 순전함이 인정되었음에도 불구하고 욥은 이해할 수 없는 지독한 고통에 빠지게 되죠. 욥은 자신의 무죄와 정의로웠던 삶을 주장하면서 신에게 이 고통의 이유를 알려 달라고 호소합니다. 그런데 신은 욥의 질문에는 대답하지 않은 채 자신의 무소불위의 전능함을 과시하며 욥을 굴복시킵니다. 그야말로 절박한 욥의 물음에 대한 대답이 부재하다는 점에서 「욥기」는 서사적으로는 불완전한 구조를 갖고 있는데 그런 점에서 더욱더 신의 무조건성이 맹렬하게 드러납니다. 모든 이유에 대한 봉쇄, 이유를 알고자 하는 욕망에 대한 봉쇄, 이것이야말로 신적인 세계라는 듯이 말이죠. 칸트의 예지계도 바로 이런 무시무시한 무조건성의 세계입니다.

생명 너머의 윤리

칸트는 생명을 넘어서는 게 윤리의 차원이라고 이야기를 합니다. 『실천이성비판』을 보면 이런 예가 등장합니다. 도저히 성적 욕망을 참지 못하겠다는 사람이 있다고 해보죠. 이 사람에게 이렇게 말하면 어떨까요? "좋다, 충분히 즐겨라, 하지만 네가 즐기고 나온 그 집 앞에는 기요틴이 있을 것이다." 성욕을 참지 않으면 처형을 하겠다는 말이죠. 그런데도 목숨을 걸고 자신의 성욕을 충족시키려는 사람이 있을까요? 생명보다 더 소중한 것이 어디 있을까요. 그런데 칸트는 다시 이런 예를 듭니다. 왕이 한 신하에게 제안을 합니다. "진작에 없애 버리고 싶은 놈이 있는데 말이야. 그놈이 역모를 꾸미고 있는 것을 본 적이 있다고 말만 해주면 자네 목숨은 살려 주지." 이 신하는 자신이 살기 위해서는 거짓말을 해야 합니다. 목숨이 걸려 있으니 당연히 거짓말을 하지 않을까요? 물론 그럴 수도 있습니다. 그러나 심지가 굳은 사람이라면 이런 폭군에게 저항을 하겠죠, 목숨을 걸고서라도 말이죠. 하지만 겁 많은 신하가 설령 거짓말을 할지라도 그가 태평하게 그럴 수는 없다는 것이 문제입니다. 다시 말해 그는 거짓말을 하는 자신을 불만스럽게 볼 수밖에 없는 거죠. 아주 잠깐일지라도 고뇌에 빠지게 되는 것이죠.

바로 이 지점을 칸트가 건드리고 싶은 것입니다. 생명이 달려 있는 중차대한 순간에 왜 고뇌하는 것인가? 이 고뇌는 어떻게 발생하는 것일까요? 바로 윤리성입니다. 생명이 세상에서 가장 중요한 것처럼 보여도 그 생명 이상의 차원이 있다는 것이죠. 생명이 무의미해지는 순간은 언제일까요? 바로 윤리적인 삶이 무너졌을 때입니다. 보통 대의를 상실할 때 사람들은 살아도 사는 것 같지 않은 순간을 경험합니다. 생명성의 차원에서 움직이는 것이 정념적 존재라면 윤리적 존재는 그 생명을 초월하는 영역에 자리 잡습니다. 그렇다고 죽어야 한다는 뜻이 아닙니다. 칸트의 예지계는 우리 삶 바깥에 있는 것이 아니라 우리 삶의 가장 평범한 층위에, 다시 말해 '고뇌하는 신하'의 층위에 있는 것입니다. 가장 소중한 생명조차 초월할 수 있는 그런 고뇌의 차원 말이죠.

다시 말하지만 윤리적 주체의 자리는 무조건성의 차원이에요. 그 어떤 조건과의 타협도 불가능합니다. 조건과 타협을 하는 순간 삶 그 자체가 훼손을 당하게 됩니다. 그래서 삶이 무의미해지는 순간이 있는 것이죠. 그래서 윤리적 주체는 한 개인에 불과할지라도 그 윤리성은 개인 차원에 머물지 않습니다. 단 한 사람의 윤리적 저항도 사회 전체를 요동치게 할 수 있습니다. 왜냐하면 그런 윤리적 명령은 언제든 무조건적이기 때문입니다. 무조건적이기 때문에 비타협적이고 비타협적이기 때문에 생명을 초월합니다. 생명을 초월한 윤리적 주체를 견딜 수 있는 것은 없습니다. 바로 『안티고네』가 대표적입니다.

오빠의 장례를 치르겠다고 주장하는 안티고네의 행위에 대해 일찍이 헤겔은 공동체적인 윤리의식이라 할 수 있는 인간법과 자연적 윤리의식이라 할 수 있는 신법 사이의 충돌이라고 해석했습니다.[8] 이 '신법'의 성격을 무조건성과 연결시켜 해석해보면 헤겔의 해석이 충분히 납득됩니다. 안티고네는 크레온의 위협이나 타협책에 대해 조금도 물러서지 않습니다. 이때 크레온의 공동체는 뿌리부터 흔들리게 되는데, 이처럼 윤리적 차원은 개인적이어도 사회체 전체를 파괴하는 힘을 갖습니다. 왜냐하면 무조건성은 신적인 예지계의 힘을 바탕으로 하기 때문이죠.[9] 조건성에 바탕을 둔 공동체는 무조건성에 바탕을 둔 신적인 비타협성을 견딜 수 없습니다. 하지만 예외적인 윤리성의 공간인 예지계는 아무런 차별이 없는 곳이기도 합니다. 윤리적 주체가 되는 데에는 지혜의 크기나 정진의 강도와 같은 자격이 필요하지 않습니다. 아주 평범한 사람 누구라도 윤리적 주체가 될 수 있습니다. 정념과 작별하는 누구라도 말이죠. 이런 점에서도 칸트의 윤리는 보편성의 기반이자 보편성의 확장입니다. 누구든 윤리적 주체가 된다는 것, 그것은 보편성으로의 존재 변환을 이룬 것이라는 뜻입니다.

---

8) 게오르크 빌헬름 프리드리히 헤겔, 『정신현상학 2』, 김준수 옮김, 아카넷, 2022, 430~438쪽 참조.

9) 테리 이글턴은 안티고네를 "이성에 귀를 닫고, 인간 사회를 경멸하고, 최고 수준의 자기 신뢰에서는 오만하게 굽힘이 없고, 죽음이라는 관념에 매혹되어 있고, 신중함이라는 작지만 칭찬할 만한 미덕은 고고하게 내쳐 버리고, 자신의 동기는 확실하게 파악하지 못하는 인물"로서 "순수한 거부와 반항의 행동"에 불과하다고 평가절하하고 있다. 그래서 그는 "왜 그녀가 이 희곡에서 유서 깊은 의무와 신들의 의지에 복종하여 행동하는 것으로 제시되는지 분명치 않다"(『비극』, 정영목 옮김, 을유문화사, 2023, 50~53쪽)는 결론을 내리고 있는데, 나는 오히려 이런 특징이 안티고네의 예지계적 윤리의 표현이라고 주장하고 싶다.

이런 맥락에서 벤야민의 글을 검토해 보기로 하겠습니다. 법을 정립하고 그런 법의 경계를 유지하는 폭력을 벤야민은 신화적 폭력이라고 했습니다. 폭력 수단을 독점한 국가의 권력 행사를 생각하면 되겠습니다. 이런 신화적 폭력은 범죄자에 대한 형벌의 폭력을 통해 속죄를 시키면서 구성원들을 위협하고 심지어는 피를 흘리게 합니다. 생명을 빼앗는 것이죠. 그러나 신화적 폭력은 거기까지입니다. 피를 흘리게 하면서 속죄를 시켜 줄 뿐 구성원을 더 이상 다른 존재로 바꿀 수는 없습니다. 법 정초적 폭력은 인간의 생명을 앗아가는 것으로 끝입니다. 그 생명에 대해 더 이상 뭔가 다른 일을 해볼 방법이 없습니다. 폭압적인 권력에 저항하는 사람에 대해 권력이 할 수 있는 최대의 것은 생명을 빼앗는 것입니다. "왜냐하면 순수하고 단순한 생명과 더불어 생명체에 대한 법의 지배가 그치기 때문"[10]입니다.

신화적 폭력은 생명을 빼앗을 수는 있으나 그의 영혼이나 윤리성을 빼앗을 수는 없습니다. 생명보다 더 급진적이고 생명보다 더 문제적인 예지계적 세계를 사로잡을 수는 없습니다. 생명보다 더 숭고한 그런 세계를 가로막을 수는 없습니다. 그러나 신적인 폭력은 다릅니다. 벤야민의 말대로 그것은 기존의 인간

---

10) 벤야민, 「폭력의 비판을 위하여」, 165쪽.

적이고 국가적인 경계들을 파괴하고 인간의 모든 죄들을 사해 줍니다. 예지계적 주체가 된다는 것, 그것은 안티고네처럼 국가의 경계나 법들에 복종하기를 그치는 존재가 된다는 뜻입니다. 그는 국가의 법을 위반한 존재일지라도 신의 법을 위반한 존재는 아닙니다. 그래서 그는 신에 의해 모든 (인간적) 죄로부터 사해집니다. 신의 법은 인간의 생명을 위협하지 않고 인간으로 하여금 새로운 존재로 탄생할 수 있도록 위에서부터 "내려치고" 있습니다. 번개처럼 내려치는 신의 말씀에 압도된 예레미야처럼 말이죠. 그것은 내려치기 때문에 피할 곳이 없고 내려치기 때문에 인간으로 하여금 존재의 변신을 이루도록 추동합니다. 그렇다면 "피를 흘리지 않고 목숨을 앗아간다"는 것은 무슨 뜻일까요?

피를 흘리지 않는 죽음

이러한 폭력의 한 사례로서 [『성경』, 「민수기」 16장에 나오는—인용자] 고라의 무리에 대한 신의 심판을 니오베의 전설과 대립시켜 볼 수 있을 것이다. 신의 특권을 누리던 레위족 사람들을 경고도 위협도 하지 않은 채 내리치고 주저 없이 말살했다. 하지만 그는 이러한 말살을 통해 동시에 면죄시키는데, 이 폭력의 비유혈적 성격과 면죄적 성격 사이의 깊은 연관성이 오인될 수는 없을 것이다. 왜냐하면 피는 순수하고 단순한 생명의 상징이기 때문이다. 법적 폭력의 작동——여기서는 좀더 엄밀하게 서술하기 어렵지만——은 순수하고 단순한 자연적 생명의 유죄성에서 비롯하는데, 이 법적 폭력은 죄가 없지만 불운한 생명체를 속죄로 인도하며, 속죄는 생명의 유죄성을 '속죄해 준다'. 또한 이것은 죄 지은 생명체를, 죄로부터가 아니라 법으로부터 구제해 주기도 한다. 왜냐하면 순수하고 단순한 생명과 더불어, 생명체에 대한 법의 지배가 그치기 때문이다. 신화적 폭력은 자기 자신을 위해 순수하고 단순한 생명에 가해진, 피를 흘리게 하는 폭력이며, 신의 폭력은 생명체 자신을 위해 모든 생명에 가해진 폭력이다. 첫번째는 희생을 요구하며, 두번째는 그것을 받아들이고 떠맡는다.[11]

벤야민은 신화적인 폭력의 예로 니오베의 전설을 들고 있습니다. 니오베는 테베의 왕비인데, 자신이 무려 아들 일곱 딸 일곱이나 있다고 자랑하는 인물입니다. 그런데 테베의 신 레토

---

11) 벤야민, 「폭력의 비판을 위하여」, 164~165쪽.

는 아들 아폴론과 딸 아르테미스 둘밖에 없습니다. 레토 앞에서 니오베가 자식 자랑을 하자 여신은 아들과 딸을 시켜 니오베의 자식들을 모조리 화살로 쏘아 죽이게 합니다. 니오베의 오만함이 신적인 경계까지 침범할 정도였던 것이죠. 이처럼 경계를 보존하는 레토의 신화적 폭력은 법 보존적이자 법 정립적인 특징을 갖습니다. 「민수기」에 나오는 고라족의 사례는 그것과 반대되는 신적 폭력의 특징을 보여 준다고 벤야민은 말합니다. 구약에서 고라족은 성막을 지키는 집안이었습니다. 그런데 더 많은 권력을 얻기 위해서 질투를 하고 반란을 일으키고 하다가 결국 신에게서 징벌을 받는다는 내용입니다. 이건 신의 경계를 침범한 죄가 아니라 윤리적으로 살라고 하는 신의 명령을 위반하는 죄라고 할 수 있죠. 그로 인해 나중에 이 종족이 갑자기 사라져 버리게 됩니다. 성경에서는 순간적으로 땅이 갈라지면서 사라졌다고 표현을 하거든요.

이런 폭력은 신화적 폭력에서처럼 화살을 쏘아서 죽이는 장면과는 다르죠. 피를 흘리지 않았지만 어떤 징벌을 당했습니다. 그들의 목숨보다 더 절대적인 윤리적 차원에서의 징벌이 내려진 것이죠. 살아도 산 것 같지 않은 순간, 살아도 이미 죽은 순간, 이것이 신적 폭력이 등장하는 전형적인 순간입니다. 목숨이라는 한계 앞에서 멈추는 것이 신화적 폭력이라면, 목숨보다 더 소중한 삶의 가치와 윤리마저 휩쓰는 것이 신적 폭력입니다. 생명보다 더 근본적이고 깊은 층위에 있는 것이므로, 이 윤리적 주체의 순간이 도래할 때는 인간의 힘으로 저지할 방법은 없을 것입니다. 거의 신이 직접 앞에 나선 순간처럼 느껴질 텐데, 다음과 같은 벤야민의 멋진 표현은 이런 맥락에서 이해하면 좋을 듯합니다. "'죽여도 됩니까?'라는 질문에는 '살생하지 말라'는 계율이 확고부동한 답변으로 제시될 것이기 때문이다. 이 계율은 마치 행위가 일어나는 것을 신이 '가로막는' 것처럼 행위 앞에 놓여 있다."[12]

'살생하지 말라'는 계율이 있어 우리가 거기에 복종한 게 아니라 그런 계율이 신적인 명령처럼 느껴지는 그런 윤리적 순간이 있다는 말입니다. 벤야민은 현명하게 바로 이어서 다음과 같이 말해 주고 있습니다. "행위에 대한 어떤 판단도 계율로부터 따라 나오지 않는다. 따라서 행위에 대한 신의 판단도, 그리고 이 판단의 근거도 미리 파악되지 않는다." 이는 계율에 대한 기계적 복종에서는 절대로 형성될 수 없는 태도입니다. "계율은 판단의 척도로 존재하는 것이 아니라, 고독한 상태에서 스스로 이 계율과 씨름해야 하는, 그리고 예외적인 경우들에서 이 계율

---

12) 벤야민, 「폭력의 비판을 위하여」, 165쪽.

을 제대로 고려하지 못한 데 대한 책임을 스스로 떠맡으려는 사람들이나 공동체의 행동 지침으로서 존재하는 것이다." 윤리적 순간은 주체가 계율 뒤로 사라지지 않는 순간입니다. 계율에 책임을 전가할 수도 없습니다. 신적 폭력 앞에서는 그 누구도 책임을 전가할 수 없기 때문입니다. 그러므로 살인하지 말라는 계율이 있더라도 그런 계율의 적용을 개인에게 맡긴 유대주의는 윤리적 책임 앞에서 정당한 것입니다. "정당방위로 벌어진 살해에 유죄 판결을 내리는 것을 명시적으로 거부한 유대주의는 이를 이처럼 이해했다."[13]

신적인 폭력은 윤리적 가능성 내에서만 성립하는 폭력이라 생각됩니다. 안티고네처럼 비타협적 폭력성의 행사에서도 그런 윤리적 폭력을 목격할 수 있고, 단숨에 소멸되는 고라족처럼 비윤리적 주체의 낙인에서도 그런 윤리적 폭력을 목격할 수 있습니다. 신적 폭력에서는 피를 흘릴 이유 없이 죽을 수 있고, 혹은 살 수도 있습니다. 안티고네는 죽었지만 그래도 그 저항의 순간만큼 윤리적 주체성을 강하게 느낀 적이 없었을 것이고, 고라족은 총체적 회개와 더불어 새로운 존재로 거듭나면서 윤리적 주체성을 회복할 수 있을 것입니다.

---

13) 벤야민, 「폭력의 비판을 위하여」, 166쪽.

신화적 폭력이 법 정립적이라면 신적 폭력은 법 파괴적입니다. 인간이나 공동체의 경계에서 유용한 그런 법은 안티고네의 경우처럼 신적 폭력을 제한할 수 없습니다. 신화적 폭력은 공동체의 경계를 설정하지만 신적 폭력은 공동체를 넘어 인간 전체, 혹은 인류라는 전체를 사유하도록 합니다. 민족이나 국가의 구성원이 아니라 인간이라는 것 자체에 대한 사유, 이것이 신적 폭력의 세계에서 생성되는 차원입니다. 신화적 폭력은 공동체의 법을 위반한 자들에게 형벌을 통해 처벌하지만 신적 폭력은 그런 사회적 법의 위반을 면죄해 줍니다. 안티고네는 크레온의 법은 위반했어도 신의 법은 위반하지 않았죠. 신화적 폭력은 처벌하겠다고 위협하고 신적 폭력은 위협 없이 비윤리적 삶에 대해 내리칩니다. 신화적 폭력이 피를 흘리게 만든다면 신적 폭력은 피를 흘리지 않게 하고도 목숨을 앗아갑니다. 살아도 산 것 같지 않게 만드는 게 바로 윤리적 차원에서 신적 폭력이 행사되는 방식입니다.

예지적 순간

이런 관점에서 '전국장애인차별철폐연대'(전장연)의 지하철투쟁을 살펴보도록 하겠습니다. 전장연의 요구에 대해 통상적인 대응은, 일종의 외부적 원인에 전가하는 방식이 대부분입니다. 장애인의 이동권과 자유를 위하는 것이야 중요한 일이지만 예산이 그렇게 충분치 않다는 것이죠. 이쪽에 예산을 가져오려면 다른 쪽 예산이 부족해진다는, 계속해서 외부적 원인의 무한계열을 들어 사태의 해결에 대해 난망하다는 입장을 전합니다. 그러나 전장연의 요구는 그런 외적 인과와 상관없이 '지금 당장' 하라는 것입니다. 조건적인 외부 사정에 넘길 여유가 없다는 것, 전적인 시작이어야 한다는 것, 그것입니다.

현대 정치에 대한 아감벤의 주장에 따르면 정치란 지금 그저 생명을 다루는 일에 불과한 것이 되고 말았습니다. 우리의 삶은 굉장히 풍요롭고 의미 있고 윤리적인 것인데 그저 생명 유지 자체에 한정된 정치는 오직 생명적 차원에만 집중합니다. 그래서 먹고살고 있고 가끔씩 이동할 수 있게 복지 서비스도 받으면 됐지 너무 많은 요구를 한다는 방식의 대응이 나오는 것입니다. 전장연의 요구는 장애인도 그리고 인간도 모두 그런 생명 차원으로 축소될 수 없는 삶을 살고 있다는 요구로 보입니다. 부족하더라도 현재의 복지 서비스가 부득이한 최선이니 더 많은 예산이 확보될 미래를 기다리라는 것은 우리의 삶을 그저 조건적인 것에 불과하게 만듭니다. 전장연의 요구가 너무 많은 요구로 보이는 것은 삶을 그저 생명의 보존으로 축소했을 때만 가능합니다.

생명을 넘어서는 삶은 조건성을 모릅니다. 그것은 무조건적인 것입니다. 장애인이니까 불편해도 좀 참을 수 있어야 하는 것 아닌가 하는 태도는 인간 삶에 대한 차별이자 삶을 생명화하는 것입니다. 이동권에 대한 요구가 지하철을 멈춰 세우거나 하는 폭력의 형태로 나타나는 까닭은 생명을 삶으로 전환하고자 하는 그 무조건성 때문입니다. 이 무조건성을 조건화해서 보면 여러 조건들 때문에 어쩔 수 없는데 너무 극단적으로 주장한다는 사고방식이 가능해집니다. 투쟁도 좋은데 시민들을 불편하게 해서는 곤란하다는 것이죠.

전장연은 '우리 죄를 사하여 주십시오. T4를 아십니까?'라는 글귀의 팻말을 목에 두르고 투쟁을 전개한 적이 있습니다. T4는 1939년부터 나치에 의해 행해진 장애인과 정신질환자에 대한 생체실험과 집단학살 프로그램입니다. 「우리 죄를 사하여 주옵소서」는 이 프로그램을 고발하는 단편영화입니다. 영화에서는 유전병 환자 한 명의 치료비가 독일 한 가정의 생활비보다 많다면서 장애인 학살의 정당성을 가르치는 교사가 등장합니다. 아이러니한 것은 이 교사의 아이가 바로 희생자가 되어야 하는 유대인 장애소년이라는 것입니다. 소년은 자신을 체포하려는 독일군을 피해 도망을 가다가 어쩔 수 없이 독일군을 살해하고 맙니다. 이런 폭력을 저는 '신적인' 것이라고 생각합니다. 이 소년의 '죄'는 오직 국가의 논리 안에서겠죠. 아무런 죄 없이 유대인이자 장애인으로 태어났다는 사실로 인해서 죽어야 한다는 것은 신의 논리 안에서는 불가능한 것입니다. 소년의 살인에서 우리는 국가(나치즘)와 신이 정면으로 맞붙는 장면을 느낍니다. 사회나 국가의 조건을 내세우는 모든 것, 그것은 신적인 무조건성과 만날 때 폭력의 형태를 띠게 됩니다.

유대인 소년은 분명 자기 생명을 지키기 위해 살인을 저지릅니다. 그러나 이때 소년은 자신의 '생명'만을 지킨 건 아닙니다. 단순히 살기 위한 것이 아니란 뜻이죠. 인간의 삶이 생명이 되려는 순간을 저지하기 위한 가장 절박한 순간이고, 그래서 신이 직접 나서는 순간처럼 느껴집니다. 인간적이고 정치적인 질서 안에서는 아예 용납이 되지 않는 유대인 장애인 소년의 삶이 있었기 때문입니다. 그를 구할 수 있는 것은 오직 신적인 질서 속에서입니다. 그래서 그것은 나치즘의 질서 한복판에서 살인이라는 폭력의 형식으로 출현하는 것입니다. 내 삶이 사라져야 하는데 그것이 아무런 이유가 없는 것이라는 사실, 그래서 저항은 절대적이어야 합니다. 여기에는 타협의 여지는 없습니다. 이 순간 소년은 세계 바깥에 있게 되는데, 그것은 공동체로부터의 추방이지만 동시에 윤리적 주체로 탄생하는 순간이기도 합니다. 이처럼 신이 몸소 나선 순간은 인간의 삶 자체가 아주 커다란 위기에 빠진 순간으로 해석할 수 있습니다. 우리 삶이 크게 비틀거리고 있는 순간, 신화적 폭력에 대응하는 신적 폭력의 순간, 곧 예지적 순간입니다.

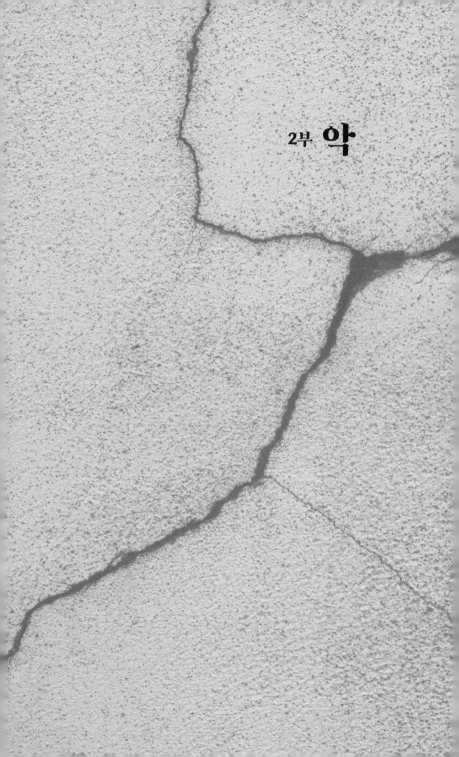

2부 악

4강 _ 자유와 필연성에 대하여

오늘은 자유와 필연성이라는 문제를 다루어 보려고 합니다. 먼저 고쿠분 고이치로(國分功一郞)의 『중동태의 세계』라는 책으로 이야기를 시작해 보죠. 몇 해 전 고쿠분 고이치로는 인류학 공부공동체 〈인문세종〉에서 개최한 세미나에 참여한 적이 있습니다. 거기서 고쿠분 고이치로는 자신의 문제의식이 어떤 범죄자의 '책임' 문제에 있다고 했습니다. 잔인한 범죄를 저질렀던 그 범죄자는 자신이 그 범행의 당사자라는 사실을 순순히 '인정'했다고 하는데, 고쿠분 고이치로는 이 '인정'이야말로 오히려 범죄에 대한 '책임'에서 회피하는 것처럼 느껴졌다는 것입니다. 그럴 수도 있겠다는 생각이 들었습니다. 내가 다 저질렀다고 인정했으니 더 이상 내게 뭐라 말하지 말라는 어떤 '뻔뻔함'으로 느껴질 수 있는 것이죠. 이는 보통 '진정한' 책임의식이란 사태가 발생하게 된 모든 과정에 대한 파악과 전면적인 반성에 있다고 생각하기 때문일 것입니다.

이런 맥락에서 고쿠분 고이치로는 책임이라는 개념을 주체의 자유의지를 바탕으로 하는 '귀책성'(imputability)과 공통의 인과를 바탕으로 하는 '책임'(responsibility)으로 나누고, 한 사람의 자유의지에 모든 책임을 전가하는(그래서 오히려 뻔뻔한 책임회피를 낳는) 귀책성의 책임 개념에서 나아가 공동의 책임과 공통의 해결과 같은 공통성을 사유할 수 있게 하는 '중동태'라는 어법에 주목하고자 합니다. 철학적으로는 자유의지 대신 필연성만을 인정하는 스피노자의 철학을 바탕으로 '능동태-수동태'의 대립을 '능동태-중동태'의 소실된 대립으로 대체하고자 하는 것으로 보입니다. 이번 시간에는 중동태가 아니라 자유의 문제를 살펴볼 예정입니다. 책임이라는 윤리적 사항에 대해 자유의지의 주체라는 개념은 진정한 책임에서 도피해 그저 '귀책성'의 차원에 그치고 마는 것일까요? 필연성에 대한 참된 인식을 자유라 부르는 스피노자에 대해 칸트(혹은 헤겔)는 어떤 응답을 들려줄 수 있을까요? 이런 질문들을 생각하면서 자유에 대해 독일관념론이 펼쳐 보일 수 있는 세계를 알아보는 시간을 가져 보겠습니다.

중립적일 수 없는 사랑

고쿠분 고이치로는 자유의지라는 개념은 '과거와 단절하는 것'
이라고 요약합니다. 지금 어떤 의지를 발휘한다는 것은 과거로
부터 이어져 오는 원인들의 계열을 끊고 새로 시작을 한다는 의
미죠. 그런데 책임을 진다는 것은 보통 과거와 관련된 어떤 것에
대해서 연대책임을 느낀다는 것인데, 그렇다면 과거와 단절하
는 자유의지는 책임이라는 문제에서 어려운 입장에 처하게 됩
니다. 그런데 제게는 그가 자유의지를 부정하기 위해 거론하는
예들이 상당히 흥미롭다고 느꼈습니다. 걷는다는 것은 무엇인
가? 단순히 걷는다는 행위라도 수많은 근육과 뼈의 조합으로 이
루어지고 길이라는 환경과도 연결되는 다양한 조건들과의 상호
관계의 결과인데 이런 복잡한 과정이 과연 의식이나 의지만으
로 조율이 될지 생각해 보자는 것입니다.

하나의 '활동'은 주체의 의지를 전제해서는 설명될 수 없고,
따라서 자유의지는 인정하기 어렵다는 것입니다. 활동은 힘의
작용이지 주체를 전제하지 않는다, 이는 곧 그 유명한 니체의 명
제이기도 합니다. 은연중에 니체를 도입하는 셈입니다. 『도덕의
계보』「제1논문」을 보면 자유의지적 주체라는 것은 문법에 따른
언어적 오류에 불과하며 그런 예로 '번개가 치다'라는 자연적 사

례를 들고 있습니다. 번개가 치고 안 치고 하는 자유의지적 방식으로 번개 현상을 낳을 수는 없다는 것입니다. 이런 사례는 분명 틀림이 없습니다. 거의 물질성의 차원에서 전개되는 것이라 아주 복잡한 기계적 과정으로 혹은 대기압의 차이라는 자연적 과정으로 설명하면 충분하기 때문이죠. 정밀한 문헌학자였던 니체의 자유의지 비판도 아마도 그리스적인 중동태 문법에 의존하지 않았을까 하는 추측도 가능하리라 생각해 봅니다.

그런데 저는 이런 반론은 어떤가 합니다. 자유의지라는 주제인데도 불구하고 왜 자연적 과정이나 기계적 근육과정의 예만 거론하는 걸까? 사랑의 경험은 어떨까요? 사랑에 빠진 사람을 보시죠. 친구들 앞에서 자기 사랑의 놀라움에 대해 전달하는 젊은이를 생각해 봅시다. 듣는 사람이 시큰둥해도 사랑에 빠진 젊은이는 완전히 다른 세계에 사로잡혀 있습니다. 자유의지를 부정하는 니체도 사랑이란 대상을 왜곡하고 미화하는 능력이라고 표현할 정도이니 사랑의 감정이란 주체를 빼놓고 생각할 수는 없어 보입니다. 사랑을 단순히 호르몬의 작용이라고 할 수 있을까요? 사랑의 언어는 중립적일 수 없는 주체적이고 자유로운 언어이자 운명적 언어라는 양면성을 갖고 있죠.[1]

_____

[1] 사랑과 언어와 주체의 관계에 대해서는 슬라보예 지젝, 『까다로운 주체』, 이성민 옮

사랑은 참 이상한 경험이긴 합니다. 의지적으로 사랑하겠다고 할 수는 없는 노릇이지만 그렇다고 남의 강요에 의해 사랑할 수도 없습니다. 우리는 사랑에 '빠져 버린' 상황 속에서도 행복해합니다. 사랑은 그렇게 자신의 통제와 상관없이 빠져드는 것이지만 그렇다고 해서 주체가 소거될 수 있는 감정이 아닙니다. 사랑은 철저히 사랑하는 자의 자유와 재량에 따른 것입니다. 사랑은 온통 사랑하는 자의 몫입니다. 사랑의 경험에 사로잡힌 자와 그 경험 바깥에 있는 자는 동일한 세계를 경험하지 않습니다. 이 차이는 주체가 얼마나 그 상황에 연루되어 있고 관계되어 있는가에 달려 있습니다. 주체의 개입 없이 사랑의 감정이 가능할 수 없습니다. 번개가 치는 사태와 사랑에 빠지는 사태는 이처럼 전혀 다른 경험을 생각하게 합니다.

앞에서도 말했지만 칸트의 세계는 둘로 분할되어 있습니다. 제게 예지계란 주체의 자유를 전제하지 않으면 성립할 수 없는 그런 세계의 상징으로 보입니다. 사랑의 세계도 일종의 예지계적 순간의 경험처럼 보입니다. 주체의 개입 없이 기계적 인과로 작동되는 세계가 있는가 하면 주체의 자유로운 의지에 의해서 생성되는 세계가 있습니다. 현상계의 세계에서 사는 사람에

김, 도서출판b, 2005, 220쪽 참조.

겐 예지계적 존재의 감정은 객관적이지 못한 것으로 보입니다. 현상계에서는 언제나 사태의 실증적 조건에 집중하지만 그것은 예지계적 열정과 광기를 비정상적인 것으로 치부하는 태도를 낳기도 합니다. 가령 혁명적 순간이란 실증적이고 객관적인 방식으로 존재하지 않습니다. 그런 순간에 직접 참여하는 자에게만 혁명은 혁명으로 경험될 수 있습니다. 주체가 강력하게 개입할 때만 열리는 세계가 있는 것입니다. 바디우의 표현으로 바꿔보자면, 사랑과 혁명의 주체는 자신이 사랑이라고 혁명이라고 선언하는 사건보다 먼저 존재하지 않습니다.[2] 사랑이 있었고 혁명이 있어서 거기에 참여하는 게 아닙니다.

인식된 필연성으로서의 자유 : 스피노자

자유의지를 넘어서는 중동태라는 주제는 일본이라는 사회가 가지고 있는 책임의 문제와 연결이 되어 있습니다. 전쟁 책임의 문제를 어떻게 할 것인가 하는 나름의 고민의 반영이라고 할 수 있

---

2) 알랭 바디우, 『사도 바울』, 현성환 옮김, 새물결, 2008, 32~34쪽, 진리와 사건의 관계 부분 참조.

을 텐데요. 고쿠분 고이치로가 이런 사고를 펼쳐 나가는 기본적인 전제는 스피노자입니다. 그의 전공이 스피노자이기도 하고요. 스피노자의 철학은 자유의지의 허구성을 고발하고 필연성의 원칙을 세우기 위한 작업이라고 할 수 있는데, 이는 고쿠분 고이치로의 기본적 토대이기도 합니다.

스피노자라는 철학자를 한마디로 규정하자면 '신에 대한 모든 인간적 규정에 대한 부정'이라고 말할 수 있을 듯합니다. 그럼 인간적으로 규정한다는 것은 무엇일까요? 인간적인 규정의 핵심은 자유의지에 있습니다. 인간이 동물 세계에서 예외적일 수 있는 것은 자유의지를 갖고 있다는 점이고, 이는 데카르트의 중대한 주제이기도 합니다. 그런데 스피노자는 이런 인간적인 규정을 신에게 부여해서는 안 된다고 주장합니다. 자유의지를 신 개념으로부터 제거하기 위해서 스피노자는 몇 가지 개념을 새롭게 창안할 필요가 있었습니다. 신은 절대적으로 무한한 실체입니다. 길이를 갖는 것들의 공통 속성인 '연장'(Extension)이 무한하다면, 길이를 갖지 않는 사유 속성도 무한합니다. 그러나 신은 무한한 속성들을 무한히 갖고 있기 때문에 절대적으로 무한합니다.

신에겐 유한성도 외부도 존재하지 않습니다. 따라서 신이 결핍을 느낄 이유가 없고, 따라서 부정이나 제한되는 상태도 존재하지 않습니다. 신에겐 아무런 욕망도 있을 수 없습니다. 신이 활동하는 이유는 어떤 결핍에 대한 욕망 때문이 아니라 절대적으로 무한한 능력 때문입니다. 다시 말해 신이 활동하는 이유는 존재하기 때문입니다. 신의 존재가 곧 신의 활동입니다. 신플라톤주의적인 유출론과도 비슷한 방식으로 활동하는 신이라 할 수 있겠죠. 신은 존재하기 때문에 활동하고 존재하기 때문에 사유합니다. 전지전능. 신은 어떤 목적을 갖고 활동하지 않기 때문에 필연성의 원리에 따라 활동한다고 말합니다. 그런데 신에겐 또한 외부도 없습니다. 그래서 이 필연성을 제한하는 다른 본성의 실체를 갖지도 않습니다. 이제 스피노자의 새로운 '자유' 개념에 도달하게 되었습니다. 그 외부도 결핍도 없는 필연성의 존재로서의 신, 그 신에게만 자유가 있을 수 있습니다. 그는 인식하는 대로 존재하고 존재하는 대로 인식합니다. 본성의 필연성에 따라 만물을 만들고 변용하고 자신에 의해서만 작용하고 결정되는 것, 그것이 신의 자유입니다.[3]

이 스피노자의 자유 개념은 우리의 통념에 따르면 조금 이상하게 보이기도 합니다. 이런 자유 상태, 즉 본성의 필연성에 따라 작동하고 변용한다는 것에서는 어떤 선택하는 주체의 의

3) 이수영, 『에티카, 자유와 긍정의 철학』, 131~136쪽.

지를 느끼기 어렵기 때문이죠. 과연 이런 자유를 자유라 부를 수 있을까요? 어쨌든 스피노자는 자유의지를 부정하고 있기 때문에 자유조차 인식된 필연성이라는 방식으로 새롭게 개념 규정하게 됩니다. 오직 신만이 필연성과 자유가 일치하는 상태에 도달한다는 것이 스피노자의 생각입니다. 그렇다면 우리가 궁금한 것은 신에 의한 창조물은 어떤가 하는 점이겠습니다. 스피노자의 개념으로 양태(mode)는 절대적 능력을 갖는 신의 변용이라 할 수 있는 유한한 존재들입니다. 유한하다는 것은 그 외부에 다른 양태를 갖고 있기 때문에 제한당할 수밖에 없고, 따라서 자신의 본성대로만 존재할 수도 없습니다. 양태를 결정짓는 무한한 외부 원인들 때문에 양태는 본성의 필연성에 이를 방법이 없습니다.

그러므로 인간의 의지가 자유롭다는 생각은 양태를 제한하는 다양한 외적 원인에 대한 무지에 불과합니다. 어떤 외부 원인에 의해 강제될 수 있다는 사실을 모르고 있기 때문에 발생하는 일종의 상상적 환상이라 할 수 있습니다. 인간에게 자유란 존재론적으로 불가능합니다. 가능한 삶은 자기 존재를 둘러싼 인과에 대한 참된 앎에 이르기, 그리하여 신적 본성을 규정하는 필연성에 대한 최대한의 인식에 이르기입니다. 그래서 스피노자의 윤리학(에티카)은 이런 필연성에 대한 인식에 있게 되는 것입니다. 모든 양태들은 외적 원인에 지배당할 수밖에 없습니다. 따라서 유일한 출구는 서로의 공통성을 확인하는 작업입니다. 공통적인 것은 모두에게 있으며, 그것은 서로의 본성이 될 수도 있기 때문에 최소한 공통성 아래에서 우리는 제약 없는 본성의 발로일 수 있게 되는 것입니다. 공통개념에 이르는 것, 이것이 기본적으로 스피노자적인 자유를 향한 '에티카'가 되겠습니다.

심연으로서의 자유 : 칸트

스피노자의 세계는 인과적 원리만이 유일하게 지배하는 일의적 (univocal) 세계라고 합니다. 그러나 이렇게 일의적인 세계는 칸트와 더불어 다시 분열을 겪게 됩니다. 즉 현상계와 예지계라는 초월적 구도가 형성됩니다. 인간이 경험할 수 있는 세계가 현상계로 한정되기 때문에, 다시 말해 그 한계 개념으로 인해 예지계라는 초월적 개념이 형성되는 것입니다. 칸트에게 세계는 인과적인 일의성으로 설명될 수 없습니다. 그래서 칸트의 자유는 필연성에 대한 인식이 아니라 필연성 바깥의 공간에서 성립하는 예지계적 속성입니다. 경험과 인식의 원리라기보다는 비경험과 비인식의 원리라고 할까요? 인식의 자리가 끝날 때 시작되는 예지계적 자유.

칸트의 자유는 타자의 제약에서 해방된 상태를 뜻하지 않습니다. 오히려 칸트는 '자율적인 것'을 자유의 표현이라고 생각하는 편입니다. 이 자율적 상태는 자신의 행위 원칙, 즉 준칙(maxim)을 보편적 법칙에 맞게 스스로 조율할 수 있는 능력의 상태입니다. 칸트는 자유가 예외적이라고 생각지 않습니다. 가령 우리가 준칙을 보편적이지 않은 방식으로 사용했을 때조차도, 쉽게 말해 악을 행했다 하더라도 여기엔 우리의 자유가 숨어 있었다는 것입니다. 심지어 악인일 수밖에 없는 존재로 태어난 것처럼 보이는 사람도 그 '성격'은 온전히 개인의 자율적 행위에 의해 형성된 것이라고 말하기 때문입니다. 모든 행위는 특정한 준칙에 대한 자율적 판단에 따라 발생하는 것이므로 개선 가능성이 없는 악인의 성격도 타고난 것이 아니라 자유의 행사라는 것이죠.[4]

칸트에 따르면 우리는 자유로울 수 있습니다. 그리고 매번 그런 자유를 행사하고 있습니다. 자유의 행사는 윤리성에 이를 수도 있고 비윤리성(악)에 이를 수도 있습니다. 윤리성에 이르러 예지계적 자유의 단계에 도달할 수도 있고, 비윤리성에 이르러

---

4) 이수영, 『실천이성비판 강의』, 165~170쪽.

개인적 준칙에 입각한 타율적 삶을 살 수도 있습니다. 어쨌든 어느 순간이든 의식을 하든 못 하든 인간은 자유를 행사한다는 것이 칸트의 생각입니다. 칸트의 자유는 새로운 인과를 시작하는 신적인 창조 행위가 아닙니다. 필연성의 세계에서 그 필연성을 작동시키는 어떤 승인의 자리에 주체가 있다는 것을 가리키는 것입니다.

여기서 강조하고 싶은 것은 이 주체의 자리, 즉 자유의 자리가 축복이 아니라는 사실입니다. 그것은 자유라는 '심연'과 대면시킨다고 해야 아주 적당합니다. 앞에서도 봤듯이 정언명령은 무엇을 하라는 도덕이 아니라 보편성에 맞는지 주체 자신이 검토하라는 도덕입니다. 자신의 행위가 윤리적 의무에 맞는지 스스로 판단하고 확정하고 책임까지 져야 한다는 것입니다. 차라리 누군가 명령해 주거나 신의 법이라고 지시해 주면 후련할 수도 있습니다. 그런데 그런 계율이나 명령 뒤에 숨는 순간 비윤리적인 지점이자 타율적인 지점에 떨어지기 때문에 용납될 수는 없습니다. 오로지 우리 자신이 선택하고 판단해야 한다는 것, 이것처럼 우리 삶이 극단적인 불안에 잠식되는 경우는 없죠. 이런 관점에서 보면 고쿤분 고이치로가 말하는 범죄자는 이 자유의지의 심연에 도달하지 않은 것으로 보입니다. 내가 범행을 저질렀다고 고백하면 모든 게 편해질 것이라는 계산 뒤에 숨은 것이지 칸트의 윤리적 자유의 행사에 이른 것이 아닙니다.

진실을 말한다고 해서 그게 윤리적일 수 없다는 것이 칸트의 윤리학이 갖는 가장 큰 특징입니다. 진실에 대한 표명이 개인의 정념적 이익을 위한 것이라면 윤리는 이미 들어설 자리가 없습니다. 그 범죄자는 칸트가 '합법성'이라고 말하는 지점에서 자신의 죄를 고백하는 것에 불과합니다. 진실을 말했다는 것은 윤리적이진 않아도 합법적일 수는 있습니다. 다시 말해 윤리적 규정의 형식만을 지켰지 그 내용을 지킨 게 아닙니다. 도덕법칙을 정념적 동기를 통해 사용할 때 윤리성의 자리는 사라지고 맙니다. 따라서 고쿠분 고이치로가 말하는 범죄자는 정확히 칸트가 말하는 자유를 비윤리성의 영역에서 사용하고 있었던 것입니다. 그리고 자유의지는 그렇게 악을 위해서도 사용되는 것입니다.

고쿠분 고이치로는 자유의지론은 어떤 책임을 누군가에게 전가하는 귀책성의 문제로 좁힌다는 문제가 있다고 봅니다. 범죄자가 '그래 내가 했어, 그래서 어쩌란 말이냐' 하는 수긍에 대해 더 이상 책임 추궁할 방법이 없어지는 상황이 초래된다는 것이죠. 그래서 이를 넘어서기 위해 공통성이라는 영역을 중동태를 통해 찾아내려 합니다. 부모와 자식 간에 법적인 책임만 있는 게 아니라 상호성에 의해 형성되는 공통성도 있으므로, 함께 문제를 찾아가고 협력하는 지점을 형성할 수 있다는 것이죠. 그런데 그가 귀책성에서 공통성으로 나아가는 것에 대해 그 문제의식에는 동의할 수는 있어도 이것이 자유의지론 자체를 부정하는 용법으로 제한되는 것은 곤란하지 않을까 생각합니다. 우리가 정념적이고 뻔뻔한 방식으로 자유를 사용하는 것도, 공통성을 찾아 함께 문제를 해결하는 것도 모두 자유의 사용을 통해서만 가능할 테니까요. 따라서 '귀책성', '공통성', '윤리성'의 세 영역의 구성을 생각해 보면 어떨까요.

전쟁책임과 같이 공동의 차원에서 해결해야 할 때 우리는 공통성을 중심적 기제로 삼을 필요가 있겠습니다. 이때는 단순히 책임져야 할 사람을 찾아내는 귀책성만을 바탕으로 한다면 문제 해결은 난망하겠죠. 물론 자유는 이런 활동의 바탕이 될 수밖에 없습니다. 하지만 칸트적인 자유가 더 문제적인 이유는 미래가 결정되어 있지 않은 상황에서 어떤 결단에 도달할 때입니다. 자유라는 심연과의 만남은 사회적 네트워크 속의 개인을 선명한 주체로 전환시킵니다. 자신의 행위의 보편성에 대한 판단과 더불어 절대적 책임의식은 이 자유 속에서만 가능한 것입니다. 이것이 바로 윤리성의 고유한 영역입니다.

매개하고 소급하는 자유 : 헤겔

헤겔의 자유 개념을 살펴볼 차례입니다. 물자체에 대한 헤겔의 비판에서 다뤘듯이 헤겔의 '정신'은 정신 바깥의 물자체와 같은 존재를 수용하지 않습니다. 물자체마저도 정신이 오성적 단계에서 형성할 수밖에 없었던 정신 내부의 어떤 균열이나 무능으로 설명하고 있죠. 어떻게 보면 스피노자와 마찬가지로 헤겔의 세계도 일의적입니다. 따라서 헤겔의 정신은 자신에 의해 매개되지 않은 대상을 그대로 놓아두지 않는 절대적 부정성이라고 할 수 있습니다. 이를 정신은 자신과의 관계 속에서 자신을 규정하는 대자적인 것이라고도 표현할 수도 있습니다. 정신의 매개를 거치지 않은 즉자를 정신은 받아들이지 않는 것이죠.[5]

이런 정신의 매개적이고 대자적인 성격은 칸트를 통해서도 쉽게 설명할 수 있습니다. 칸트가 『순수이성비판』에서 직접 사용하는 예를 보자면, 어떤 방에 들어갔더니 따뜻합니다. 한참 있다가, '난로가 켜져 있었네'라는 발견을 했다고 해보죠. 표상이 우리 감성에 들어온 순서는 분명 따뜻함 그리고 난로의 순서입

---

5) 정신의 매개 운동과 대자적 성격에 대해서는 알렉상드르 코제브, 『역사와 현실변증법』, 설헌영 옮김, 한벗, 1981, 302~304쪽 참조.

니다. 하지만 따뜻함이 난로를 만들었다고는 생각하지 않습니다. 난로 때문에 방이 따뜻한 것이었구나, 이렇게 반응하는 게 정상입니다. 우리는 여기서 정신(정확히는 오성)의 매개적 기능을 순수한 상태에서 파악할 수 있습니다. 표상의 경험 순서와 인식 순서를 다르게 하는 것, 이것이 바로 정신이 매개하는 능력, 혹은 정신이 경험적 질서를 부정하는 능력입니다. 이런 정신의 능력이 바로 헤겔에게는 '자유'입니다.

정신에게 만약 타자가 있다면 어떻게 될까요? 스피노자처럼 신 외부에 신적 본성을 제약하는 타자적 실체가 있다면 신이 자유로울 수 있을까요? 스피노자의 신이 절대적 무한성이어야 했던 이유도 이 자유를 확보하기 위해서입니다. 그런데 헤겔은 우리의 정신이 이런 자유의 단계에 있다고 얘기합니다. 정신의 부정성, 이것이야말로 모든 타자적 대상을 매개하고 정신적 구성물로 전환하는 자유의 능력입니다. '반성'(reflection)이란 정신의 매개적 능력을 통해 정신의 거울로 대상을 비추는 것이라 할 수 있고, 이 반성의 능력이 정신의 자유 능력입니다. 반성되지 않은 대상이란 헤겔에게 있을 수 없고, 정신이 그 절대성에 이른다는 것은 반성되지 않은 대상의 존재가 정신 외부에 타자로 존재하지 않는다는 인식에 도달하는 상태에 다름 아닙니다.

여기서 스피노자의 자유 개념을 헤겔적 관점에서 재고해

보겠습니다. 스피노자의 신은 사유 속성만이 아니라 연장 속성도 품고 있기 때문에 연장의 본질을 벗어날 수 없습니다. 연장의 본질은 공간의 특성이기도 한 외재성이라고 할 수 있습니다. 하나의 관념이 다른 관념과 다르다고 해도 이 관념이 다른 관념에 대해 공간적으로 외재한다고 할 수는 없겠죠. 하지만 스피노자의 신은 이런 외적인 관계를 갖고 있게 되고, 그런 점에서 필연성도 외적인 것에 그치게 됩니다. 반면에 헤겔에게 절대자는 기본적으로 정신과 같은 것으로서[6] 정신의 고유 속성이라 할 내재적 필연성의 성격을 띠게 됩니다. 정신은 자기 외부의 대상을 매개하면서 다른 정신이 되지만 이 변형된 정신도 기존의 정신에서 분리할 수 없는 자기동일성을 갖습니다. 이런 일은 연장 속성을 갖는 물체들에게서는 달성될 수 없는 일입니다. 스스로와의 관계에서 자신을 규정한다는 것, 이런 자기-반영적 성격을 갖는다는 것, 이것이 정신의 내재적 본질입니다. 그런 점에서 오직 정신만이 절대적이라고 할 수 있고 그래서 절대자라고 말하기도 합니다.

이렇게 자기-반영적인 반성적 본질의 정신은 절대자의 본질답게 자신의 매개적 성격을 충분히 활용하게 됩니다. 이를 스

---

6) 코제브, 『역사와 현실변증법』, 304쪽.

피노자와 구분해서 내적 필연성이라고 해봅시다. 그렇다면 이런 필연성을 어떻게 이해하면 될까요? 스피노자에게 우연은 무지에 다름 아닙니다. 우연 안에는 반드시 필연이 숨어 있습니다. 그래서 우연성은 숨겨진 필연성이 출현하기 위한 형식이고, 필연성이 발견되면 무지의 소산인 우연은 지양될 필요가 있습니다. 그러나 헤겔의 방식은 필연성이 우연성을 통해서만 출현할 수 있다는 쪽으로 기웁니다.

우연적인 현실이 출현했다고 해보죠. 이 현실은 이 우연성을 낳기 위한 어떤 필연성을 사후적으로 소급해서 과거 쪽에 설정하게 됩니다. 즉 필연성이라고 우리가 생각하는 것은 우연성에 의한 소급적 환상과도 같은 것입니다. 필연성(과거)이 있어 그것이 우연(현재)을 통해 나타난 것이 아니라, 우연성(현재)이 과거를 새로운 질서로 조직하면서 필연성을 구성하는 것입니다.[7] 이 매개의 힘이 곧 정신의 자유의 능력이기도 합니다. 새로운 현실이 우연적으로 출현하게 되면 우리는 새로운 필연성의 질서를 구축하게 되겠죠. 마치 현재의 관점에서 일본 제국주의의 지배를 어떤 필연의 형식으로 구성하는 식민사관론이 출현

---

7) 헤겔의 우연과 필연의 관계에 대한 설명은, 슬라보예 지젝, 『가장 숭고한 히스테리 환자』, 주형일 옮김, 인간사랑, 2013, 53~56쪽 참조.

할 수 있는 것도 이런 정신의 매개 능력 때문입니다. 스피노자에게서 우연이 필연성으로 대체되어야 하는 부조리한 무지에 불과했다면, 그리고 모든 것이 인과적 질서에 의해 결정되었다면, 헤겔에게서 우연은 그 자유로운 본성과 소급적 매개 능력 덕분에 언제나 살아 있는 차이의 본성이 되고, 과거의 일직선적 결정론에서 벗어날 수 있게 합니다.

5강 _ 악에 대하여

앞에서 살펴본 '자유'라는 개념은 '악'이라는 문제를 불러옵니다. 통상적인 용법과 달리 스피노자는 본성의 필연성에 따른 행위만을 자유라 규정했고, 따라서 외부 원인들의 무한연쇄 속에 있어 자신의 본성대로 활동할 수 없는 창조물들에게는 자유가 부여될 수 없었습니다. 즉 창조물들을 결정하는 것은 외부적 인과이지 자유의지와 같은 것이 아니라는 것이죠. 이런 구도라면 스피노자의 세계에서 악은 존재할 방법이 없는데, 왜냐하면 악이란 이미 자연인과를 초월한 자유의지의 세계에서 만들어지는 것이기 때문입니다. 그렇다면 스피노자는 덕과 악덕을 어떻게 구별할 수 있는 것일까요? 그 자체로 악한 본질은 정말 이 세상에 없는 것일까요?

스피노자에게 악이란 게 아무것도 아니라면, 그 대척점에 서는 라이프니츠와 칸트에게 악이란 이 세계에 분명하게 실재하는 것입니다. 동물적 자연의 세계에 악이 없다는 것이야 스피노자를 비롯해 모든 철학자가 공유하는 것이지만, 라이프니츠와 칸트는 악이야말로 인간의 고유한 성격을 설명한다고 생각합니다. 있을 수 있는 최선의 세계, 그것도 신이 선택한 가장 이성적인 이 세계에 악이 있다는 사실에도 불구하고 라이프니츠는 신에게 그 잘못을 두려 하지 않습니다. 어떻게 최선의 세계에서 악이 가능할까요? 반면 칸트는 변신론(辯神論)의 세계엔 관심이 없고 인간이 가진 악의 근본적 성격, 즉 '근본악'의 문제를 최고의 형이상학적 문제로 천착해 들어갑니다. 사실 악이라는 문제는 칸트와 함께 본격적으로 시작되었다고 해도 좋습니다.

그러므로 이번 시간은 칸트의 『이성의 한계 안에서의 종교』(1793)가 그 밑바탕에 깔려 있다고 말씀드릴 수 있겠습니다. 그리고 혹시 가능하다면 박찬욱 감독의 「헤어질 결심」(2022)을 악이라는 문제, (그리고 그것과 뗄 수 없는) 사랑의 조건이라는 문제 아래서 살펴보도록 하겠습니다.

악은 아무것도 아니다

스피노자에게 만물은 결합과 해체의 관계 속에 있는 것으로 정리할 수 있습니다. 조금 극단적인 사례로 제가 지금 칼에 찔렸다고 해보죠. 이때 나의 신체는 해체됩니다. 그런데 여기에는 신체와 칼의 결합도 있습니다. 결합과 동시에 해체가 있는 거죠. 자세히 보면 하나의 사건인데도 불구하고 해체로 경험하는 것은 내게 해당되고, 결합은 나의 신체와 칼의 공통성인 연장(extension) 속성의 차원 속에서입니다. 나의 죽음은 내 신체의 해체이지만 자연 속에서는(즉 연장 속성 아래서는) 내 신체와 칼의 결합으로 나타납니다.

이런 상황을 신의 차원에서 파악해 보죠. 내게 해체로 경험이 되는 것도 신의 차원에서는 사물들의 결합입니다. 이것이 스피노자가 말하는 신의 세계입니다. 모든 신이 그렇듯이 스피노자의 신에게도 '부정'은 없습니다. 부정은 제한이고 그래서 유한성입니다. 이 사건을 부정 없이 긍정의 차원에서 보는 방식이 곧 해체가 아닌 결합의 차원으로 해석하는 일입니다. 죽음을 해체로 경험하는 것은 (인간을 포함한) 모든 사물 개체의 단위에서만 가능합니다. 그래서 개체에게 해체는 파괴이자 슬픔입니다. 그러나 신의 차원에 슬픔이란 있을 수 없습니다. 해체조차 신에게는 사물들의 결합으로 파악되기 때문이죠. 결합이 이뤄지는 한 슬픔은 존재할 수 없습니다. 따라서 스피노자의 세계에서 신에게는 그 어떤 슬픔도 악도 존재할 수 없습니다. 스피노자는 이렇게 말합니다. '악은 아무것도 아니다.' 악이 아무것도 아니라면 세계는 선이라는 말일까요? 아닙니다. 스피노자의 세계에는 악도 없고 선도 없습니다.

블레이은베르흐라는 곡물상이 있었습니다. 스피노자가 『신학정치론』을 펴냈을 때 『불경건한 논쟁에 반하는, 기독교의 진리와 확실한 성서의 권위, 혹은 "신학정치론"이라는 제목이 붙은 신성모독적 책에 대한 반박』이라는 책을 낸 적이 있는 맹목적 기독교 유일신론자였던 그는 악이란 존재하지 않는다는 스피노자에게 반박의 편지를 보냅니다. 친절히 답을 해주던 스피노자는 이 사람이 자신을 개방하기 위해서가 아니라 상대방을 파괴하기 위해서 집요하게 질문한다고 판단하고는 편지 교환을 중단합니다. 그와 주고받은 편지 중에 악에 관한 중요한 내용이 있습니다.[1]

예를 들어서 「창세기」를 보면 아담이 쫓겨난 신화가 있죠. 이때 아담이 죄를 지었기 때문에 추방을 당하는 거잖아요. 블레이은베르흐는 이때 신은 분명히 아담의 행위를 악이라고 규정한 것 아니냐는 질문을 스피노자에게 하는 겁니다. 이에 대한 스

---

1) 블레이은베르흐와의 서신 교환과 악에 관한 설명은 질 들뢰즈, 「악에 관한 편지들」, 『스피노자의 철학』, 박기순 옮김, 민음사, 2009 참조.

피노자의 해석은 이렇습니다. 신이 선악과에 대한 금지를 내릴 때, 그것은 도덕적 규정이 아니라 생리적 위험성에 대한 경고였다는 거죠. 그 열매가 중독을 일으킬 수 있으니 먹지 않는 게 좋다는 계시라는 겁니다. 아담과 열매의 결합이 아담 신체의 해체로 경험될 거라는 경고였다는 것이죠. 자연법칙에 대한 인식을 전해 준 것인데, 그런 결합의 법칙을 잘 모르는 아담은 이걸 도덕적 금지로 받아들였다는 겁니다. 예를 들어 자연재해로 인해 감당할 수 없는 고통이 찾아왔을 때, 이것을 인과나 자연법칙으로 받아들이지 않고 신의 징벌로 해석하는 경우가 있잖아요. 자연의 결합과 해체라는 인과적 내용을 이해하지 못할 때 등장하는 죄와 벌의 해석학 같은 것이죠.

신은 분명히 자연법칙을 전해 준 것인데, 그런 법칙을 인식할 수 있는 능력이 없었던 아담은 그것을 도덕적 금지와 명령으로 바꿔서 받아들이는 거죠. 그러니까 거기에는 아담의 죄가 아니라 무지가 있었던 겁니다. 그리고 그 결과로 아담 신체의 해체, 즉 신체의 '나쁨'만 있는 겁니다. 그러나 이 신체 해체라는 나쁨도 다른 차원에서 보면 결합되는 관계일 뿐입니다. 모든 결합은 좋을 수도 있고 나쁠 수도 있지만 결코 악은 아닙니다. 적합하거나 부적합한 결합이 있을 뿐이기 때문에 악은 아무것도 아닌 것이죠.

덕과 부덕의 구분

이에 대해 반론이 있습니다. 만약 해체조차도 다른 차원에서는 결합이라고 한다면, 덕과 부덕을 어떻게 구별할 수 있으며 죄악과 정의를 어떻게 구분할 수 있을까요? 간통은 한 남녀의 해체인 동시에 다른 남녀의 결합일 수 있으니 죄가 아니라고 해야 하는지 아니면 죄라고 해야 하는지, 어떻게 알 수 있는 것이냐는 질문입니다. 이에 대해 스피노자는 행위 자체에는 선도 없고 악도 없다고 이야기를 합니다. 간통이라고 하는 행위 자체에는 선도 없고 악도 없어요. 그럼 덕과 부덕은 어디에 있는 걸까요?

스피노자는 모친살해의 예를 들어 덕과 부덕의 구분에 대해 설명합니다. 잘 알려진 모친살해의 예로 아가멤논의 아들인 오레스테스가 자기 어머니인 클리타임네스트라를 죽인 이야기가 있죠. 아가멤논이 트로이 전쟁을 치르고 돌아왔는데, 아내인 클리타임네스트라가 다른 남자와 부정한 행위를 하고 아가멤논을 죽이죠. 전쟁을 승리로 이끌기 위해 자기 딸을 희생할 수밖에 없었던 남편 아가멤논에 대해 복수를 한 것입니다. 그러자 아가멤논의 아들인 오레스테스가 어머니 클리타임네스트라를 살해하고 아버지 대신 복수를 완성합니다. 오레스테스는 나중에 신들의 심판대에 올라 심판을 받게 되는데, 유죄와 무죄가 동수로 나오고, 끝으로 아테네가 무죄라는 선고를 내려 줍니다.

스피노자가 대비시켜 들고 있는 사례로 로마의 폭군 네로가 있습니다. 네로는 예술적 기질이 남달랐던 듯합니다. 자신의 예술적 능력으로 로마를 다시 짓고 싶어서 직접 불을 질렀다는 이야기도 전해지죠. 네로 황제의 어머니는 아그리피나인데요. 이 사람이 남편인 황제를 죽이고 자기 아들 네로를 황제 자리에 앉힙니다. 그런데 네로도 마음에 들지 않자 아들도 죽이고 다른 왕을 세우려고 했던 거예요. 거기다가 다른 남자와 부정한 일까지 저지르고 있어서 결국 네로가 모친을 살해하고 권력을 독차지하게 됩니다.

모친살해로서는 동일한 이 행위를 어떤 기준으로 정의와 불의로 구별할 수 있을까요? 스피노자는 오레스테스의 경우는 정의로운 행위라 하고 네로의 경우는 불의라고 규정합니다. 여기서 기준은 결합의 행위인가 아니면 해체의 행위인가 하는 관점입니다. 오레스테스의 살해는 아버지 아가멤논과의 부자간 결합을 위한 것이었다면, 네로의 경우는 그 어떤 결합도 없이 오직 어머니의 해체만 있었다고 말합니다. 모친살해 자체에는 정의도 불의도 없습니다. 스피노자는 사물 자체보다는 언제나 관계의 양상을 통해 사물의 본성을 설명하는 편입니다. 살인이 결합을 낳는다면 정의롭다고 할 수 있는 반면 해체만 초래한다면 그것은 불의입니다. 스피노자는 『에티카』에서 주먹질의 예를 들어 설명하기도 합니다. 누군가를 주먹으로 때리는 행위 자체만으로는 선도 아니고 악도 아닙니다. 그런데 축구시합에서 골을 넣은 동료를 주먹으로 때리는 세리머니의 경우 이때의 주먹질은 폭행할 때의 주먹질과 달리 팀의 결합을 촉발하는 것으로 봐야 합니다. 가령 안티고네의 고집은 혈육과의 결합을 위해 공동체와의 관계 해체를 결정한 행위라고 볼 수 있고, 따라서 칸트만이 아니라 스피노자의 관점에서도 정의로운 행위였다고 판단할 수 있겠습니다. 해체 속에도 결합이 있다면 신의 세계에서 결국 악이란 문제를 제기한다는 것은 불가능한 일이 됩니다. 이 세계 전체는 어떤 방식으로든 결합의 관계를 맺고 있기 때문이죠.

인간은 돌멩이다

블레이은베르흐가 다시 질문을 던집니다. 한 인간이 살인을 저질렀다고 해보자. 살인은 있어야 할 인간의 본질이 결핍된 상태라고 할 수 없는가? 가령 인간이 시각을 잃어 맹인이 되었다면 인간의 중요한 본질이 훼손당한 것이므로 그 맹인에겐 지금의 상태가 악한 상태가 아니겠는가? 즉 악이란 어떤 본질의 결핍

(privation)이라 규정할 수 있다는 것이 그의 생각입니다. 돌멩이한테 원래부터 시력이 없었던 것과는 달리 인간에게 시력은 훼손되어도 무방한 그런 것이 아니라는 주장입니다.

이에 대해 스피노자는 사물의 본질이란 그런 결핍 상태가 아니라 실재적이고도 완전한 능력으로 정의해야 한다고 생각합니다. 맹인은 맹인이 된 순간에는 빛에 의해 변용될 수 없고, 악인은 악행을 저지른 순간 지성의 빛에 의해 변용될 수 없습니다. 스피노자의 관점에서는 맹인이 자신의 삶을 불행하고 악한 것이라 규정할 때 그는 자신이 현재 가지고 있지 않은 능력을 전제하고 있는 것입니다. 있어야 할 시력을 전제할 때 지금의 상태는 결핍이 되고 본질의 훼손이 됩니다. 그러나 본질은 어떤 가정하에 규정될 수 있는 것이 아닙니다. 다른 것과의 관계 속에서 지금 변용하는 능력, 그것이 그 사물의 본질이기 때문입니다.

맹인이 불행하다고 하거나 살인자가 악하다고 말하는 것은, 갖고 있어야 할 본질(시력과 이성)의 상태와 현재의 결핍된 상태를 비교하기 때문입니다. 맹인의 논리가 터무니없는 것은 돌멩이가 세상을 볼 수 없다고 불평하는 것과 마찬가지입니다. 돌멩이에게 시각은 속하지 않습니다. 돌멩이는 빛과의 관계 속에서 변용하는 능력을 갖고 있지 못하고, 맹인도 현재 그런 상태입니다. 악은 어떤 본질 속에 있는 게 아니라 상태들의 잘못된 비교

속에 있을 뿐입니다. 돌멩이와 달리 인간은 어떠해야 한다는 그런 본질론을 스피노자에게서 찾아볼 수 없습니다. 돌멩이와 마찬가지로 맹인이 된 인간은 빛과의 관계 속에서 변용능력을 발휘하지 못하는 존재이고, 이것이 지금 그의 본질입니다. 상실되거나 결핍된 본질이 아니라 현재 실재하는 본질입니다.

최선의 세계

이제부터는 라이프니츠에 대한 이야기를 좀 하겠습니다. 스피노자와 동시대(17세기)를 살았던 그는 스피노자와 상당히 비슷하면서도 다른 철학 세계를 보여 줍니다. 라이프니츠는 아주 천재적인 철학자였던 것 같아요. 써 놓은 글이 엄청난데, 아직 100분의 1도 출간되지 못했고, 미출간 원고들을 현재도 학자들이 정리하고 있는 중이라고 합니다. 얼마나 다재다능했는지 외교관으로 활동하기도 하고 뉴턴과 미적분 발명을 두고 앞뒤를 다투기도 했습니다. 수학, 물리, 정치, 종교, 철학 등 다방면에서 재능을 드러낸 팔방미인형 철학자였던 듯합니다. 라이프니츠의 책이 아직 몇 권 나오지 않았기 때문에 그의 철학을 상세하게 알기는 어렵습니다. 하지만 상당히 아름다운 측면도 많고 생각할 거리도 많은 철학자라고 생각합니다.

라이프니츠는 스피노자의 철학에 관심이 많아서 그의 철학 내용을 확인하고 싶어 했습니다. 그러나 파문을 당하고 정치적으로 위급한 상황에 있었던 스피노자는 라이프니츠와의 만남을 조심스러워했습니다. 라이프니츠는 스피노자의 신 개념에 대해 불만이 있었던 것으로 보입니다. 스피노자에게 신이란 오직 본성의 필연성에 따라서만 활동하는 절대적으로 무한한 실체입니다. 그렇기 때문에 스피노자는 '본질'이란 곧 '존재'라고도 했습니다. '원으로 된 사각형'이란 본질 자체에 모순을 품고 있기 때문에 존재할 수 없습니다. 모순 없는 본질, 그것이 곧 존재이죠. 스피노자 철학을 움직이는 원리는 그런 점에서 모순율이라고 할 수 있겠습니다.

가령 '정사각형은 사각형이다'는 명제는 주어인 정사각형의 분석에 따라 모순 없이 도출될 수 있는 참되고 필연적인 진리입니다. 이를 분석명제라 합니다. 스피노자의 신도 마찬가지입니다. 본질이 절대적으로 무한한 필연성이기 때문에 무한한 방식으로 양태들을 생성하면서 존재해야 합니다. 그런데 세상이 이렇게 기하학적인 필연성만으로 구성된 것은 아닙니다. '아버지는 박사다'라는 명제에서 주어인 아버지를 분석한다고 해서 박사라는 결론을 도출할 수는 없습니다. 실제로 아버지가 어떤 사람인지 찾아봐야 하고 경험해 봐야 합니다. 아버지는 경험적으로 박사일 수도 있고 아닐 수도 있습니다. 그래서 이렇게 우연적인 경우를 포함하는 명제(종합명제)는 '정사각형은 사각형이다'와는 다른 차원의 명제로 보입니다. 실제로 스피노자는 우연을 부정하는데, 우연이란 본질이 모순을 포함하고 있다는 사실에 대한 무지에서 비롯되는 것으로 폄하합니다.

그런데 이 '아버지는 박사다'라는 명제가 분석명제처럼 필연적인 진리가 되는 경우가 있다고 라이프니츠는 이야기합니다. 바로 신입니다. 앞에서도 설명했듯이 필연적으로 참된 명제는 '정사각형은 사각형이다'처럼 주어를 분석하면 술어가 도출되는 명제입니다. 그런데 '아버지는 박사다'라는 명제가 참된 명제라면 오직 신에게서만 아버지를 분석하면 박사라는 술어가 도출될 수 있다는 것입니다. 이처럼 인간에게는 우연적인 진리처럼 보이는 것도 신에게는 필연적인 진리일 수 있는데, 이를 '사실적 진리'라 부릅니다.[2] 모든 참된 명제는 분석적일 수도 있고 종합적일 수도 있지만 신에게만은 종합적인 것도 분석적인 것으로 전환될 수 있습니다. 존재에 관한 명제에서 존재가 우연

---

2) 라이프니츠의 사실적 진리와 충분이유율, 그리고 최선의 세계의 관계에 대해서는, 이남원, 「라이프니츠 변신론의 논증 구조」, 『철학연구』 131집, 2014, 279~290쪽 참조.

적이라고 해도 존재하기만 한다면 그 이유가 신에 의해 보증된 다는 것이죠. 이렇게 우연 혹은 가능성이라는 개념이 세계 안에 포함될 수 있게 됩니다.

라이프니츠가 사실적 진리를 언급하는 이유는 신을 모순율에 가둔 스피노자를 넘어서기 위해서입니다. 필연성에 따라서만 활동하는 스피노자의 신에게는 우연성을 만들 수 있는 능력이 사라집니다. 다시 말해 이 세계와 다른 세계를 창조할 수 있는 가능성이 제거되는 것입니다. '아버지는 박사다'는 명제가 '정사각형은 사각형이다'와 같은 명제가 된다면 아버지는 무조건 박사가 되어야 하고 신에게는 아무런 선택 가능성도 없게 됩니다. 라이프니츠는 이 세계가 기하학적으로는 필연적이겠지만, 그것만이 전부는 아니며 다르게 될 수 있는 가능성을 '도덕적 필연성'이라고 해서 구별합니다. 스피노자에게 이 세계는 모순이 없기 때문에 당연히 이렇게 존재해야 하는 것이지만, 라이프니츠에 따르면 세계는 다른 것일 수도 있었고, 수없이 많은 가능성 중에서 존재하는 이 세계는 신이 도덕적인 이유로 선택했다고 보는 것이죠. 이를 모순율과 구분해 '충분이유율'이라고 합니다. 세계에는 원래 우연도 가능성도 있었습니다. 그러나 도덕적인 이유가 있어 신이 현재의 이 세계를 여러 가능성 속에서 선택한 것입니다.

신은 수없이 많은 세계 가운데서 가장 좋은 세계를 만들었습니다. 왜냐하면 신은 전지전능하기 때문입니다. 라이프니츠에게 이 세계는 최선의 세계입니다. 하지만 신은 자신과 동일한 본질의 존재, 즉 신적인 존재를 만들 수는 없었는데, 그것은 곧 신이라는 자신의 존재를 부정하는 것과 같기 때문입니다. 신은 자신보다 불완전한 존재들로 세계를 구성합니다. 하지만 이 세계는 언제나 신이 만들 수 있는 최선의 세계입니다. 라이프니츠가 보기에 악의 가능성은 바로 이 인간의 불완전한 능력에 있습니다. 최선의 세계를 만들자고 한다면 아예 악도 없고 선만 존재하는 세계를 만들었다면 좋았을 텐데, 왜 그러지 않았을까요? 라이프니츠는 아무런 상처 없는 승리보다는 큰 역경을 딛고 거두는 승리가 더 훌륭하다는 논리를 펼칩니다. 이 세계에 악이 있는 것은 더 큰 선을 향해 갈 수 있는 동기를 제공한다는 것이죠. 우리에게 존재하는 야만성과 불협화음 같은 불완전한 능력들이 평화를 추동하는 동기가 된다는 겁니다.

인간은 두더지가 아니다

그런데 여기에 문제가 있습니다. 신의 창조활동이 모든 것을 야기하는 원인일지라도 악의 원인일 수는 없다는 것인데, 만약 악이 선과 대립하는 실재적 존재라면 어떻게 될까요? 두 사물(선과 악)이 모순적 대립 속에 있다면, 둘의 결합은 무(zero)를 낳을 수 있고, 이는 선의 존재 자체를 위협하게 됩니다. 이제 악을 낳는 인간의 불완전성의 성격과 악의 성격을 규정해야 할 필요가 있습니다.

악은 선과 실재적으로 대립하는 존재여서는 안 되므로 불완전성으로서의 악은 기본적으로 부정적인 방식으로 규정될 수밖에 없습니다. 가령 더위와 추위를 예로 든다면, 추위는 실재적인 강도를 갖는 어떤 상태가 아니라 더위의 결핍이나 부정으로 볼 수 있겠습니다. 그래서 악이란 선이 결여된 상태라고 하면 실재적 모순 관계에서 벗어날 수 있으므로 문제는 어느 정도 해결될 수 있습니다. 이제 중요한 것은 이 결여 상태를 어떻게 규정할 것인가 하는 점입니다.

라이프니츠의 악의 개념은 중세 스콜라 철학의 결여 이론의 연장선상에 있다고 합니다.[3] 토마스 아퀴나스에게 악은 선의 단순한 부재나 부정(negation)이 아니라 대상에 본래 부가되어

---

3) 박영선, 「칸트, 셸링 그리고 실재성으로서의 악」, 『대동철학』 56집, 2011, 5~6쪽 참조.

야 하는 것의 결여, 즉 결핍(privation, 박탈의 의미를 갖는 결핍)으로 규정됩니다. 어떤 존재자에게 본래적으로 귀속되지 않는 특성의 결여는 결핍이 아니라 부정입니다. 가령 두더지에게 시력의 결여는 인간에게서의 시력의 결여와 그 의미가 다릅니다. 볼 수 있는 능력은 인간에겐 결여되면 곤란한 것이지만 두더지에게는 반드시 요구되는 것이 아닙니다. 따라서 두더지의 시력의 결여는 단순한 부정이지 결핍이 아니라고 규정할 수 있습니다.

그러므로 악이 선의 부정이 아니라 결핍이라는 말은 인간에게는 없어도 되는 그런 것이 아니라 반드시 있어야 하는 어떤 선(자질)의 부재를 뜻합니다. 사실 '선과 존재'는 사유 속에서만 다르지 동일한 실재입니다. 인간이 존재인 한 선도 갖고 있지만 중요한 것이 존재의 완전에서 결여된다면 이는 선을 결여한다고 볼 수 있으며 악이라고 할 수 있습니다.[4] 악은 실체적 사물도 아니지만 그렇다고 돌맹이나 두더지처럼 그 결여가 아무런 영향도 주지 못하는 그런 사물도 아닙니다. 따라서 악은 인간 세계에서만 존재할 수 있습니다. 선은 인간이 갖춰야 할 최고의 도덕적 상태입니다. 그 선의 결핍이 곧 악인 것이죠. 이런 점에서 보면 스피노자는 이 결핍 상태를 일종의 부정으로 환원했던 셈이

---

4) 한나 아렌트, 『정신의 삶: 사유와 의지』, 홍원표 옮김, 푸른숲, 2023, 479쪽.

고, 그래서 그에게 악은 돌멩이든 인간이든 모두에게 아무것도 아닌 것이었습니다. 라이프니츠의 체계에서는 어떤 존재도 존재한다면 악하다고 말할 수 없습니다. 다만 악하다고 말할 수 있는 경우는 덕(선)의 존재가 결여되어 있을 때입니다. 악은 언제나 부정적인 방식으로 규정되어야 신의 체계와 충돌하지 않습니다.

라이프니츠는 인간의 불완전함, 즉 결핍된 이성과 의지에서 발생하는 도덕적 악을 선의 결핍이나 선의 부족함으로 봄으로써 실체적 존재로서의 악의 개념 자체를 모호하게 만들었다는 평가를 받습니다.[5] 왜냐하면 악이 선의 결핍이라면 선은 악의 결핍이라고도 볼 수 있고, 이제 선과 악은 존재론적으로 무차별적인 것으로 간주될 위험성이 생깁니다. 그리고 이는 선의 개념만이 아니라 악의 개념도 파괴할 수밖에 없게 만듭니다. 왜냐하면 어떤 행위를 악한 것으로 부르는 것이 의미를 지니려면 그 행위를 발생하지 말았어야 할 어떤 적극적인 것으로 파악해야 하는 것이지 부정적인 것으로 파악하는 게 아니기 때문입니다. 살인은 끔찍한 일의 발생이지 타자에 대한 사랑의 결핍이라고 말하기 어려운 것이죠. 이런 점에서 라이프니츠의 악의 개념에는

---

5) 박영선, 「칸트, 셸링 그리고 실재성으로서의 악」, 7쪽.

악을 악 자체로 규정할 수 있는 실체적 척도가 결여되어 있고, 그저 논리적 모순에서 벗어나기 위한 변신론(辯神論) 차원의 정의라고 할 수도 있겠습니다.

악은 실재한다

우리의 일상적 경험에서는 언제나 악이 실재하는 듯합니다. 잔인한 범죄나 전쟁의 결과는 회복할 수 없는 상처를 남깁니다. 이제 악의 실재성의 관점에서 칸트를 살펴보도록 하겠습니다. 라이프니츠에 따르면 실재적으로 존재하는 모든 것은 자신과 모순되는 것이 없기 때문에 그렇게 존재할 수 있습니다. 그런데 선과 악은 모순관계 속에 있습니다. 이 모순관계를 어떻게 해소해야 할까요? 앞에서 본대로 바로 악을 선의 결핍이라고 규정하는 방식이죠. 이를 보면 잘 알 수 있듯이 라이프니츠는 개념적으로 모순만 되어도 사물이 존재할 수 없다고 생각하는 경향이 있습니다. 다시 말해 그는 사물을 오직 개념적으로만 사유하고 있고, 논리적으로만 사물의 같음과 다름을 판단하려 합니다. 상승하는 힘과 하강하는 힘이 같으면 분명 논리적으로는(개념적으로는) 힘은 영(0)이 됩니다. 그런데 실제로는 어떨까요?

왼손과 오른손은 개념적으로는 서로 구별되지 않습니다. 그렇다고 두 손이 같은 것은 아닙니다. 우리는 왼손과 오른손의 차이를 직관적으로(감성적으로) 알아차립니다. 이 감성적 차이가 바로 실재적 차이입니다. 라이프니츠는 이 실재적 차이를 사유하지 못했습니다. 개념적으로 모순이 된다고 해서 실재적으로 존재하는 것들이 반드시 소거되는 것은 아닙니다. 모순 때문에 소거될 위험성이 있는 선을 위해 악을 선의 부정과 결핍으로 사유할 필요가 없습니다. 이를 칸트는 '실재적 대립'이라 불러 논리적 대립과 구분합니다. 하나의 사물에 모순되는 두 개의 술어(선하고 악하다)가 올 수는 없지만 실재적 대립 속에서는 상반되는 술어가 동일 사물에 결합될 수도 있습니다. 칸트는 이런 예를 들고 있습니다. "어떤 배가 바다에서 아침 해풍에도 불구하고 장소에서 앞으로 나아가지 않는다면 배는 반대방향의 해류를 받고 있음에 틀림없다."[6] 이때 배는 정지상태에 있지만 움직임과 힘이 없는 것은 아닙니다. 쾌와 불쾌의 결합은 감정의 영(0)이 아니라 무관심적 만족과 같은 것으로 표상되기도 합니다.

'스파르타의 어머니'라는 이야기를 통해 살펴봅시다.[7] 옛날

6) 박영선, 「칸트, 셸링 그리고 실재성으로서의 악」, 14쪽에서 재인용.
7) 박영선, 「칸트, 셸링 그리고 실재성으로서의 악」, 15쪽.

스파르타에 아들을 군대에 보낸 어머니가 있었는데 자기 아들이 조국을 위해 용감히 싸웠다는 이야기를 듣습니다. 그 이야기를 듣고 어머니는 기뻐합니다. 하지만 장렬히 전사했다는 이야기를 듣자 어머니는 크게 슬퍼합니다. 그럼 지금 어머니의 감정 상태는 기쁨도 슬픔도 아닌 상태일까요? 라이프니츠에 따르면 슬픔은 기쁨의 결핍이므로 처음의 기쁨+결핍된 기쁨이라면 아직 어머니는 기뻐야 합니다. 현실을 전혀 설명할 수 없는 논리인 셈입니다. 줄다리기는 하나의 줄에 대해 양립할 수 없는 모순된 힘의 결합이지만 그렇다고 해서 영(0)이라고는 할 수 없는 어떤 팽팽한 긴장 상태를 낳습니다.

이처럼 칸트에게 악은 실재합니다. 스피노자가 관계의 결합과 해체만 존재한다면서 악도 선도 아무것도 아니라고 했다면 라이프니츠는 악을 선의 결핍으로 간주하고 실재하지 않는 것으로 생각했습니다. 스피노자와 라이프니츠는 어떤 점에서 보면 선과 악이 구별되지 않는 것이라고 말하는 것 같기도 합니다. 해체조차 결합으로 보는 스피노자는 악한 것처럼 보이는 것에서도 선을 발견할 수 있다는 의미로 읽을 수 있고, 선과 선의 결핍이라는 라이프니츠의 관점도 그렇게 보입니다. 이런 점에서 칸트도 다르지 않습니다. 악이 실재하긴 하지만 행위의 차원에서는 선과 악을 구별할 수 없다고 말합니다. 누군가를 도와주는 행위는 그 자체로 보면 분명 선도 아니고 악도 아닙니다. 그렇다면 칸트에게 악은 어떤 차원에 존재하는 것일까요?

악, 윤리적 질서의 전도

악이 실재하려면 어떤 조건이 필요할까요? 동물과 비교해 보도록 합시다. 동물에게도 악이 있다고 한다면 아무래도 그건 좀 이상하게 들리죠. 동물의 본능적 행위를 악한 것이었다고 하기는 어려우니까요. 그러므로 악이 존재하려면 어떤 도덕적 통찰력 같은 것을 전제해야 합니다. 동물에게 악이 없는 까닭은 도덕적 통찰력이 없기 때문입니다. 칸트에 따르면 인간에게는 이 통찰력이 있습니다. 인간은 분명 도덕적 의무를 알고 있습니다. 이를 칸트는 '이성의 사실'이라 불러 단호하게 규정합니다. "이 법칙을 주어진 것으로 오해 없이 보기 위해서는 우리는 그것이 경험적 사실이 아니라 이 법칙을 통해 자신이 근원적으로 법칙 수립적임(내가 의욕하는 것을 나는 명령한다)을 고지하는 순수이성의 유일한 사실임을 명심해야 한다."[8] 순수이성은 자신이 근원적으

---

8) 임마누엘 칸트, 『실천이성비판』, 백종현 옮김, 아카넷, 2009, A56.

로 법칙 수립적임을 고지합니다. 다시 말해 이성 자신이 의지(곧 이성)에게 정언적으로 도덕적이어야 한다고 명령합니다.

도덕적일 것을 명령하는 이성적 사실이 근원적으로 존재하는데도 인간이 악해지는 것은 왜일까요? 도덕적 통찰의 부재가 동물에게서 악의 부재를 만들었다면 도덕적 명령의 사실은 인간을 선한 존재로 만들어야 정상일 테니까요. 바로 이 악의 규정 속에 칸트 철학의 고유성이 있습니다. 도덕법칙에 대한 존경이 이성적 사실인데도 인간이 악을 행한다면 이는 도덕법칙보다 자기 자신을 더 중시했기 때문일 수 있는데, 기본적으로 도덕법칙은 인간의 자기애(자만)를 혁파하도록 추동하기 때문입니다. 자기애의 동기를 도덕법칙에 대한 존경의 동기보다 우선시하는 방식으로 근본적인 준칙을 자유롭게 채용했을 때 인간은 악에 책임이 있다고 말할 수 있겠습니다.[9] 그러나 이는 아직 평면적인 해석에 불과합니다. 왜냐하면 도덕법칙을 선택하더라도 악하다고 칸트가 말하고 있기 때문입니다. 도덕법칙을 따라야 하는데도 자기애를 선택하는 이런 자연적 경향만으로 칸트의 악을 규정하기는 부족합니다.

---

9) 강은아, 「칸트 후기 실천철학에서 '근본악 테제'의 두 측면」, 『철학연구』 60집, 2019, 38쪽.

제가 보기에 칸트의 윤리학에서 핵심은 행위 자체에는 악이 존재하지 않는다는 것입니다. 행위만으로는 선악을 분별할 수 없습니다. 살인이라는 행위도 선한 것일 수도 있고 악한 것일 수 있습니다. 그런데 더 중요한 것은 모든 사람이 자신은 선한 행위를 했다고 주장한다는 것입니다. 인간은 모두 도덕법칙을 따르는 것처럼 삽니다. 그러므로 칸트에게 선악의 문제는 행위가 아닌 내적 분열의 차원에 존재하는 어떤 근원적 왜곡입니다. 칸트는 아무리 악한 인간이라도 도덕법칙은 언제나 불가항력적으로 육박해 오기 때문에 감성적 동기의 지배를 받는다 하더라도 도덕법칙이 사라지지는 않는다고 합니다. 그것은 언제나 도덕적 소질의 힘으로 인간을 사로잡고 놓지 않습니다. 그러므로 이를 해석하자면 순전히 감성적이고 자연적인 동기들만이 표출되는 순간은 없고, 자연적 경향성을 동기로 채택하는 순간에도 도덕법칙은 그 동기들을 간섭하는 것으로 볼 수 있습니다.

그렇다면 악은 어디에 있을까요? 칸트는 이렇게 말하고 있습니다. "그의 준칙 안에 채용하는 동기들의 차이에 있는 것이 아니라(즉 준칙의 질료에 있는 것이 아니라) 그가 이 둘 중 어느 것을 다른 것의 조건으로 만드는가 하는 종속관계(즉 준칙의 형식)에 있을 수밖에 없다." 인간이 악한 것은 자기사랑의 준칙만을 선택한 질료적 차원에 있는 게 아니라, 도덕법칙과 자기사랑의 준칙을 동시적으로 채용하면서 둘의 관계를 조건적인 것으로 만드는 어떤 형식에 있다는 뜻입니다. 다시 말해 그 무엇보다 최상의 조건이어야 할 도덕법칙을, 그 어떤 조건 속에도 둬서는 안될 도덕법칙을 자기사랑의 동기를 충족시키는 조건으로만 받아들이는 상태가 바로 악의 조건입니다. 칸트의 표현으로는 "동기들을 자기의 준칙 안에 채용할 때 동기들의 윤리적 질서를 전도시키는 것"[10]이 악의 조건입니다.

　법정에서 진실을 말했다고 해봅시다. 이는 표면적으로는 윤리적입니다. 그러나 이 진실의 고백이 자신의 우월감을 표현하기 위한 것일 수도 있고 타인에게 은밀한 복수를 하기 위한 것일 수도 있습니다. 진실이라는 도덕법칙을 채용한 까닭이 바로 자기사랑의 준칙을 충족시키기 위한 조건 속에 있습니다. 이것이 윤리적 질서를 전도시키는 근본적인 악이라고 칸트가 말하는 것입니다. 도덕이라는 표면 아래서 자기사랑의 준칙이 지배적인 상태, 자기사랑의 경향성을 만족시키기 위해서만 도덕법칙을 채용하는 상태, 이것이 악입니다. 인간은 자신의 행위를 통해 패악이라는 결과만 갖지 않으면 그렇게 윤리적 질서를 전복해버린 자신의 마음씨에 대해 불안해하기보다는 법칙 앞에서 자

---

10) 임마누엘 칸트, 『이성의 한계 안에서의 종교』, 백종현 옮김, 아카넷, 2015, 207쪽.

신을 정당하다고 여기는 '간악성'을 갖습니다.[11]

　　모든 사람은 자신의 행위가 선하다고 주장합니다. 어느 누구도 쉽게 악을 인정하지 않습니다. 예루살렘의 아이히만이 대표적이죠. 그는 공인으로서의 의무에 충실했다고 주장했습니다. 칸트가 포착하려는 것이 바로 이런 근본적인 내면의 왜곡입니다. 칸트는 외적인 악한 행위나 행위자에 대해서는 무관심합니다. 겉으로 선한 것처럼 보이는 행위의 이면에 존재하는 악, 외면적으로만 선하고 의도 면에서는 악한 행위가 모든 인간이 피해 갈 수 없는 근본적인 악이라고 규정합니다.[12] 이런 근본적인 악은 인간이 어떻게 살아야 하고 행위해야 하는가에 대한 도덕적 판단력을 근원적인 차원에서 왜곡합니다. 그리고 안팎으로 귀책을 불확실하게 만들기 때문에 "인류의 불결한 얼룩"을 형성하며, "선의 씨앗"이 발육되는 것을 방해합니다. 바울의 말에 따르면, "선을 (법칙의 정신에 따라서) 행하는 이는 한 사람도 없습니다. 단 한 사람도 없습니다."[13]

---

11) 칸트, 『이성의 한계 안에서의 종교』, 209쪽.
12) 김소형, 「모든 인간은 본성상 도덕적이다」, 『철학논총』 109집, 2022, 123쪽.
13) 칸트, 『이성의 한계 안에서의 종교』, 210~211쪽.

「헤어질 결심」과 사랑의 숭고

끝으로 「헤어질 결심」을 통해 악이라는 문제를 생각해 보고, 여기서 진정한 사랑의 조건을 유추해 보려고 합니다. 「올드보이」(2003)가 오이디푸스 서사의 변주라면 「헤어질 결심」은 안티고네 서사의 변주로 보입니다. 15년 동안 감옥에 나를 가둔 '너는 누구인가?'(「올드보이」) 이 테베라는 도시를 몰락케 하는 '그 잡히지 않은 살인자는 누구인가?'(오이디푸스) 너(혹은 살인자)를 찾던 주인공의 여정은 그 끝에서 언제나 자기 자신을 발견합니다. 그동안 망각해 온 나의 추악한 과거는 무엇인가?(「올드보이」) 그 살인자가 바로 나란 말인가?(오이디푸스) 물론 두 작품은 모두 근친상간이 모티프이기도 합니다.

　박찬욱 감독은 이런 반복과 변주 혹은 전도에서 단연 그 재능을 보이는 것으로 생각됩니다. 칸트가 말한 인간의 근본적인 악이 윤리적 질서의 전도에 있다면 이 작품에서도 우리는 악의 문제를 충분히 생각할 여지가 있습니다. 「헤어질 결심」은 안티고네 서사의 반복이자 변주이고 전도입니다. 호미산에서의 장례식을 위해 보이는 서래의 집착은 폴리네이케스의 시신을 매장하려는 안티고네의 집착처럼 무시무시합니다. 서래는 모친과 외조부의 유골을 호미산에 뿌려야 하는 어떤 사명감을 갖고 있습니다. 이를 완수하기 전에는 중국으로 추방될 수도 없고 마음 대로 죽을 수도 없습니다. 그래서 남편 기도수의 폭력을 견디고 있었고 추방의 위협에 대해 살인으로 대응할 수밖에 없었습니다.

안티고네도 마찬가지입니다. 오빠의 장례를 위해서라면 공동체가 붕괴되는 것쯤은 아무것도 아닙니다. 그녀는 자신을 완전히 포기해 버립니다. 이런 숭고의 경지는 서래에게서도 동일하게 목격됩니다. 기도수를 살해하는 서래의 태도에서는 어떤 (윤리적) 사명을 위해서라면 그 어떤 실존적 조건도 대수로울 게 없다는 홀연한 자세 같은 게 엿보입니다. 법과 공동체를 상징하는 존재가 크레온과 형사 해준이라면, 가족과 사랑을 상징하는 존재는 안티고네와 서래입니다. 혈연에 대한 안티고네의 애정과 죽음이 공동체의 파국을 불러왔다면 서래의 사랑과 죽음은 해준의 파국을 불러옵니다. 안티고네의 주제는 「헤어질 결심」에서도 공명하게 됩니다. 윤리적 주체의 숭고함.

이 영화는 내적으로도 일종의 변증법적 전도와도 같은 반복의 구조를 갖고 있는 것으로 보입니다. 「복수는 나의 것」 (2002)의 '복수'는 바로 이 반복과 변증법적 전도의 전형적인 형식이라고 할 수 있습니다. 복수는 상대방에게 전도된 형태로 되돌려주는 행위의 반복이기 때문입니다. 「친절한 금자씨」(2005)

도 죄와 벌의 비례와 반복을 논한 작품으로 생각되는데, 앞에서 말한 대로 「올드보이」도 질문의 반전을 통해 나의 정체성과 운명을 새롭게 쓰게 합니다.

그렇다면 「헤어질 결심」에서는 어떨까요? '깊은 바다에 버려요'라는 해준의 말은 서래의 동일한 말로 반복되고, 이 반복을 통해 해준의 말의 의미와 해준의 주체적 입장이 파악되게 됩니다. 다시 말해 해준의 말은 서래의 반복을 통해 변증법적으로 전도되면서 그 진정한 의미를 되돌려받게 됩니다. 진정한 의미는 반복을 통해서만, 그리고 그를 통한 전도를 통해서만 파악될 수 있습니다. 영화의 전반부는 해준의 사랑이고 후반부는 서래의 사랑입니다. 사랑은 반복되고 변증법적으로 전도되어 서로를 되비치는 구조를 갖습니다. 서래의 사랑에 의해 해준의 사랑의 의미가 완전히 새롭게 조명이 되는 형태로 영화의 서사가 구성되어 있는 것입니다. 이 세계에 남은 자 해준이 서래의 사랑과 죽음을 통해 자기 삶의 모든 의미를 되돌려받는 형태죠. 서래라는 바다처럼 숭고한 존재 안의 미물처럼 그저 방황할 뿐인 존재가 해준이었다는….

이 영화의 주제는 '악'입니다. 악은 윤리적 질서의 전도에 있었습니다. 이를 단적으로 표현해 주는 대사가 있으니, 서래의 '제가 그렇게 나쁩니까?'입니다. 박찬욱 감독은 정의의 문제, 즉 죄와 벌의 등가로서의 복수의 문제에서 이제 죄와 악의 문제라는 더 깊은 층위로 진입하고 있는 것으로 보입니다. 악은 어디에 있는가? 서래의 사랑은 근본적으로 자기를 돌보지 않는 형태를 띱니다. 그리고 해준을 구하기 위해 존재 전부를 거는 행위로 나타납니다. 서래 자신이 사라져 해준을 '붕괴' 이전으로 되돌릴 수만 있다면 그렇게 못할 게 없는 사랑입니다. 그런데 이런 사랑은, 그리고 원래 이것이 사랑입니다만, 기존의 모든 일상적 질서를 흐트러뜨리는 무엇입니다. 좀 더 근사하게 표현하자면, 사랑은 예외상태로 하여금 순간적으로 출현하게 하는 일입니다. 기존의 법과 질서는 예외상태의 긴급성 앞에서 더 이상 존속될 수 없습니다.

그래서 사랑은 '붕괴'와 다를 바 없습니다. 붕괴 없는 사랑도 없고 붕괴를 무시하는 사랑도 없습니다. 그러나 형사 해준은 이 붕괴 앞에서 좌절합니다. '나는 완전히 붕괴됐어요'라는 해준의 말은 붕괴 이전으로 되돌아가고 싶다는, 현재의 '붕괴=사랑'을 오롯이 받아들일 수 없다는 절망감의 표현입니다. 정확히 수사해야 했는데 '사랑에 미쳐서' 실수를 했다는 것이죠. 아내가 있는 그에게 사랑은 잠깐 동안의 일탈이고 금방 회복되어야 하는 비일상입니다. 사랑이란 질서 자체를 중지시키는 행위지요. 이건 칸트의 윤리도 마찬가지입니다.

칸트의 윤리는 질서의 중지입니다. 윤리 앞에서 인과적이고 시간적인 질서가 중지되는 것입니다. 원래 도덕적인 동기는 무조건적이어야 합니다. 그건 절대적인 명령이기 때문에(정언 명령) 해야 하는 것이지 어떤 조건을 충족시키기 위해 해야 하는 것이 아닙니다. 이유가 없습니다. 사랑이든 윤리든. 그래서 사랑의 이유라는 것은 언제나 터무니없고 졸렬하기 마련입니다. 해준은 계속 이유를 찾습니다. 형사답게. 그래서 서래는 걱정을 합니다. '여기 이포에 온 이유가 뭔지 또 그가 물을 텐데 어떻게 답을 해야 할까?' 서래의 걱정은 사랑의 이유 부재에서 오는 것입니다. 이유 없이, 오히려 이유가 없기 때문에 해준을 사랑하는 것일 뿐입니다. 반면에 해준의 사랑의 이유는 얼마나 유치하고 졸렬합니까. '당신은 꼿꼿해요. 실루엣이 너무 꼿꼿해요. 멀리서 보면 이런 사람이 없어요. 그래서 당신을 사랑해요.'

사랑은 열정적 애착이고 근본적으로 우리 실존 자체를 파괴하는 속성을 갖습니다. 사랑에 빠지는 순간 부모나 친구와의 관계가 모두 재미없어집니다. 다른 관계는 시큰둥해지고 오직 한 사람만 보이는 상태가 됩니다. 서래의 사랑은 조건을 모릅니다. '한국에서는 사랑하는 사람이 결혼했다고, 좋아하는 것이 멈춥니까?' 사랑은 기혼이든 미혼이든, 한국이든 중국이든, 형사든 아니든 가리지 않습니다. 그것은 멈출 줄 모르는 본성을 갖습니다. 정확히 칸트의 윤리의 순간입니다. 윤리적 존재가 된다는 것, 그것은 모든 정념적 질서와 경향적 본성을 파괴하면서 새로운 존재로 변신하게 하는 체험입니다. 그래서 윤리적 순간은 숭고의 순간이기도 합니다.

해준은 이렇게 말합니다. '바다에, 깊은 바다에 빠뜨려요. 아무도 찾을 수 없게.' 서래의 범행의 증거인 핸드폰을 바다에 버리라면서 서래를 보호하는 말처럼 보이는 여기서 우리는 해준의 악의 근원을 인식하게 됩니다. 사랑을 끝낸 것도, 핸드폰을 숨기라는 것도 모두 자신을 위한 것이면서도 서래를 위한 것인 척…. 그럼에도 아내와의 공허한 삶 앞에서 주체할 바를 모르는 해준. 서래를 위한 해준의 말은 사실 형사로서의 붕괴된 자부심을 윤리적 연기를 통해 은폐하기 위한 것에 불과합니다. 그에겐 기본적으로 윤리적 질서를 전도시키는 악의 본성이 있습니다. 악을 박멸하는 형사인 해준은 그 역할에도 불구하고 전형적으로 기만하고 전도하는 악의 모델입니다. 왜냐하면 칸트의 악은 악한 행위에 있는 게 아니라 내면의 그 교묘한 전도에 있기 때문입니다.

서래의 죽음은 그녀가 이미 어떤 예지적 숭고의 영역에 도달했음을 역설합니다. 그 어떤 자기애도 정념적인 욕구도 그녀의 순수한 사랑 앞에서 견디지 못합니다. 그녀는 윤리적 질서를 전도시킬 이유가 없습니다. 사랑이라는 그 윤리적 명령 앞에서 그녀는 순수하게 자유롭습니다. 살인자가 되는 것도, 그리고 결국 자신을 종결시키는 것도 그녀에겐 운명적입니다. 해준은 늘 이유를 찾았습니다. 서래는 그렇게 이유가 중요하냐고 반문합니다. 이 무조건성, 그것이 서래의 사랑입니다. 무조건적인 것들에 대한 사랑, 그 사랑이 내파하는 일상적인 악의 세계와 도덕적 허위들. 해준이 만약 도피를 했다면 그것은 바로 이 무조건성 앞에서였습니다. 이 무조건적인 사랑 앞에서 자신이 물러섰음을, 그 숭고의 영역을 두려워했음을 해준은 보여 줍니다. 자신을 덮친 사랑의 파도 앞에서 두려워 갈 길을 잃은 해준 앞에 서래의 대사를 놓을 수 있겠습니다. '내가 그렇게 나쁩니까?' 사랑의 무조건성을 온몸으로 받아들인 '내가 그렇게 나쁩니까?' 진정 악은 누구에게 있었던가?

6강 _ '허무에 대한 의지'에 대하여

니체는 『도덕의 계보』「세번째 논문」에서 인간의 의지는 아무것도 의욕하지 않기보다는 오히려 허무를 의욕한다는 알쏭달쏭한 말을 해놓고는, "내 말을 이해하겠는가?" 하고 우리에게 묻습니다. "전혀 모르겠습니다! 선생님!" '의지의 무'가 아니라 '무에 대한 의지'가 인간의 본성이라고 할 수 있는데, 여기서 니체가 말하는 '인간'이란 물론 병자로서의 인간, 즉 모든 '로마적인' 삶의 방식을 잃어버린 노예적인 인간을 뜻합니다. 즉 인간은 그 의지가 허무에 관련되는 한 병들고 비천한 존재이자 삶 전체를 비방하고 증오하는 존재가 되고 만다는 것입니다.

그런데 인간 본성에 대한 니체의 이러한 규정은 공백이나 무(칸트식으로는 예지계, 물자체, 자유)를 바탕으로 인간의 숭고함을 이해하는 칸트나 헤겔의 것과는 많이 달라 보입니다. 특히 헤겔의 경우 인간 자체를 형성해 온 것은 '죽음'이나 '무'와 같은 '부정적인 것의 위력' 덕분이라고 말할 정도이니 니체와의 거리는 상당합니다. 헤겔은 심지어 인간 오성(정신)의 능력마저 현실적인 것을 부정하고 분리하고 찢는 부정의 능력, 죽음을 견디고 죽음 속에서 자신을 유지하는 삶이라고 말합니다.

어떻게 보면 니체는 칸트나 헤겔 철학 전체를 가치의 전복이라는 측면에서 무에 대한 의지(허무주의)에 불과한 것으로 평가절하하고 있다고도 보입니다. 이번 시간에는 공백(죽음)이나 무와 같은 부정성의 개념들을 중심으로 인간을 사유하는 철학적 양상을 검토해 보도록 하겠습니다. 우리의 목표는 어떤 철학의 손을 들어 줘야 할 것인가에 있지 않고, 어떻게 인간을 더 깊이 이해할 것인가에 있습니다.

허무를 향한 의지

오늘 살펴볼 핵심적인 텍스트는 니체의 『도덕의 계보』입니다. 이 책은 총 세 편의 논문으로 이루어져 있는데, 들뢰즈는 각각의 논문이 칸트의 『순수이성비판』, 『실천이성비판』, 『판단력비판』에 대한 대결이라고 이야기를 했습니다. 날카로운 지적이라는 생각이 들지만, 저는 칸트만이 아니라 헤겔과의 관계도 고려하면서 『도덕의 계보』를 읽어 보겠습니다.

니체에게 인간이란 허무를 욕망하는(의욕하는) 존재로 정의됩니다. 인간은 허무에 빠져 있다거나 허무주의적인 존재라는 뜻이 아닙니다. 오히려 허무에 대한 강력한 욕망을 통해 자신의 실존을 지속하는 왜곡된 존재라는 것입니다. '왜곡'인 까닭은, 니체에 따르면, 그것은 삶에 대한 적의이며 "삶의 가장 근본적인 전제들에 대한 반역"이기 때문입니다. 그렇다면 삶의 근본적인 전제란 무엇일까요? 그것은 관능, 이성, 행복, 미, 가상, 변화, 생성, 죽음, 소망, 욕망 등 모든 인간적이고 동물적이며 물질적인 것들이라고 니체는 말합니다.[1] 생성을 받아들이는 만큼 죽음을 수용하고, 이성적이면서도 동시에 관능적일 수 있는 인간, 신체적으로 경험하는 행복과 아름다움에 자연스럽게 반응하는 인간, 이것이 인간의 자연성입니다. 다시 말해 인간이 자연적인 동물로서 살아간다고 할 때 가질 수 있는 모든 자연적인 것들 전체가 위에서 나열한 것들입니다. 이 전체와의 결합이 해체되는 지점, 그것이 바로 허무에 대한 욕망입니다. 따라서 니체에게 인간은 삶의 근본적이고 자연적인 전제들을 거스를 수 있을 때만 그

---

1) 프리드리히 니체, 「세번째 논문」, 『도덕의 계보』, 박찬국 옮김, 아카넷, 2021, 28절.

삶이 가능한 존재인 셈입니다. "허무를 향한 의지"라는 니체의 말은 바로 인간의 왜곡되고 전도된 본성에 대한 비판적 규정입니다. 그렇다면 이 허무에 대한 욕망이 어떻게 생성되었는지 알아보겠습니다.

『도덕의 계보』세 논문을 관통하는 등장인물이 있다면 그것은 바로 금욕주의적 성직자입니다. 그는 "다르게 되고 싶은 존재", 즉 이 세상이 아닌 "다른 곳에 존재하고 싶은 체화된 소망"입니다. 하지만 단순한 소망도 아닌데, "이러한 소망의 최고점"이고, 이런 "소망의 진정한 열정이자 정열"입니다. 그는 이 세계에 살고 있지만 이 세계의 삶을 온전히 수용하지 못하는 존재이고, 그래서 다른 삶이 있었으면 하는 강렬한 소망을 품고 있는 존재입니다. 그런 점에서 그는 "삶의 적대자"이고 "부정하는 자"에 속합니다. 그는 왜 이렇게 다르게 되고 싶은 것일까요? 어쩌다 이렇게 다른 곳에 존재하고 싶은 소망으로 가득한 것일까요?

니체는 이 소망의 바탕에서 생리학적 병증을 찾아냅니다. 실패와 좌절의 경험, 삶 가득한 피로감과 권태, 더 살고 싶지 않은 패배감. 삶 전체가 깊은 병증으로 오염되어 있지만 이 삶의 자리에서 한 치도 벗어날 수가 없습니다. 그렇지만 그들은 살아가야 합니다. 그는 이곳에서 존재하고 인간으로 존재하기 위해 더 유리한 조건들을 만들어 내도록 작업해야만 하는 도구가 되는 것입니다.[2] 그는 모든 병든 자들, 덜되고 조화도 없고, 대우도 제대로 받지 못하고 있는 많은 실패자들, 자기 스스로 괴로워하는 자들 전체를 생존에 묶어 두는 역할을 하는 것입니다. 그것이 바로 니체가 "금욕주의적 이상"이라고 부르는 도덕적 의미망 전체입니다.

살고 싶지 않지만 살아야 하고, 원하던 삶이 아니라 다르게 되었으면 하는데도 다르게 될 수 없어 괴로운 이들은 이제 삶의 근본적 전제들을 왜곡하고 전도하는 방식으로 삶을 살아갈 방법을 찾습니다. 그런데 이런 전도와 왜곡은 기본적으로 '부정'과 '공백'에 대한 의지를 바탕으로 전개된다는 것이 니체의 생각입니다. 이 전도의 양상을 간략히 요약해 보겠습니다. 니체가 "도덕에서의 노예반란"(원한)과 "죄와 벌의 해석학"(양심의 가책)이라고 부르는, '인간' 형성의 과정은 모두 금욕주의적 이상을 중심으로 작동합니다. 금욕주의적 이상은 안과 밖 두 방향으로 표현되고 형성됩니다.

---

2) 니체, 「세번째 논문」, 13절.

원한과 타자 부정

먼저 타자에 대한 부정의 방향입니다. 이는 '너는 악하다, 그러므로 나는 선하다'라는 명제의 형태로 간략히 표현할 수 있습니다. 노예도덕은 자기가 아닌 다른 것에 대한 부정을 통해 작동합니다. 먼저 자신과 대립하는 세계를 전제한다는 점에서 생리적으로는 반작용입니다. 그렇다면 노예도덕이 전제하는 '악한 너'는 누구일까요? 대담한 용기와 예측할 수 없는 모험심, 생명과 쾌적함에 대한 무관심, 파괴와 승리와 잔인함에서 보이는 명랑함으로 무장한 "고귀한 종족"입니다. "금발의 야수"라고 불리는 게르만 전사들. 노예도덕은 이렇게 자신의 힘과 자신감을 직접적으로 발산하고 표현하는 인간들에 대해 어린양의 공포를 담아 '악하다'고 증오합니다. 이를 니체는 원한의 생리학이라고 부릅니다.

그러나 이런 증오는 자연스럽지 않습니다. 강한 종족이 자신의 자신감을 표현하는 것은 독수리가 어린양을 사냥하는 것만큼 자연스러운 것이기 때문입니다. 자연적인 강함을 악한 것으로 전복하기 위해서 필요한 것이 있으니, 그것이 바로 '허구'입니다. 주체라는 허구. 고귀한 종족들이 비난받는 것은 다름이 아니라 자신의 강함을 표현했다는 사실에 있습니다. 그런데 발휘된 힘은 그와 같은 양의 충동과 의지와 작용입니다. 이런 힘의 표현이 비난받는다는 것은 그런 표현이 잘못되었다는 것, 즉 강함이 표현되어서는 안 된다는 것, 그 표현이 절제되었어야 한다는 전제가 있는 셈입니다. 강함의 표현을 미연에 방지했어야 할 '주체'라는 허구가 이렇게 해서 작동하는 것입니다. 번개를 섬광에서 분리하는 것과 마찬가지로 강자의 배후에서 강한 것을 나타내거나 나타내지 않는 일종의 '중립적 기체'가 있는 것처럼 생각하는 것, 이것이 바로 원한의 노예도덕을 낳는 허구입니다. 그러나 활동은 활동이지 그 뒤에 어떤 주체도 존재하지 않는다는 것이 니체의 판단입니다.

이런 주체라는 허구를 통해 강한 종족의 자기표현이 봉쇄될 뿐만 아니라 맹금에게 맹금으로 존재하는 것에 대해 책임을 지우는 권리가 생겨나게 됩니다. 터무니없는 사태가 발생한 것입니다. 자신의 존재를 부정해야만 비난받지 않는 사태가 생겨난 것입니다. 강자가 약해지는 것도, 약자가 강해지는 것도 모두 주체의 의지를 통해 가능하다는 왜곡된 믿음이 생겨났습니다. 그런데 강함을 표현하는 것보다 억제하는 것이 더 어려운 일이기 때문에 이들 노예들처럼 인내하고 겸손하고 인생에서 요구하는 것이 적은 자들, 신에게 복수를 맡기는 자들이 더 선한 자들이라는 원한의 도덕(금욕주의적 이상)이 생겨나는 것입니다. 성직자적 민족인 유대민족에게서 이런 원한은 민족적으로 확산됩니다. 보복하지 못하는 무력함은 '선'이라는 이상으로, 불안한 천박함은 '겸허'라는 이상으로, 증오하는 사람에 대한 복종은 '순종'(온유함)이라는 이상으로, 복수하지 못함은 '용서'라는 이상으로 전복됩니다. 이렇게 순종하고 천박하고 무력한 자들이 자신을 '정의로운 자'라고 부르며, 자신의 행위를 '적에 대한 사랑'이라고도 부릅니다. 선이나 겸허나 용서나 사랑은 애초부터 존재하지도 않았던 것들입니다. 원한의 생리학에 의해 생성된 금욕주의적 이상은 자연적 생의 표현적 본성을 봉쇄하는 '부정'이자, '공허'한 개념들에 대한 '의지'에 다름 아닙니다.

죄와 자기부정

두번째는 자신에 대한 부정의 방향입니다. 원한의 종족을 지배하는 것은 크게 두 가지입니다. 우선 자신의 삶 자체가 힘겹다는 것. 그래서 뭔가를 비난하지 않으면 안 된다는 것. 여기에는 복수의 감정들이 우글거립니다. 문제는 원한이라는 장치를 통해 강자들을 비난하는 것으로는 충분치 않다는 것입니다. 다시 말해 그런 원한 자체도 사회적으로는 커다란 불안의 요소가 되고 궁극적 처방이 되지 않는다는 것입니다. 원한은 실패하고 고통받는 자들의 진통제이지만 그것만으로는 충분치 않습니다. 만약 원한이 궁극적 처방이었다면 다음 단계(유일신의 세계)의 왜곡이 등장하지 않았을 것입니다. 원래 종교란 여러 생리적 고통에 대한 도덕적 처방입니다. 그런데 지역의 토착신 정도가 아니라 유일신(기독교)이 등장했다는 것은 다른 말로 하면 고통이 전반적으로 확산되었고 그것을 제거하는 것이 최고의 과제가 되었다는 뜻입니다.

그렇기 때문에 원한보다 더 효율적인 진통의 방식이 필요합니다. 타자에 대한 비난보다 더 강력하게 감정을 배출하게 함으로써 자신의 고통을 마취시킬 수 있는 기제가 필요한데, 그것이 바로 죄와 벌의 해석학입니다. 니체에 따르면 성직자란 원한의 방향을 변경시킨 자라고 규정해야 합니다. 강자에 대한 저주에서 자신에 대한 저주로. 고통의 원인을 찾는 실패한 자들에게 그 원인으로 실패한 자들 자신의 죄를 제시하는 역할이 금욕주의적 성직자의 것입니다. 나는 이렇게 괴로운데, 이 고통에 대해 누군가 틀림없이 책임이 있지 않겠는가? 이에 대해 금욕주의적 성직자가 답을 합니다. "그렇다. 나의 양이여! 누군가가 그것에 대해서 책임이 있음이 분명하다. 그러나 너, 너 자신이 바로 그 누구에 해당하며, 너만이 그것에 책임이 있다."[3]

그런데 이런 죄의식이 실패한 자들로 하여금 생존하게 하는 힘을 주는 역설이 생겨납니다. 죄의식을 깊이 느낄수록, 참회가 길어질수록 생에 대한 열망도 솟아납니다. 이제 다른 누군가를 비난할 이유가 없어졌습니다. 나의 죄를 고백하고 나의 죄를 규탄하면 이상하게 삶에 대한 의지가 솟습니다. 그런 점에서 금욕주의적 성직자는 삶의 보존하는 힘이자 긍정하는 힘이라 할 수 있습니다. 병적인 동물들을 죄인들로 바꿔 그들의 병든 삶 속에서 삶이 가능하게 해주는 해석술사입니다. 물론 이 세계에 '죄'는 없었습니다. 죄스러움이란 사실이 아니라 생리적 장애에 대한 하나의 해석일 뿐입니다. 니체는 이를 '기독교의 천재적 장난'이라고 부릅니다. 신 스스로 인간의 죄 때문에 자신을 희생하고 채무 변제를 위해 스스로를 지불한다는 천재적 장난. 즉 동물적 본능 자체를 신에 대한 죄로 다시 해석하면서 신에 대한 죄책감을 만들어 낸 것입니다.

이는 성스러운 신이라는 금욕주의적 이상을 세우려는 인간의 의지이고 이 금욕주의적 이상 앞에서 자신의 무가치함을 확인하려는 의지입니다. 자신의 자연적 본성을 부정하고 대신 신이라는 공허한 이상을 의지하는 허무주의적 욕망입니다. 스스

---

3) 니체, 「세번째 논문」, 15절.

로를 구원할 수 없을 만큼 죄가 있고 저주받아야 할 것으로 보는 인간의 의지라고도 니체는 얘기합니다. 그 어떤 벌도 그 죄에는 상응할 수 없기 때문에 오직 스스로 벌을 받아야 한다고 생각하는 인간의 의지는 진정 대단한 망상입니다. 이는 지금까지의 병든 영혼의 역사에서도 가장 커다란 사건이라고 합니다. 왜냐하면 그것은 인간에게서 창궐했던 가장 무서운 병이기 때문입니다. 스스로 죄가 있다고 고문하는 부조리한 밤에 '사랑'을 외치고, 그 사랑에서 '구원'을 외치는 '의지의 착란'이기 때문입니다.

바탕으로서의 금욕주의적 세계

그런데 니체의 논의 중에서 더욱 충격적인 것은 이렇게 부정과 공허에 대한 허무주의적 의지의 바탕인 금욕주의적 이상(종교적이고 도덕적인 이상)이 인간의 모든 영역을 지배하고 있다는 사실입니다. 예술은 예술만의 논리를 갖고 있을까요? 니체는 그런 분과적 영역의 자율성을 인정하지 않습니다. 니체는 바그너의 음악이 기독교적 구원에 무릎을 꿇고 말았던 것도 바그너 자신에게서 기원하는 게 아니라 쇼펜하우어의 철학이 있었고, 또 쇼펜하우어의 기초에는 (잘못 이해된) 칸트가 있었다고 봅니다. 그렇다면 철학이 모든 것의 기초일까요? 세계에 대한 모든 관점과 해석의 바탕이 철학일까요?

불행히도 니체는 철학마저 이미 그 태생적 유래가 '명상적 인간'(종교적 인간)의 가장(위장)을 필요로 했다는 사실을 지적하고 있습니다. 고대 브라만과 같은 종교적 인간들은 자신들의 비활동적이고 사변적이며 비전투적 요소 때문에 언제나 깊은 불신의 대상이었다고 합니다. 이 불신에 대항하기 위해 브라만들은 자신을 고문하는 그런 잔인성과 자기 거세의 방법을 사용했는데, 이를 통해 힘의 감정과 자신감을 얻고 고대의 야만적인 사회에서 생존할 수 있었다는 것이죠. 바로 이런 종교적 인간의 태도를 철학자들도 모방하지 않으면 생존할 수 없었다는 것입니다. 철학자들은 기본적으로 세계를 부정적으로 보고 삶에 적대적이며 감각을 믿지도 않고 관능에서 벗어나 초탈하려는 태도를 갖고 있는데, 이것이 진정 철학의 종교적 기원입니다. 가장 먼저 플라톤이 떠오르는 것은 당연합니다. 철학도 "금욕주의라는 가면이나 분장이 없었다면, 달리 말해 금욕주의적 자기오해가 없었다면 지상에서 존재할 수 없었을 것"[4]입니다. 철학은 태생적으로 이미 금욕주의적 이상의 지배 아래 있습니다.

---

4) 니체,「세번째 논문」, 10절.

심지어 이렇게 표현하는 게 사태를 더 정확하게 표현하는 것이겠습니다. 철학이 금욕주의적 이상으로 가장했다기보다는, 금욕주의적 이상이 철학의 모습으로 출현하고 있다고. 니체는 금욕주의적 이상이 세계 모든 현상들의 바탕이라고 강조합니다. 그것은 철학을 통해 나타나기도 하고, 예술을 통해 나타나기도 합니다. 무신론을 말하는 '과학'은 어떨까요? 니체는 과학조차 금욕주의적 이상의 은폐물이라고 말합니다. 왜냐하면 종교의 근본적 바탕인 '진리'를 믿고 있기 때문이죠. 역사도 예외가 아닙니다. 역사는 언제나 객관적이려 합니다. 즉 철저히 금욕적입니다.

니체가 보기에 인류의 모든 것은 금욕주의적 이상에 의해 지배되고 있는, 그 표현물들입니다. 니체의 '비도덕'과 '반도덕'은 단순히 노예도덕에 대한 비판이 아니라, 철학과 종교와 도덕과 예술과 과학을 지배하는 금욕주의적 이상의 해석술에 대한 비판입니다. 금욕주의적 이상은 인간 자체에 대한 '부정'이며, 삶과 자연에 존재하지 않는 것(가령, 죄와 신), 즉 일종의 '공백'과 '무'에 대한 의지이며, 이런 균열에 대한 욕망에서만 생존할 수 있는 전도된 의지입니다. 그래서 그것은 삶에 대한 적대이자 삶의 근본적 전제들에 대한 반발이라 할 수 있고, 궁극적으로 허무에 대한 의지로 규정됩니다. 니체의 관점에서 보면 공백과 무에 대한 의지는 삶의 요소가 아니며, 설령 그런 것이 삶에 속한다 해도 그것은 언제나 병든 왜곡의 차원에서만 그렇다는 것입니다.

공백과 분열에 대한 욕망

『도덕의 계보』에서는 칸트라는 이름이 두 번 정도 등장합니다. 전반적인 분위기가 칸트는 금욕주의적 이상의 대표적인 철학자이고 허무에 대한 의지에서 그 중심적 인물로 규정되는 듯합니다. 그렇다면 칸트는 과연 그렇게 '도덕적'이고 '금욕적'이고 '허무적'일까요? 칸트에 대한 니체의 규정과 비판을 다시 살펴볼 필요가 있겠습니다.

　　윤리성에 대한 칸트의 규정은 독특합니다. 통상 선악에 대한 규정이 있고, 이 규정에 따라 행위할 때 윤리적이라고 하는데, 칸트는 선에서 출발하는 대신 이성의 원리(정언명령)를 따르는 것만을 선이라고 부릅니다.[5] 이를 도덕에 있어 코페르니쿠스적 혁명이라 할 수 있는데, 태양(선의 내용들, 즉 쾌락들)이 아니라 지구(이성의 원리)가 돌기 때문입니다. 기존의 도덕에서 '선'이란

---

5) 이수영, 『실천이성비판 강의』, 113쪽.

행복과 자기애를 바탕으로 우리의 의지를 규정하는 것들입니다. 이웃을 위한 자선도 그렇고 국가를 위한 봉사도 그렇습니다. 모두 우리를 기쁘게 하는 것들을 바탕으로 선이라는 덕목이 구성됩니다. 그런데 이는 니체의 관점에서 봐도 그렇게 대단한 가치를 갖는 것은 아닙니다. 기본적으로 쾌락이 동인이기 때문이죠.

그런데 사실 문제는 다른 데 있습니다. 이런 도덕 규정에서 이성은 쾌를 주는 대상을 얻기 위한 도구적(합리적) 이성의 수준에 그치게 됩니다. 계산하는 이성이지 이성 자체의 목적에 복무하는 이성이 아닙니다. 칸트에 따르면 이성은 원래 무조건자와 무제약자를 찾는 어떤 숭고한 차원을 갖고 있습니다. 대표적으로 신이 그렇죠. 조건적인 만물의 기원으로서의 무조건자. 이 무조건자에 대한 갈망은, 칸트에게 있어서는 어떤 쾌락으로 인해서 발생하는 것이 아니라 이성 자체의 본성이자 능력으로 설정되어 있습니다. 이성은 이 무조건성에 입각해 우리로 하여금 특정한 행위를 하도록 명령합니다. 쾌락을 준다는 조건이 아니라 오로지 무조건적일 것만을 요구하는 명령이기 때문에 우리의 의지는 쾌락 여부에 입각해 판단할 수 없습니다. 이것이 바로 정언명령의 특징입니다. 쾌/불쾌라는 조건을 넘어 무조건성에 입각해 우리의 의지가 이성적으로 규정될 때 칸트는 그것을 선이라고 말합니다.

우리의 의지가 쾌/불쾌의 차원에서 작동하게 되면 어떤 일이 발생할까요? 질료적 대상에 따라 우리의 의지는 원하거나 원하지 않게 될 텐데, 불쾌는 피하고 쾌는 욕망하는 것이 인간의 자연적 속성이기 때문입니다. 그러나 이때 인간의 자유는 소멸됩니다. 쾌를 찾고 불쾌를 피한다는 것은 자유의 차원이기보다는 거의 본능적이고 기계적인 차원입니다. 그때 인간은 자연적 생명체 이상의 차원을 잃어버리게 됩니다. 칸트에게 인간의 고유한 위상은 바로 자유에 있습니다. 그리고 자유에 바탕을 둘 때만 인간은 윤리성이라는 영역에 진입할 수 있습니다. 쾌/불쾌는 윤리의 조건이 될 수 없습니다. 이런 점에서 보면 칸트는 기존의 도덕이 갖는 질료 중심의 원리를 벗어나 전혀 다른 원리를 윤리에 도입하는 것으로 보입니다.

칸트에 따르면 인간의 의지는 질료적 내용에 좌우되지 않고도 작동할 수 있다고 합니다. 질료(쾌/불쾌의 대상) 없이 의지가 규정되기 때문에 그런 의지는 기본적으로 보편성을 획득할 수 있습니다. 쾌/불쾌에 대한 규정은 사람마다 다를 것이기 때문입니다. 질료적 내용의 제거에도 불구하고 우리가 뭔가를 의지할 수 있다는 것, 이것은 도대체 어떤 것일까요? 대상이 없는데도 우리가 그것을 하기를 원할 수 있는 것일까요? 칸트의 윤리학은 내용(질료)이 제거된 형식의 차원에 집중합니다. 일종의 '공백'

을 바탕으로 의지가 작동한다는 것, 이것이 칸트의 위대한 발견입니다. 형식에 대한 의지, 혹은 형식이 촉발하는 의지, 이것이 그 유명한 정언명령입니다. 너의 의지의 준칙이 항상 동시에 보편적 법칙 수립의 원리로서 타당할 수 있도록 그렇게 행위하라. 네 개인의 준칙을 보편화하라, 정언명령을 요약하면 이렇게 됩니다. 그 어떤 정념도 개입하지 못하도록, 그 어떤 쾌/불쾌의 욕망도 개입하지 못하도록 보편법칙화하라. 자연의 존재가 자연법칙에 지배되듯이 인간은 도덕법칙에 종속됩니다. 그러나 이 종속은 오히려 자유이자 숭고함이라고 칸트는 주장합니다.

그럼에도 불구하고

사실 이 정언적 명령은 이상한 명제입니다. 명령인데도 그 명령의 내용을 구체적으로 규정하지 않고 공백으로 놔뒀기 때문입니다. 다시 말해 어떤 행위를 하라는 구체적 명령이 아니라 그 행위의 형식에 대한 지시에 그치고 만 명령입니다. 그러므로 정언명령은 신탁처럼 반쪽만 말해진 명령이라고 할 수 있겠습니다.[6] 나머지 반쪽은? 그건 주체에게 남겨진 몫입니다. 이것이 칸트 윤리학에서 거의 핵심이라고 할 수 있는 부분입니다. 명령이 그 내용과 더불어 주어진다면 우리는 그 명령에 복종하면 될 것입니다. 그러나 그럴 때 주체에게는 자유라는 게 존재할 수 없습니다. 명령에 복종하는 주체란 이미 '주체'일 수도 없습니다. 데카르트적 주체가 사유와 분리될 수 없는 것처럼 칸트의 주체는 언제나 자유와 분리될 수 없습니다. 하지만 명령이 형식만 갖는다면? 주체에게 부여된 명령의 내용이 없기 때문에 명령에 대한 맹목적 추종이 불가능한 상태가 되었습니다. 추종하지 못하는 상태에 놓였기 때문에 이제 그 내용을 주체 자신이 채워야 하는 것이 됩니다. 어떤 경우에도 주체가 사라져서는 안 되는 명령, 주체의 자유가 절대적으로 확보되는 명령, 하지만 절대적으로 무조건적이어야 하는 명령, 이것이 칸트 도덕법칙의 세계입니다.[7]

얼핏 보면 정언명령의 무조건성과 주체의 자유는 모순적인 것처럼 보이기도 합니다. 그러나 그것은 그저 표면적으로 보이는 현상에 불과합니다. 그리고 니체의 오해는 이 표면적인 차원에 위치하는 것으로 보입니다. 오히려 명령의 무조건성은 주체로 하여금 자유라는 상황에서 도피하지 못하게 하는 무조건성

---

6) 주판치치, 『실재의 윤리』, 252쪽.
7) 이수영, 『실천이성비판 강의』, 5강 「정언명령의 매력」 참조.

으로 나타납니다. 이 명령은 특이한데, 자유로워야 한다는 그런 강력한 명령이기 때문입니다. 자유로워라? 윤리적 상황에 처한 주체는 어떻게든 여러 외적인 원인을 들어 변명하려 합니다. 그리고 우리를 구속하는 외부의 원인들은 아주 많고, 외적인 의무들도 아주 많습니다. 그러나 그런 원인 때문에, 그런 의무들 때문에 우리가 어떤 행위를 한다면 우리는 자유롭지 않은 것이고, 그 때문에 우리는 윤리적이지 못합니다.

주체는 반쯤 말해진 정언명령의 나머지를 채워야 하는 일이 오로지 자신에게 주어져 있는 자유라는 사실을 절박하게 깨달아야 합니다. 그 어떤 변명도 이 순간에서 도피하게 해줄 수 없다는 그런 사실을 깨달아야 합니다. 모든 원인과 사회적 의무들(명령들)이 있을지라도, 그럼에도 불구하고, 철저히 자유롭게 보편법칙에 맞게 선택하고 행위하라. 그런 점에서 칸트의 자유는 아득한 심연과도 같은 그런 것이라 할 수 있습니다. 내용 없는 명령이기 때문에 윤리의 형식은 우리가 그 어떤 선택 상황에 놓일지라도 우리로부터 사라지지 않습니다. 정념의 지배를 받을 때는 그런 정념을 분쇄하는 무자비한 타자처럼 나타나고, 사회적 의무였다는 변명을 내세울 때는 그런 변명을 내파하며 그것조차 주체의 자유였음을 선언하는 명령.

니체의 '약속할 수 있는 동물'(「두번째 논문」)이라는 개념이 있습니다. 이 약속할 수 있는 동물이라는 자연의 과제를 위해 인간의 풍습은 그토록 오랫동안 야만적이었고 잔인했다고 합니다. 그런 오랜 역사적 기억술이라는 공정의 결과 탄생하는 존재가 바로 '주권자적 개체'라고 니체는 말합니다. 그는 어떤 존재일까요? 핵심은 자유입니다. 풍습의 윤리라는 주조 과정 이후 더 이상 윤리를 필요로 하지 않는 철저히 자유로운 존재, 자신의 약속을 철의 명령처럼 준수하는 존재, 오직 자기 자신과만 동등한 존재. 그런데 우리는 이런 주권자적 개체를 바로 칸트적 주체에게서 발견할 수 있다고 생각합니다. 정언명령의 주체는 바로 니체의 주권자적 개체와 다를 바 없습니다. 니체는 자율적인 존재는 윤리에서 벗어나는 존재라고 말하는데, 바로 그런 의미에서 칸트적 주체는 윤리를 초월합니다. 그는 더 이상 사회적 도덕이나 이상적 규범에 갇히지 않습니다. 그에게 윤리가 있다면 오직 자신이 창안해야 하는 윤리일 뿐입니다.

헤겔의 자기의식

그렇다면 헤겔은 어떨까요? 니체는 노예도덕의 '전치'와 '전도'의 병적 부정성을 지적하는데, 사실 이런 변증법적 전환과 전도의 논리야말로 헤겔의 방법론이자 헤겔이 보는 세계 운영의 원리라는 점에서 니체의 공격은 실제적으로 헤겔을 향하는 것으로 보입니다. 주지하다시피 노예적 가치평가와 귀족적 가치평가에서의 주인과 노예의 관계도 헤겔의 『정신현상학』에서 이미 다뤄진 바 있고, 니체가 노예의 것이라고 보았던 '부정'의 원리는 헤겔에게서는 오히려 훨씬 긍정적인 것으로 다뤄지고 있기도 합니다. 이제 헤겔에게서 '무에 대한 의지'가 어떻게 드러나는지 보도록 하겠습니다.

헤겔의 분석에 의하면 인간의 정신이 '의식'에서 '자기의식' 단계로 나아가게 될 때 특징적인 것은 대상의 성격이 바뀐다는 사실입니다. 의식이 '사물'을 그 대상으로 삼았다면 자기의식으로 전환될 때 대상은 '비아'가 된다는 것이죠. 원래 자기의식의 본질은 자신에 대한 확신을 자신의 진리로 확인하고자 하는 것이기 때문에 그것은 특정한 '욕망'의 형식으로 존재하게 됩니다. 그러므로 단순히 외부의 어떤 대상을 의식하는 게 아니라 하나의 실존적 존재로서 실존하는 '나'(자기의식)는 자기의식 바깥의 대상의 자립성을 부정하면서 그것을 자신의 내부로 동화하고 흡수하고자 합니다.[8]

---

8) 코제브, 『역사와 현실변증법』, 71~73쪽.

그렇다고 동화하고 흡수하는 것만으로 자기의식의 욕망이 온전히 충족되는 것은 아니라는 것이 자기의식의 중요한 성격입니다. 자기의식은 단순히 사물이나 다른 생명체를 흡수하는 것만으로는 자신의 본질을 진리로 경험할 수 없습니다. 왜냐하면 흡수된 대상은 더 이상 자기의식을 확증하는 데 도움이 되지 않고 소멸되어 버리기 때문입니다. 따라서 자기의식에게는 언제나 자신의 자기의식을 확증해 줄 타자가 자립하고 있어야 합니다.[9] 하지만 동시에 그 타자는 자기의식에 의해 지양되어야 합니다. 정체성의 확신을 위해 요구된 대상이 소멸되지 않으면서도 자기의식에 의해 지양될 수 있으려면 그 대상은 스스로 부정할 수 있는 다른 '자기의식'이어야 합니다. 헤겔의 표현으로는 이렇게 되겠습니다. "이런 대상의 자립성 때문에 자기의식은 오직 대상이 스스로 자신에게서 부정을 완수할 때에만 만족에 도달할 수 있다." 따라서 "자기의식은 오직 다른 자기의식 속에서만 자신의 만족에 도달한다."[10]

　　더 쉽게 표현하자면, 인간은 동식물이나 사물과 같은 대상

---

9) 자기의식의 관점에서 본다면 타자를 전제하지 않아도 되는 니체의 고귀한 종족의 자기표현이라는 분석은 개념적으로는 문제가 있어 보인다. 타자가 없이도 그것을 '자기'의식이라고 할 수 있을지 의문스럽기 때문이다.

10) 게오르크 빌헬름 프리드리히 헤겔, 『정신현상학 1』, 김준수 옮김, 아카넷, 2022, 176쪽.

으로는 만족하지 못한다는 것이고, 자신을 자기의식으로 인정해 줄 다른 인간을 필요로 한다는 것입니다. 인간에게 자신이 소유한 동식물과 재산이 아무리 많다고 해도 자신을 인정해 줄 수 있는 인간이 없는 한 그의 자기의식은 형성되지 않습니다. 그래서 "자기의식이 자기의식에 대해 있다. 이를 통해 비로소 자기의식이 실로 존재한다."[11] 다르게 표현하면 자기의식은 다른 인간의 승인 속에서만 존재할 수 있다는 말이 됩니다. 그렇다면 승인이란 무엇일까요? 여기서 다른 인간, 즉 타자라는 조건에 대해 더 엄격한 규정이 필요해집니다. 자기의식은 다른 현존하는 대상(인간)에 대한 욕망 속에서는 달성되지 않습니다. 왜냐하면 그런 욕망은 대상의 소멸을 불러오고, 또한 욕망해야 할 대상의 자립성을 다시 경험해야 하기 때문입니다. 타자가 내게 복종한다고 하더라도 그것이 그저 육체적인 수준이라면 나의 자기의식은 충분히 만족될 수 없습니다. 복종하는 타자의 마음이 어떤 것인지 알 수 없기 때문입니다.

따라서 자기의식은 타자에게 분명하게 존재하지만 실존하는 것은 아닌 대상에 대한 욕망을 갖게 되는데, 이것은 곧 '비존재', 즉 무와 관련된 욕망이라고 할 수 있습니다. 자기의식으로

---

11) 헤겔, 『정신현상학 1』, 177쪽.

존재하고 하나의 인간으로 존재하기 위해서는 타자의 사물(육체)을 예속시키는 것이 아니라 대상(정확히는 나)을 향한 욕망을 예속시켜야 하는 것입니다.[12] 타자의 욕망(무)을 욕망하는 운동, 이것이 곧 승인입니다. 자기의식은 이런 타자의 승인을 욕망하고 이를 통해서만 자기의식으로 존립할 수 있습니다. 이 승인의 구조 속에서 자기의식의 존재는 타자에게 욕망할 만한 대상으로 보여야 하며, 타자의 선망의 대상이 되고자 하는 존재로 변화하게 됩니다.

절대적 부정과 추상의 운동

그렇다면 타자와 만난 자기의식이 자신을 타자의 선망(욕망)의 대상이 되도록 할 수 있으려면 어떤 것이 필요할까요? 우선 자기의식(인간)은 "생명의 존재 속에 함몰되어 있는 의식들"입니다. 이런 상태에서는 타자의 욕망의 대상이 될 수 없습니다. 생명에 급급한 존재를 그 누가 경외하고 선망하겠습니까. 그에겐 어떤 부정의 운동이 필요합니다. "이렇게 생명의 존재 속에 함

---

12) 코제브, 『역사와 현실변증법』, 76쪽.

몰된 의식들은 일체의 직접적 존재를 소멸시키고서 오로지 자기동일적 의식의 순수한 부정적 존재가 되는 절대적 추상의 운동을 서로에 대해 완수하지 않았다." 생명에 집착하는 존재의 비루함을 소멸시키고 죽음도 불사할 수 있음을 보여 주는 그런 절대적 부정의 운동이 필요합니다.

각자는 자신이 자기의식을 갖는 존재여야 한다고 확신하고 있겠지만, 그 자기 확신은 타자를 아직 설득하지 못합니다. 타자는 그를 선망해야 할지 확신하지 못하고 있습니다. 그러므로 자신에 대한 확신이 아직 그 진리성을 획득하지 못하고 있습니다. 타자가 갖고 있지 못한 것을 보여 줄 수 있어야 합니다. 그것은 바로 "자신을 자기의식의 순수한 추상"으로 보여 주는 것인데, 이 말은 "스스로를 자신의 대상적 양식에 대한 순수한 부정으로 보여 주거나 또는 그 어떤 특정한 현존재에도 얽매여 있지 않다는 것을, 즉 현존재 일반의 보편적 개별성에, 다시 말해 생명에 얽매여 있지 않다는 것을 보여 주는 데에 있다"는 겁니다.

생명을 소멸시키는 이 부정의 운동이야말로 진정 "절대적 추상의 운동"이라 할 수 있습니다. 생생하게 날뛰는 것들을 회색의 개념으로 포획할 때 차가운 부정의 추상이 만들어지는 것처럼 말이죠. 그렇다면 자신을 "대상적 양식에 대한 순수한 부정"으로 만드는 것은 어떤 것을 필요로 할까요? 한마디로 "생사를 건 투쟁"입니다. 내가 생명에 종속된 그저 볼품없는 동물에 불과한 존재가 아니라 그 모든 자연적 실존을 팽개칠 수도 있는 고귀한 의식이라는 사실을 보여 줘야 하는 것입니다. "자유가 입증되는 것은 오직 생명을 거는 일을 통해서만 이루어진다"[13]는 것이죠.

생명을 걸 정도로 자신을 던져 버린 존재는 자립적 의식이 되고, 그렇지 못하고 죽음 앞에서 물러선 자는 비자립적 의식이 됩니다. 그 유명한 주인과 노예의 탄생 장면입니다. 인간의 자기 확신은 생사를 건 투쟁을 요구하고, 이는 욕망이라는 '공백'을 욕망하는 것에 의해 추동된 것이었습니다. 부정(공백에 대한 욕망)은 부정(생사를 건 투쟁)의 운동을 요구하고, 이를 통해 자유의 의식이 탄생하는 것입니다. 그런데 여기서 반전이 발생합니다. 주인은 분명 자립적 의식이지만 이제 노예에게 자신의 자립성을 승인받게 되었습니다. 주인 앞에서 주인을 승인해 줄 존재가 동물과 다를 바 없이 생명에 집착하는 한낱 피조물인 것입니다. 따라서 주인의 "진리는 오히려 비본질적 의식과 그것의 비본질적 행동"[14]입니다. 위대한 현자가 무식자의 인정을 받아야 되는

---

13) 헤겔, 『정신현상학 1』, 182~183쪽.
14) 헤겔, 『정신현상학 1』, 187쪽.

상황을 생각하면 정확하겠습니다. 주인은 분명 자립적 의식이라는 자신의 진리를 갖고 있었지만, 노예의 인정을 받아야 하는 순간 자신이 자립적이지 못하고 주인으로서의 본질도 갖고 있지 못하다는 정반대의 인식에 사로잡히고 맙니다. 주인의 딜레마가 이것입니다. 반대로 노예의 예속은 자기 차례에서 참다운 자립성으로 전환됩니다. 변증법적 전도가 연속적으로 발생하고 있습니다.

그렇다면 예속의 본질은 무엇일까요? 예속된 존재(노예)의 진리는 주인이라는 자립적 의식입니다. 이 말은 아직 노예에게 실현되지 않은 진리이긴 하지만 앞으로의 과정이 그렇게 만든다는 뜻입니다. 왜냐하면 예속된 노예는 주인이 갖는 그런 자립성, 다시 말해 "순수한 부정성"과 '자유'를 이미 자신 안에 갖고 있고 경험했기 때문입니다. 노예는 주인과의 생사를 건 투쟁을 통해 어떤 공포를 맛보게 되는데, 이때의 두려움은 단순한 두려움이 아닙니다. 그것은 이미 "절대적 주인인 죽음의 공포"를 통해 "자신의 본질 전체에 관한 두려움"으로 경험되었고, 따라서 "죽음의 공포 속에서 그는 내면적으로 해체되었고, 자기 자신 속에서 전율하였으며, 고정되어 있던 모든 것이 그의 안에서 뒤흔들"립니다.[15] 노예는 주인 앞에서 느낀 죽음의 공포 속에서 자신의 생에 대한 집착이 무의미하다는 사실을 깨닫는 새롭게 각성된 인식에 도달하기 때문입니다. 생명체에서 순수한 의식으로 존재하는 절대적 추상의 세계를 획득하는 셈입니다. "고정되어 있는 모든 것이 그의 안에서 뒤흔들렸다"는 것, 다시 말해 "존립하는 것 일체의 절대적 유동화"는, "순수한 대자존재", 즉 자립적 자기의식의 탄생을 불러옵니다.

인간 본질로서의 '무'

부정의 운동은 이것만이 아닙니다. 생명을 버리지 못하고 생명에 집착한 노예는 당연히 주인에게 자신의 노동을 통해 봉사해야 하는 존재가 됩니다. 노예제의 탄생입니다. 그렇다면 노동의 본질을 헤겔은 어떻게 파악하고 있을까요? "노동은 억제된 욕망, 지연된 소멸이다. 또는 노동은 형성한다"[16]고 합니다. 대상을 순수하게 부정해 버리는 욕구는 자기만족을 주긴 하겠지만 뭔가를 형성하는 힘은 없습니다. 동물의 상태가 전형적으로 이런 것입니다. 동물들에게 향상이 없는 것은 언제나 대상을 순수

---

15) 헤겔, 『정신현상학 1』, 188쪽.
16) 헤겔, 『정신현상학 1』, 189쪽.

하게 부정만(섭취만) 하기 때문입니다.

그러나 노동은 다릅니다. 노예는 자신의 필요를 위해서 노동하는 존재가 아닙니다. 그는 주인을 위해 대상을 가공해서 바쳐야 하기 때문에 생물학적 욕구를 억제해야 하고, 그래서 자연스레 대상의 소멸을 지양해야 합니다. 이것이 바로 노동 속에 존재하는 '부정성'입니다. 노동의 '부정성'은 대상의 형식이 되고 대상을 형성하게 만듭니다. 이렇게 노동하는 가운데 노예는 동물적 필요에 종속된 자연적 존재에서 탈피하면서 자신을 사유하고 설계하고 계산하는 고차원적 의식으로 만들어 가게 됩니다. 결국 그는 자신을 자립적 존재로 인식하게 되는 것입니다.

노예를 주인으로 전환시킨 것은 '부정성'이라는 본질입니다. 생명과 차안에 대한 집착을 파괴하는 죽음의 공포라는 부정성이 그를 전율하게 했으며, 노동이라는 지속적 부정성이 필요에 종속된 동물적 존재로부터의 탈피를 도왔습니다. 이 두 가지 부정성의 운동은 노예를 자립적이고 대자적인 존재로 형성하는 동력으로 작동하고 있습니다. 헤겔은 이 공포와 노동이라는 두 가지 요소가 반드시 동시에 필요하다고 말합니다. "봉사와 복종의 훈육이 없다면 공포는 형식적인 것에 머물러서 현존재의 의식적 현실성 너머로 확산하지 못한다. 형성행위[노동 ─ 인용자]가 없다면 공포는 내면적이고 침묵으로 남아서 의식이 그 자신에 대해 존재하지 못하게 된다." 부정으로서의 노동은 공포가 뒤흔들어 만들어 낸 내면의 유동성을 현실적인 것으로 전환하게 하는 데 있어 필수적입니다.

하지만 노동만으로는 안 됩니다. 노동의 부정은 근본적인 부정 하나를 필요로 하는데, 그것이 바로 모든 생명에 대한 것들을 휩쓸어 가는 그 추상적이고 절대적인 죽음에 대한 공포입니다. 이 근본적인 부정, 즉 자신을 '무'로 만들어 버리는 부정 없이 노예가 노동만으로 자신을 주인의 자립적 의식으로 바꿀 방법은 없습니다. 존재 전체를 뒤흔드는 "즉자적 부정성"이 있어야 합니다. "의식이 첫번째 계기인 절대적 공포 없이 조형행위만 한다면 그는 단지 허황된 자신만의 고유한 의미에 불과"합니다. "왜냐하면 그의 형식이나 부정성은 즉자적 부정성이 아니기 때문"[17]입니다.

죽음의 공포는 노예로 하여금 자신이 언제든 죽을 수 있는 하찮은 존재(무)라는 사실을 각인시키고, 아직 죽지 않았다고 하더라도 그것은 그저 지양된 무에 불과한 존재라는 사실을 각인시킵니다. 이렇게 하여 노예는 공포를 통해 인간의 본질이 결국 '무'라는 사실을, 인간의 숭고한 본성에 생명 속에 파묻힌 존재

---

17) 헤겔, 『정신현상학 1』, 191쪽.

와의 결별이 숨어 있음을 파악하게 되는 것입니다. 인간이 동물적 단계를 뛰어넘을 수 있는 이 '무'에 대한 경험이야말로 인간성에 대한 본질적 규정이 됩니다. 이를 바탕으로 노동이 활동합니다. 노예는 타자를 위한 강제적인 예속적 노동 속에서 자신의 필요를 억제하는데, 이는 어떤 만들어야 할 것, 즉 관념적이라서 '무'라 불러야 하는 것을 바탕으로 자연적인 것을 변화시키는 과정입니다. 이를 통해 자연적인 생물학적 욕구 속에서 벗어나고 자연 전체를 특정한 추상적 표상 속에서 비자연적인 것으로 변화시키게 됩니다. 결국 노예가 자립적인 자기의식으로 전환되어 가는 과정은 인간의 본질을 '무'와 '부정' 속에서 포착해 가는 과정에 다름 아니라 할 수 있습니다. 헤겔은 이 무와 부정이야말로 인간의 본질이라고 규정했던 셈이고, 그런 점에서 니체는 헤겔의 근본적 적대자였던 셈입니다.

7강 _ '운명애'에 필요한 것들

1882년 1월 1일 스위스 제네바에서 니체는 새해 소망이 하나 있다면 그것은 '필연적인 것을 아름답게 보고 운명을 사랑하는 일'이라고 합니다. 운명애(Amor fati). 『즐거운 학문』(1882) 4부가 이렇게 시작됩니다. 여기서 그는 앞으로 '운명애'가 자신의 사랑이 될 것이며, 추한 것과는 비난도 전쟁도 않고, 심지어 비난하는 자도 비난하지 않겠으며, 유일한 부정이 있다면 그것은 눈길을 돌리는 정도에 그칠 것이라고 말합니다. '운명을 사랑한다?' 그것은 어떻게 가능한 것일까요? 필연적인 것을 아름답게 보는 일은 어떨까요? 비난도 부정도 하지 않는 일은 또 무엇일까요? 운명애, 아름다운 말인 건 틀림없고 쉬워도 보이지만, 알고 보면 쉽지 않은 개념입니다. 그렇다고 이 개념을 풀 단서가 없는 건 아닙니다.

1882년이면 자신의 고유한 발견이라며 자부했던 '영원회귀'의 사유가 번개처럼 니체의 정신을 관통한 때이고, 때마침 장소도 스위스입니다. 저 천박한 인간들, 그리고 그 인간들의 시간과 6천 피트나 거리를 둔 드높고 맑은 실스마리아의 실바프라나 호수 옆입니다. 그리고 그 호수를 거닐며 떠오른 영원회귀 사상은 사실 차라투스트라의 근본 개념이기도 합니다. 영원회귀라는 심오한 형식의 사상으로 무장한 나이 마흔의 차라투스트라가 마침내 자신의 가르침을 설파하기 위해 인간 세상으로 내려가는 '비극'은 『즐거운 학문』 4부 마지막(342절)에 등장합니다. 『즐거운 학문』을 쓰면서 차라투스트라에 대한 구상을 계속 해나가고 있었던 것이죠. 그러므로 운명애와 영원회귀는 중요한 관련성이 있다는 뜻입니다. 그런데 차라투스트라가 그렇게 지상으로 내려가기 직전에 등장하는 것이 바로 '최대의 짐(무게)'이라는 장(341절)입니다. "이 삶이 무수히 반복되어도 다시 살기를 원하겠는가" 하는 악령의 질문처럼 무거운 질문이 없다는 것입니다. 차라투스트라는 바로 세상에서 가장 무거운 이 질문(the heaviest burden)을 들고 인간 세상으로 내려갔던 것입니다.

그러고 보면 니체의 운명애라는 말은 답이 아니라 질문이었다고 봐도 좋을 것입니다. 운명을 사랑할 방법이 있는가? 미래에 있을 일이라면 내 의지로 어떻게 해볼 수도 있을 텐데, 변화시킬 수도 없고 없앨 수도 없는 그 고달픈 과거마저 사랑하라고? 운명애는 '반복'이라는 중요한 철학적 개념을 문제 삼게 합니다. 그리고 이 반복은 플라톤의 '상기'와도 연결되고 키르케고르의 (실존적) '반복' 개념과도 연관성이 있어 보입니다. 강의 내용을 간략히 보자면, 니체의 '영원회귀' 개념이 요구하는 것이 무엇이며, 그것은 플라톤이나 키르케고르와 어떤 차이점을 가지며, 그들이 '반복'이라는 개념을 사유하려 했던 이유는 무엇이었던가 하는 점이 되겠습니다. 물론 여기에는 니체가 칸트와 대결하려 했던 중요한 맥락도 있습니다.

가능성에서 파생되는 부정

『도덕의 계보』 제2논문(14절과 15절)을 보면, 선사시대적 풍토에 대한 니체의 분석에서 특징적인 것은, 어떤 '범죄'가 발생했다고 해도 재판관이나 집행관들이 그들을 '죄인'으로 다루지 않았다는 사실입니다. 범죄자는 죄인 아닌가요? 죄인으로 다루지 않았다는 것은 무엇을 의미할까요? 선사시대에 그들은 그저 '손해'를 일으킨 자였지 '죄'를 지은 자가 아니었고, 따라서 그 끼친 손해만큼의 형벌이 가해졌을 뿐이며, 이처럼 범죄와 형벌은 등가적 교환이 가능한 것이었다고 니체는 주장합니다. 여기서 중요한 것은, 현대적 의미의 범죄라는 개념과 선사시대의 범죄라는 개념 사이에 존재하는 엄청난 차이를 니체가 강조하고 있다는 사실입니다. 선사시대에는 범죄의 발생을 '죄'도 '책임'도 없는 어떤 '사실'이나 '숙명'으로 이해했다고 하며, 그래서 손해라는 '물질적 사실'이 발생한 것처럼 이해했고 동시에 형벌은 '숙명'처럼 적용되었다고 합니다. 숙명이나 사실로 죄를 이해한다는 것은 무슨 뜻일까요?

따라서 다음의 구분은 상당히 중요합니다. ① '이런 일(범행) 때문에 생각지도 못한 나쁜 사태가 벌어지고 말았구나' 하는 느낌, 즉 신중하지 못했다 하는 낭패감. ② '이런 일(범행)을 하지 말았어야 했는데' 하는 후회와 죄책감. 둘은 비슷해 보여도 완전히 다른 것이라고 니체는 강조합니다. ①의 경우는 상황이 계획대로 진행되지 못하고 예외적인 사건이 발생했다는 느낌입니다. 조금만 신중했다면 이렇게 발각되지 않았을 텐데 하는 낭패감을 표현하는 것으로서 선사시대 범죄에서 발견될 수 있는 주된 감정입니다. 그러나 ②는 해서는 안 될 일을 했다는 현대적인 죄의식의 느낌을 포함하고 있는 감정입니다. 이것이 바로 양심의 가책과 연결되는 감정의 기원이 됩니다. 양심의 가책은 이미 발생한 과거의 사건에 대해 그것을 물질적 사실처럼 수용하는 태도(사태를 수용하면서 조금만 신중했다면 걸리지 않았을 텐데 하고 생각하는 것)와 달리, 이런 사건이어서는 안 되고, 달리 했어야 하고 달리 할 수도 있었는데 그러지 못했다는, 과거의 시간과 사건에 대한 '부정'에 기반합니다.

그렇다면 여기서 문제가 되는 것은 이 '부정'의 태도에 있다고 할 수 있을 텐데, 이것이 어떤 조건에서 성립할 수 있는지 알아보겠습니다. 잘 살펴보면 이 '부정'에는 근본적으로 '가능성'이라는 개념이 전제되어 있음을 알 수 있습니다. 후회나 죄책감은 이런 가능성을 바탕으로 발생할 수 있는 감정입니다. 어떤 일이 발생했습니다. 그런데 그 후회가 대상으로 하는 것은, 그렇게 발생한 일과는 다른 가능성이 있었다는, 그런데 그런 가능성을 내가 놓쳤다는 사실입니다. 지금의 일은 다른 가능한 것의 발생을 가로막은 것으로서 부정해야 할 대상이 됩니다. 이처럼 사건의 필연성 내에 가능성이 개입하면 필연성 자체에 대해 부정적이고 병적인 반응이 생겨나게 되는데, 원한이나 복수, 양심의 가책과 같은 개념들이 모두 그런 것들입니다.

이는 기본적으로 현재의 자신과는 다른 존재가 되고 싶다는 소망, 하지만 그럴 수 없다는 절망이 결합된 실존 방식을 갖는 자의 감정입니다. 현재의 필연성이 하나의 가능성으로 전락할 때 다른 존재가 될 수 있다는 공허한 희망이 솟는 것입니다.

하지만 그럴 수 없는 것은 기정사실이고, 그리하여 내가 나 자신인 것에 대해 진저리가 날 때 그런 자기경멸의 늪에서 타자에 대한 부정과 자신에 대한 부정, 여러 병적 반응들이 나타나는 것입니다. 니체가 병적이고 부정적인 것이라고 부르는 모든 것들은 기본적으로 어떤 다른 세계의 가능성이 전제되었을 때 발생하는 것들입니다. 현실적으로 주어진 모든 것들이 결코 전부일 수는 없다는 사유, 다른 가능한 것들이 분명 있다는 사유, 이것이 가능성에 의해 가능해지는 사유이며, 여기서 현실적인 것에 대한 숙명적 수용이 아닌, 체념적 부정과 절망적 왜곡이 발생하게 됩니다.

자유와 악

원한과 복수심을 낳는 다르게 되고 싶은 소망은 『차라투스트라는 이렇게 말했다』에서는 '의지의 통한'(teeth-gnashing)이라는 것으로 변주되어 등장합니다. 2부 「구원에 대하여」라는 장에서, 의지가 가장 괴로워하는 것은 시간이 뒤로 흐르지 않는다는 것, 다시 말해 과거에 있었던 일은 자신의 의지로 다시 굴릴 수 없는 돌덩이라는 사실입니다. 과거에 일어나 버린 일은 아무리 의지가 강력할지라도 새롭게 바꿀 수도 없고 의지의 힘으로 손을 쓸 수도 없는 그런 일이 되고 맙니다. 이때 무슨 일이 발생할까요? 시간을 되돌릴 수 없으니 모든 과거와 시간에 대해 복수의 정신으로 무장하고 인간적인 모든 것을 저주하는 정신이 된다는 것이 니체의 분석입니다. 개념적으로 분석해 보자면 두 가지를 확인할 수 있는데, 의지의 통한은 ①먼저 과거를 바꾸고자 하는 주체의 태도를 전제하고 있고, ②발생한 것과는 다른 가능성의 존재를 인정한다는 사실입니다. 가능성이라는 개념, 그리고 과거에 대한 부정이라는 개념, 자유로운 주체라는 개념은 우리를 칸트의 『실천이성비판』으로 데려갑니다. 칸트는 여기서 시간의 지배를 받는 현상계와 시간의 예외 지대인 예지계를 나누고는, 기존의 형이상학이 시간상에서 사물의 실존이 규정되는 자연필연성의 세계를 예지계까지 확장함으로써 자유가 설 자리가 없어졌다고 주장합니다.[1]

　자연필연성의 세계에서는 한 시점에서 일어난 행위는 필연적으로 그보다 앞선 시간에 있었던 것의 조건 아래 있게 됩니다. 그러면 당연히 인과의 지배만 생길 뿐 자유는 자리할 수 없습니다. "지나간 시간은 더 이상 나의 지배 아래 있지 않으므로 내가

---

1) 이수영, 『실천이성비판 강의』, 162~169쪽 참조.

행한 모든 행위는 나의 지배 아래 있지 않은 규정 근거들에 의해 필연적일 수밖에 없는 것이다. 다시 말해 나는 내가 행위하는 그 시점에서 결코 자유롭지 않다."[2] 자유와 필연은 서로를 배제하는 구조를 갖습니다. 이 구절에서 우리는 니체의 의지의 통한이 아마도 칸트를 겨냥한 게 아닌가 하고 추측하게끔 합니다. 하지만 니체가 이런 칸트의 구도를 그대로 받아들이는 것은 아닙니다.

이 자연필연성의 세계에서는 등장할 수 없는 자유를 위해 칸트는 어떤 개념을 도입할까요? 우선 시간의 관점에서 생각해 보면, 우리가 어디에 있든 우리는 이전의 시간과 함께 있기 때문에 결코 자유로울 수 없습니다. 여기서 니체가 말하는 의지의 통한이 생겨나는 것은 당연합니다. 그렇다고 칸트가 자연필연성의 법칙 안에 어떤 예외를 인정하면서 삶을 맹목적 우연에 내맡기는 것도 아닙니다. 대신 칸트는 시간의 지배를 현상계에 국한시키면서 시간의 지배 바깥을 설정하는데요, 이곳이 바로 예지계입니다. 그러므로 자유는 '물자체'에 속하는 일이 되는 것입니다.

이렇게 해서 칸트는 자유의 문제를 해결합니다. 주체의 자

---

2) 칸트, 『실천이성비판』, A169.

유와 공존할 수 없는 자연필연성은 시간 조건들 아래에 있는 '현상'으로서의 행위 주체의 규정들에만 부착해 있게 됩니다. 여기서 주체는 자신의 지배 아래 있지 않은 것(즉 시간) 안에 있게 되고, 인과적 지배에 예속됩니다. 하지만 동시에 자신을 물자체로 의식하는 동일한 주체는 자신의 현존을 시간 조건들 아래에 있지 않고 이성 자신에 의해 부과되는 법칙들에 의해서만 규정될 수 있는 것으로 고찰하게 됩니다. 그래서 심지어 악, 그야말로 거의 본성에서 나온 것처럼 잔인한 악조차 칸트는 자유의 표현이라고 말합니다. 그 악이 지나간 현상으로서는 이전 시간의 삶에 영향을 받은 필연적인 것이라고 해도 그런 행위를 하지 않을 수도 있었다고 칸트는 주장합니다. 즉 그 악은 주체의 자유에 의한 선택이라는 것이죠.

폐기된 물자체

그러나 현상계와 예지계를 나누고 물자체를 보존하면서 자유를 확보하는 칸트의 해결책을 니체는 받아들이지 않는데, 왜냐하면 이를 통해서 자유가 확보되기보다는 오히려 병적 의지가 더 활성화된다고 생각하기 때문입니다. 물자체라는 세계의 설정

자체가 일종의 자유의지의 주체라는 개념이나 이 세계와 다른 질서의 가능성이라는 문제를 계속해서 야기한다고 니체는 파악하고 있는 것입니다. 정확히 말해서, 의지의 통한(칸트식으로는 내 지배 아래 있지 않은 시간, 그래서 자유롭지 않은 나) 자체가 이미 예지계적인 자유를 전제할 때만 가능하다고 니체는 생각하는 것입니다. 의지의 통한은 가능성(다른 세계)을 전제한 상황에서 발생하는 가짜의 감정이고 날조된 감정이라는 것입니다. 우리가 자연의 지배로부터 자유롭다면 언제든 필연적으로 발생한 것에 대해서도 복수심을 품을 수 있을 것이고, 다른 세계가 가능하다면 이 세계에 대한 저주에 빠지지 않을 수 없을 것입니다.

따라서 칸트를 겨냥한 의지의 통한에 관한 장은 사실 칸트의 구도를 수용한 것이라기보다는 그 구도의 전제 자체가 오류라고 비판하는 것이라 볼 수 있겠습니다. 정리하자면, 니체의 생각은, 의지의 통한이 발생하는 이유는 칸트가 물자체를 온존시키고 있기 때문이라는 것입니다. 물자체가 있다면 이 필연적 세계만을 수용하고 인정할 필요가 없으니 다른 세계도 가능하고, 그런 가능성 아래서 과거에 발생한 필연적 숙명조차 거부하고 부정하려고 하는 상태에 빠지게 됩니다. '왜 이런 일이 발생했는가? 다르게 될 수도 있었을 텐데.' '왜 나는 이런 존재인가? 다른 존재로 태어날 수도 있었을 텐데.' 이 순간 의지는 원한과 복수심에 빠지게 됩니다. 존재하고 존재했던 것 전체가 꼭 전부는 아니라는 사유, 이 세계 안에 물자체라는 세계 외부의 지점을 개입시킬 때 바로 원한과 복수심이 생겨난다고 니체는 파악합니다.

그렇다면 이 세계에서 자유의지와 가능성이라는 개념을 제거해 봅시다. 즉 물자체를 폐기해 버립시다. 그렇다면 무엇이 남나요? 과거에 존재했고 현재에도 존재하는 것들, 즉 이 세계입니다. 존재하는 것을 존재하지 않는 것에 비추어 사유하지 않기 때문에 존재하는 것은 결코 부정될 수 없습니다. 존재하는 것이 전부입니다. 이제 이 전부를 그대로 인정하고 수용하는 일만이 있을 수 있습니다. 바로 이것이 니체가 '해방하고 구원하는 권력의지'라고 하는 것입니다. 이 해방의 의지가 굴릴 수 없는 과거의 돌을 초인적 의지로 굴릴 수 있는 능력이라는 뜻이 아니라, 초인적 의지를 등장시키는 것이 이미 굴릴 수 없는 돌이라는 가정 아래서 만들어졌다는 것입니다. 아렌트의 분석에 따르면, 니체가 파악한 이 세계는 사물 속에서 의미 없이도 지낼 수 있을 만큼 충분한 의지의 힘을 가졌고, 무의미한 세계에서 삶을 영위할 정도로 견뎌 낼 수 있는 피조물을 위한 적절한 거처라고 합니다.[3] 그러므로 이 세계를, 있었던 모든 것을 그대로 받아들일 필

---

3) 아렌트, 『정신의 삶 : 사유와 의지』, 549쪽.

요가 있습니다.

그런데 그렇지 못하고 왜 이 세계가 그렇게 무거운 돌이 되었고, 굴릴 수 없게 되었으며, 그것을 굴리고자 애를 쓰는 것일까요? 물자체 때문입니다. 다른 세계를 전제했으니 필연성의 세계가 굴릴 수 없는 돌이 된 것입니다. 이것이 『즐거운 학문』에서 가장 무거운 짐으로 묘사된 그런 세계입니다. 악령이 고독 속에 있는 내게 찾아와 속삭입니다. 지금까지 살아왔던 이 삶을 다시 살고, 반복해서 살아야 한다고. 모든 고통과 쾌락과 근심과 모든 것들이 아무런 새로운 것 없이 그대로 반복되어야 할 텐데, 그래도 너는 이런 삶을 살고 싶으냐고. 이 동일한 것의 영원회귀를 말하는 악령을 저주할 것인가, 아니면 그의 이야기를 신성한 것으로 들을 것인가? 동일한 이 세계, 그것도 영원히 반복되는 이 세계가 굴릴 수 없는 무거운 돌덩이로 느껴진다면 우리는 가능성(물자체)의 관점에서 삶을 대하고 있다는 뜻이고, 그래서 악령의 말을 저주하는 것입니다. 이런 저주는 삶에서 발생했던 모든 것을 그것 자체로 수용하지 못하고 있음을, 다른 세계를 꿈꾸고 있음을, 그래서 결국 어떤 분노와 저주와 원한을 남모르게 갖고 있음을 폭로하는 것입니다. 그렇다면 반대로, 그것을 신성한 얘기로 들으려면? 권력의지라는 문제를 조금 더 살펴봐야 합니다.

과잉으로서의 권력의지

권력의지란 무엇일까요? 니체가 보기에 존재했고 존재하고 존재할 것에 대해 가능성을 바탕으로 부정하는 논리가 바로 자유의지라는 개념으로 표현됩니다. 그렇다면 니체는 의지의 자유를 부정하는 것일까요? 제가 보기에 가능성을 바탕으로 하는 자유, 물자체를 전제하는 자유의지는 없다는 것이 니체의 핵심인 것으로 보입니다. 그러므로 니체의 권력의지는 기본적으로 어떤 가능성을 바탕으로 한 개념이 아닙니다. 자유의지에 기반한 권력의지가 아닙니다. 그렇다면 니체는 결정론자인가요? 즉 결정된 인과를 의지적으로 받아들이라는 말일까요? 그러나 니체는 인과적 결정이나 법칙에 대해 그것은 세계를 이해하기 위한 관습적 허구에 불과하다고 비판합니다. 그것은 세계의 본질에 대한 설명이 아니라 대중들의 감각주의에 영합하는 허구적 장치에 불과하다는 것입니다. 대중적 감각주의의 대표적인 예로는 원자론이 있습니다. 물질의 최소 단위에 대한 대중적 이미지인 원자론은 그렇게 쉽게 이해되기 때문에 사실은 우리의 사유에 있어 많은 문제를 일으켰습니다.

세계는 다양한 힘들의 결합과 분리에 따른 수많은 흐름들의 집합이기 때문에 단일한 원인을 고정할 방법이 없습니다. 따라서 일정한 외적 원인에 따라 결정되는 결과와 같은 이미지는 철저히 대중적입니다. 우리는 사실 결과의 관점에서 원인을 사후적으로 그리고 인위적으로 가정할 수는 있지만, 그렇다고 그 원인이 애초부터 그런 결과를 낳지는 않습니다. 진화론적인 과정 속에서 생명이 창조되고 변형되는 상황을 생각하면 이해하기 어렵지 않습니다. 생명체의 어떤 새로운 형태도 특정한 원인에 의해 결정된 결과가 아닙니다. 베르그송은 차라리 특정한 문제에 대한 어떤 해결책으로 보자는 주문을 내세우기도 합니다. 이론적인 것은 그 정도 하더라도 하여튼 이런 결정론은 실천적으로도 문제인데, 가령 '사회주의적인 동정의 도덕'처럼, 모든 것에 대해 사회나 과거에 책임을 전가하는 어떤 노예적인 동정의 도덕을 낳을 수 있다고 니체는 비판합니다.

자유롭지도 않고 그렇다고 인과적이도 않은 의지, 그것이 바로 권력의지라고 생각됩니다. 이해하기는 어렵지만 개념적으로는 그렇게 구성할 수 있겠습니다. 인과적이지는 않기 때문에 카오스적일 수 있고, 자유의 공간이 없기 때문에 결정된 카오스일 수 있습니다. 카오스적인 비자유의 세계. 저는 원인의 외재성과 자유의 내부성 모두에서 벗어난 세계, 이것이 바로 권력의지의 세계라고 해석하려고 합니다. 세계는 내부적으로 철저히 필연적인데, 그렇다고 그런 필연성을 결정하는 외적인 원인은 없습니다. 필연성은 인과적 결정은 아닙니다.

　이 지점에서 니체는 스피노자와 갈라서는 것 같습니다. 권력의지는 이렇게 세계의 비인과적 필연성에 근접한 원리이고, 그저 권력이나 지배를 '원하는' 그런 주관적 의지 차원에 그치지 않는 원리입니다. 권력의지는 다른 세계라는 것 자체를 조금도 요구하지 않는 의지이고 발생한 모든 것과 일치된 의지입니다. 권력의지는 "생의 거대한 과잉"을 상징하고 풍요를 상징하는 의지입니다. 권력의지는 "삶 자체의 과잉에 대응하"는 의지이므로 "삶이 있는 곳에서는 의지 또한 있"습니다. 이는 "삶에의 의지가 아니라 힘에의 의지"입니다. "넘쳐흐르고 낭비적인 의지의 사치스러움과 무분별함은 모든 과거와 현재를 넘어서 미래를 가능하게 합니다."[4] 가공할 의지이지만 이것이 바로 권력의지의 세계입니다. 그렇다면 이런 세계의 운동 원리는 어떻게 될까요? 그리고 그런 세계는 왜 악령의 질문과 같은 '동일한 것의 반복'을 요구하는 것일까요?

---

4) 아렌트, 『정신의 삶 : 사유와 의지』, 547~548쪽.

순환하는 시간?

이 지점에서 좀 이상한 게 있습니다. 니체는 언제나 자신을 모든 것의 생성을 얘기하는 철학자 헤라클레이토스의 후계자라고 생각했습니다. 그런데 어찌하여 같은 것의 영원회귀와 반복이라는 불변의 이미지를 자신의 최고의 사유, 즉 "심연의 사상"이라고 말하는 것일까요? 아무리 봐도 모순적이지 않은가요?

『차라투스트라는 이렇게 말했다』 3부 「환영과 수수께끼에 대하여」에 등장하는 것이 바로 이 영원회귀라는 심연의 사상입니다. 간단히 요약하면 이렇습니다. 여기 하나의 출입구가 있는데, 이 출입구는 두 개의 얼굴(길)이 하나로 합쳐지는 지점입니다. 뒤로 가는 길도 영원으로 이어지고, 앞으로 나아가는 길도 영원으로 이어집니다. 그러자 중력의 난쟁이가 나타나 이죽거립니다. 맞다, 직선이라는 건 거짓이고, 진리는 원래 곡선이며, 시간도 하나의 원처럼 둥글다고. 차라투스트라가 말했던 것을 난쟁이가 그대로 말했는데도 차라투스트라는 화를 내며 이 악령의 말을 반박하려 합니다. 왜 그럴까요?

차라투스트라는 자신의 영원회귀의 사상이 오해되고 있다는 느낌을 지울 수 없었던 것입니다. 그것은 그저 둥근 원이 아니며, 존재했던 모든 것은 과거에 영원히 존재했고, 미래에 존재할 것도 영원히 존재할 것이라고. 그런데 이런 말 속에서도 우리는 둘의 차이를 포착하기가 쉽지 않습니다. 난쟁이의 말이나 차라투스트라의 말이나 그게 그것 같아 보입니다. 영원회귀는 둥근 원과 같은 회귀가 아닌가요? 차라투스트라는 그런 회귀는 아니라고, 그렇게 자연의 순환과 같은 느낌의 것은 아니라고 말하면서, 갑자기 '순간'(찰나, moment)이라는 것에 대해 말하기 시작합니다.

모든 사물이 이미 영원히 있었다면 이 순간도 이미 있었어야 하며, 이 순간이 모든 올 것들을 단단히 끌고 오게 되어 있다고. 그래서 우리는 회귀해야 하고, 그것도 영원히 회귀해야 하는 것이라고. 그러나 차라투스트라의 말만으로는 이 회귀의 의미를 포착하기 어렵고, 동시에 난쟁이의 순환적 회귀처럼 이해될 소지가 없는 것도 아닙니다. 느린 거미든 달빛이든 모든 것들이 다시 돌아온다고, 그러니 그것을 받아들여야 한다고. 약간 숙명론처럼 느껴지기도 합니다. 어쨌든『차라투스트라는 이렇게 말했다』에서 이 문제 자체를 풀기는 어렵습니다. 아쉽게도 이 텍스트는 거의 답을 주고 있지 않습니다. 그저 상징과 비유만 가득할 뿐입니다.

'순간'이라는 문제

니체가 갑자기 등장시켰던 저 '순간'이라는 개념은 그리 단순하지 않습니다. 이 문제를 풀 수 있는 단서이기도 한 이 순간이라는 개념은 사실 일찍이 플라톤이 던진 질문이기도 합니다. 그러므로 우리는 니체의 영원회귀를 이해하기 위해서 플라톤으로 우회할 필요가 있습니다. '순간'이라는 문제는 『파르메니데스』에서 등장하지만 이는 『메논』에서 비롯되는 것이라 먼저 『메논』을 분석해 봐야 합니다.

『메논』의 문제는, '배움'의 가능성에 대한 것입니다.[5] 메논이 소크라테스에게 묻습니다. 탁월함(arete)이라는 게 과연 가르쳐질 수 있는 것이냐고. 소크라테스는 언제나처럼 이렇게 답합니다. 이 문제는 탁월함이 무엇인지 알아야 대답할 수 있는 것인데, 자신은 그 탁월함을 전혀 모르니 배움에 대해서도 대답할 수 없다고. 하지만 탁월함에 대한 전적인 무지라고 해서 아무것도 할 수 없는 것은 아니고, 이 무지가 앎을 여는 중요한 계기가 된다고. 그러자 메논은 다시 묻습니다. 전적으로 모르는 것은 탐구(배움)할 수 없지 않은가. 알고 있다면 탐구할 필요가 없을 테고

---

5) 플라톤, 『메논』, 이상인 옮김, 이제이북스, 2014, 작품해설 참조.

아무것도 모른다면 뭘 탐구해야 할지도 모르니까, 알아도 몰라도 결국 배움 자체는 불가능한 것 아닌가. 메논의 말이 사실이라면 무지 상태에서는 배움에 이를 방법이 없어 보입니다. 탐구(배움)가 모르는 것을 아는 것이라면, 그런 앎은 도대체 어떤 의미의 앎일까요?

완전한 무지나 완전한 앎의 상태에서는 배움이 불가능합니다. 메논의 말대로 알면 배울 필요가 없고 모르면 배울 방법이 없고. 따라서 완전한 모름도 완전한 앎도 아닌 그런 모름(혹은 앎)이 있어야 탐구와 배움은 가능합니다. 그렇다면 그런 종류의 앎은 어떤 것일까요? 바로 '망각된 앎'입니다. 무지이지만 전적인 무지는 아닌 앎. 전생에 이미 배워서 알고 있지만 출생하면서 망각해 버린 앎이 있다는 것입니다. 배움은 모르는 것에 대한 것이지만 전적으로 모르는 것은 아닌 이런 망각된 앎을 회상하면서 되찾는다면 우리에게 배움은 가능해집니다. 그래서 플라톤에게는 영혼불멸과 윤회, 그리고 상기(회상, recollection)라는 개념들이 필요해집니다. 그에게 배움의 본질은 '회상'과 '반복'이라고 할 수 있습니다. 지금 이 배움의 문제에서 핵심은 완전한 앎도 완전한 모름도 아닌 어떤 자리에서 무지에서 앎으로 가는 '변화'의 가능성이 생겨난다는 것입니다. 이 변화의 문제를 다루는 것이 바로 『파르메니데스』입니다.

시간이 아닌 시간

변화는 어떻게 가능할까요? 정지해 있다가 움직인다거나 움직이다가 정지하기 위해서는 어떤 변화가 있어야 합니다. 그러나 정지한 것은 움직이는 것이 아니고, 움직이고 있는 것은 정지한 것이 아닙니다. "운동에서 정지로의 이행이나 정지에서 운동으로의 이행은 운동의 시간에서도 정지의 시간에서도 일어날 수 없다. 그렇다면 이행은 언제 일어나는가? 이행은 만약 일어난다면 운동의 시간도 정지의 시간도 아닌, 차라리 시간이면서 시간이 아닌, 시간과 영원의 접점에서 일어난다고 보아야 한다. 그것이 바로 순간이다."[6] 이행은 운동의 시간도 아니고 정지의 시간도 아닌 시간, 그래서 운동이라고도 정지라고도 할 수 없는 시간 아닌 시간, 즉 찰나에서 일어난다는 것입니다. 이 찰나의 시간이 있어야 운동이든 정지든 변화가 가능합니다.

이제 드디어 니체와의 접점이 생겼습니다. 이 '순간'(찰나, to exaiphnes)이란 무엇일까요? 플라톤에 따르면, 어떤 것이 "변할 때 그 안에 있음직한 이 이상한 것"인 찰나는 "거기서부터 두 상태 가운데 어느 한쪽으로 변화가 일어나는 무엇인가를 의미하

---

6) 임병덕, 「인간형성의 원리로서의 반복」, 『도덕교육연구』 30권 4호, 2018, 8쪽.

는 것"이라고 합니다. 변화는 찰나라고 하는 이상한 것 속에서 발생합니다. 왜냐하면 앞에서 설명한 것처럼 "어떤 것이 정지해 있는 동안에는 정지해 있는 상태에서 변하지 않고, 움직이는 동안에는 움직이는 상태에서 변하지 않기 때문"입니다. "대신 찰나라는 이 이상한 성질은 운동과 정지 사이에 잠복해 있고 어떤 시간 안에도 없네. 그래서 그것 안으로, 그리고 그것으로부터 움직이는 것은 정지해 있는 상태로 변하고, 정지해 있는 것은 움직이는 상태로 변한다네." 움직임과 정지 사이에 있는 것, 이 찰나라는 순간만이 변화를 만들어 냅니다. "하나는 정지해 있기도 하고 움직이기도 하므로 둘 중 어느 쪽으로도 변할 수 있네. 그래야만 하나가 두 가지를 다 할 수 있을 테니까." 핵심은 이것입니다. "하나는 변할 때는 찰나에 변하고, 변하면 시간 안에 있지 않을 것이며, 또한 그 찰나에는 움직이지도 않고 정지해 있지도 않을 걸세."[7]

정리하자면 이렇게 됩니다. 정지의 시간에서는 운동이 없습니다. 그리고 운동의 시간에는 정지가 없습니다. 다르게 표현하자면, 정지의 시간에는 운동이라는 변화가 없고, 운동의 시간에는 정지라는 변화가 없습니다. 변화는 정지에도 운동에도 없습

---

7) 플라톤, 『플라톤전집 5 : 플라톤의 다섯 대화편』, 천병희 옮김, 숲, 2016, 553~554쪽.

니다. 그러므로 변화는 시간 아닌 시간, 시간이면서도 시간 바깥에 있는 시간, 즉 찰나에만 있을 수 있습니다. 이 찰나(순간)에는 운동도 정지도 아닌 그런 변화가 속하고, 변화는 시간에 내재하는 외부인 찰나에서만 가능합니다. 이런 원리는 생성과 소멸, 분리와 결합, 동일성과 차이, 큼과 작음 등 모든 변화가능성에 두루 속한다는 것이 플라톤의 논법입니다.

시간은 시간이면서도 시간이지 않은 이 기묘한 시간이란 구체적으로 무엇일까요? 그것은 바로 영원한 순간입니다. 플라톤에게는 이데아라는 영원성을 회상하는 순간이 됩니다. 변화(운동)는 영원이라는 찰나의 시간과의 접점 속에서만 발생한다는 것이죠. 배움이 앎도 무지도 아닌 상태에 대한 상기에서 가능했듯이 말이죠. 그 앎은 이미 영원성이었습니다. 제게는 차라투스트라가 중력의 악령에게 말했던 '순간'이 바로 이런 찰나를 뜻하는 것으로 보입니다. 과거와 미래가 머리를 맞대는 순간. 그것은 과거에도 속하지 않고 미래에도 속하지 않지만, 과거와 미래를 가능케 하는 영원성을 불러들이는 요소입니다.

시간이 돌고 돈다는 그런 순환성이 아니라 매 순간 우리가 영원성과 만나지 않고는 그 어떤 변화도 운동도 생성도 불가능하다는 뜻으로 읽을 수 있겠습니다. 즉 영원한 반복만이 생명과 삶의 원리이자 무한한 창조와 긍정의 가능성이라고 니체가 말하고 있는 것입니다. 고대의 천체론적 순환 개념과는 아무런 상관이 없는 것이 니체의 영원회귀라고 생각됩니다. 그것은 철저히 반복이어야 합니다. 반복에서 벗어나지 않으려는 태도, 그것은 충만한 권력의지가 갖고 있는 생의 역동성입니다. 터무니없는 낭비처럼 보이는 것, 그것은 오직 동일한 것의 반복 속에서만 가능합니다. 풍요롭기 때문에 반복합니다. 반복할 수 있기 때문에 생을 저주할 이유가 없습니다.

반복들, 차이들

그렇다면 니체의 반복은 철학사의 다른 반복과 어떻게 구별될 수 있을까요? 니체가 철학적으로 더 나아간 지점은 어디일까요? 반복이라는 주제에서라면 덴마크의 철학자 키르케고르를 빼놓을 수는 없겠습니다. 그는 단순한 과거의 반복에 대해서는 부정적입니다. 그의 『반복』(1843)에서는 사랑의 이데아를 찾아다니는 청년 시인을 등장시켜 과거를 그대로 반복하는 청년의 고달픈 삶을 보여 줍니다. 그러나 키르케고르는 이렇게 과거를 그대로 반복하는 것을 반복이 아니라 그저 '회상'에 불과하다고 규정합니다. 그 청년 시인의 열정은 운동 방향이 현실이 아니라 언제나 과거의 관념(사랑하는 여인의 이데아)을 향할 뿐이기 때문이라는 것이 그 이유입니다. "반복과 회상은 방향을 달리하는 동일한 운동이다. 그도 그럴 것이 무엇인가가 회상된다는 것은 이미 있던 것이 후향적으로 반복된다는 뜻이며, 또 한편 진정한 의미에서 반복은 전향적으로 회상하는 것을 뜻한다."[8] 키르케고르는 플라톤의 반복이 바로 후향적으로 반복되는 그런 관념적 수준의 회상에 그치는 것이라고 비판하고 있는 것이죠.

물론 키르케고르에게도 반복은 이미 있었던 것을 전제합니다. "반복되는 것은 이미 있었던 것이며, 그렇지 않다면 반복은 불가능하다. 그런데 반복되는 것이 이미 있었다는 사실은 반복을 새로운 것으로 만든다."[9] 반복은 이미 있었던 것의 반복이지만, 그 반복이 의미를 가지려면 새롭게 나타나는 것이 이미 있었던 것과는 완전히 다른 새로운 것이어야 합니다. 반복은 가능성이 현실성으로 이행하는 '순간'에 일어나며, 이 순간은 엄밀하게 따져 보면 시간의 구성인자가 아니라 영원의 구성인자라고 합니다. 그래서 진정한 반복은 당사자에게 영원에 관한 올바른 이해, 구체적인 이해가 생기는 변화입니다. 키르케고르가 '순간'에

8) 쇠렌 키르케고르, 『반복/현대의 비판』, 임춘갑 옮김, 치우, 2011, 131쪽.
9) 키르케고르, 『반복/현대의 비판』, 148~149쪽.

관심을 집중하는 것은 그것이 기독교를 다른 종교와 구분 짓는 본질적 특징이기 때문입니다. 기독교에서 반복의 '순간'은 영원과의 접속이자 죄에서 구원으로의 이행이 일어나는 결정적 계기를 가리킨다고 합니다.[10]

키르케고르에게 진정한 반복은 과거의 반복이 아니라 자신의 전 존재를 시간의 차원이 아닌 영원성의 차원에 내맡기면서 그 영원성의 심연에서 들려오는 목소리를 듣는 어떤 종교적 반복의 차원을 갖습니다. 이럴 때 우리 자신의 능력으로는 이룰 수 없는 어떤 초월을 이룰 수 있도록 우리를 내맡길 수 있다는 것입니다. 종교적 반복은 "신이 우리 안에서 새로운 것을 만들고 또 우리 안에서 우리 자신의 능력으로는 이룰 수 없는 초월을 이루어 내도록 우리를 내맡기는" 것입니다. 그런 점에서 속죄는 "가장 높은 의미에서의 반복"[11]이자 근본적 이행입니다. "죄에서 구속(救贖)으로 나아가는 변화는 '신인 동시에 인간'이라는 예수의 파라독스적 존재에 직면하여 자신의 전 존재를 걸고 신앙을 선택하는 모험을 요구한다"[12]고 합니다. 여기서 반복에 직면한 존재는 시간 바깥이자 영원과의 접속인 그 이행의 결정적 '순

---

10) 임병덕, 「인간형성의 원리로서의 반복」, 9쪽.
11) 키르케고르, 『반복/현대의 비판』, 320쪽.
12) 임병덕, 「인간형성의 원리로서의 반복」, 14쪽.

간'에 신과의 만남, 즉 신앙의 차원에 들어서게 됩니다.

그렇다면 니체는 키르케고르로부터 얼마나 멀리 간 것일까요? 영원회귀 사상은 진정 그의 고유의 것일까요? 제가 보기에 여기서 핵심은 신의 유무가 아닐까 생각합니다. 니체는 영원성이라는 순간을 만날 수 있으려면 필요한 것이 그 어떤 가능성의 세계도 존재하지 않는다는 것, 즉 의지의 통한의 문제를 해결해야 하는 것이라고 보았습니다. 존재하는 것만이 존재한다는 것, 그렇게 존재하는 것에는 오직 생성의 순수성만이 있을 뿐이라는 것, 따라서 달라져야 하고 바뀌어야 하고 제거되어야 할 그런 것이 존재하지 않는다는 것을 받아들이는 주체의 태도에 도달하지 않는 한 순간과 반복의 문제에 도달할 수 없고 존재의 변신도 이루지 못한다는 것입니다. 시간을 과거와 미래로 나누는 태도, 의지로 굴릴 수 있는 시간과 없는 시간으로 나누는 태도, 이것이 의지의 통한이고 물자체의 개입입니다. 오직 순간을 영원성으로 경험하는 일, 이것이 존재하는 모든 것과 완전히 근접하는 권력의지의 카오스적 세계이자 운명애의 세계입니다.

반면에 키르케고르는 이 세계 자체가 꼭 전부는 아니라고 하는 태도를 바탕으로 합니다. 이 세계가 끝나는 지점, 그런 심연에 자신을 완전히 내맡기는 실존적 모험 속에서만 자신의 초월, 즉 진정한 자신과의 만남을 이룰 수 있다고 주장합니다. 그 반복은 자기 자신을 반복하는 것이지만, 또한 자신에 대한 완전한 확신 속에서 새롭게 도래한 자신을 만나는 이행의 순간이기도 합니다. 니체의 위버멘쉬가 디오니소스를 만난다면, 키르케고르의 종교적 반복은 그리스도와 만납니다. 디오니소스가 가능성을 생각할 수 없는 필연성의 존재를 뜻한다면, 그리스도는 인간 너머 초월적 신과의 접속과 인간의 자기 초월적 한계를 뜻합니다. 반복은 언제나 차이를 만듭니다. 그것이 플라톤이 말하는 이데아의 영원성이든 키르케고르가 주장하는 종교적 반복이든 아니면 니체의 영원회귀든 어쨌든 반복은 영원성과의 만남임에는 변함이 없으며 그런 접속은 언제나 존재의 급속한 변이를 낳습니다.

3부 **보편성**

8강 _ '환상'에 대하여

철학이란 기본적으로 '환상'(환영, illusion, phantasy)의 기반을 파괴하는 것이라 할 수 있습니다. 우리 삶을 왜곡하는 것들은 원래 올바른 통찰에 기초하지 않기 때문이죠. 따라서 환상에 대한 규정은 여러 가지가 있을 수 있을 테지만, 근본적으로는 그 환상적 개념의 지시 대상이 근원적으로 부재하는 것이라 하겠습니다 (예를 들어, '목적'이라는 개념은 유물론자들에게는 자연의 질서를 전도시키는 환상, 즉 자연에 그 대상이 없는 개념에 불과합니다). 대상의 부재를 은폐하는 환상의 기제는 다양하게 나타날 수 있으나, 가장 두드러지는 형태는 사물의 '본질'이 그 사물 자체에 내재하는 것처럼 생각하는 '본질주의'가 있겠습니다.

본질주의에 대한 비판에서 단연 대표적인 철학자는 스피노자입니다. 그는 인간의 '자유'나 '신'과 같은 대상조차 어떤 환상의 산물임을 주장하면서 사물의 본질이란 관계의 외재적 산물일 뿐이라고 말합니다. 그는 환상의 발생적 기원을 추적하는 계보학적 방법을 통해 우리 사유의 상당한 실재들이 부적절한 본질주의에 오염된 결핍된 인식의 상태에 있음을 밝혀냅니다. 그런데 놀랍게도 스피노자의 철학적 방법인 발생적 기원에 대한 추적이 그 진면목을 보이는 장면은 마르크스의 『자본론』에서입니다. 특히 '상품물신주의'(fetishism)에 대한 마르크스의 분석은 상품(화폐)이 어떤 특정한 '가치'를 갖는 것이 상품 자체의 내재적 성격에서 비롯될 수 없는 환상이라는 사실을 잘 보여 줍니다.

그런데 여기서 더 놀라운 사실은 물신주의적 환상을 비판했던 마르크스가 그런 환상의 '필연성'도 동시에 주장했다는 것입니다. 우리는 상품환상이 환상인 것을 알지만 그럼에도 불구하고 그런 환상을 실천하고 있고 거기에서 벗어날 수 없다는 것입니다. 환상이라는 사실에 대한 '인식' 너머의 차원이 분명히 존재한다는 사실을 스피노자주의자라 할 수 있는 마르크스가 밝혀 주고 있는 것이죠. 이 마르크스의 언급을 바탕으로 조금 더 나아가 보면 어떨까요? 어떤 구조적 환상이라는 것이 있어 환상이 대상의 부재에 대한 앎의 결핍이라는 단순한 차원을 넘어선다는 점에 주목할 수도 있지 않을까요? 가령 칸트의 '숭고'란 이런 환상적 대상이 아닐까요? 우리 인식의 불철저함에 의해 파생되는 것이 아니라 세계의 특정한 구조를 인식하게 해주는 어떤 대상일 수도 있다는 식으로 말이죠. 이번 시간에는 이렇게 환상이라는 개념을 둘러싸고 여러 (가설적?) 논의들을 살펴보겠습니다.

인간, 가장하는 능력

「토템과 터부」(1913)나 「모세와 유일신교」(1939)에 따르면, 프로이트가 '원초적 아버지 살해'라는 모티프를 자기 논리의 근본적 토대로 삼고 있는 것을 볼 수 있는데, 여기서부터는 정신분석학이라는 학문이 거의 신화적 구조나 환상에 의지하는 것처럼 느껴질 정도입니다. 프로이트는 유일신의 등장이나 광범위한 죄의식, 근친상간 금기(족외혼의 풍습)와 같은 현상들을 설명하기 위해서는 선사시대에 강력한 아버지에 의한 권력의 독점이 있었고 이후 연합한 형제들에 의한 친부 살해, 그리고 억압된 아버지의 귀환(유일신)과 같은 요소들을 가정하지 않으면 안 된다고 합니다. 물론 이 (신화적) 과정과 환상은 결코 증명될 수 없겠죠. 그래서 프로이트는 이런 직접적인 증명 대신 개인심리학(신경증)이라는 우회적 방법을 통한 간접증명의 방식을 택합니다. 그러므로 논리적 가정으로서만 그 가능성이 있다고 할 수 있는데, 프로이트는 이 신화적 가정이 이후 이해할 수 없는 다양한 인류 역사적 현상들을 충분히 설명할 수 있는 것으로 보고 있습니다. 칸트식으로 말해 우리가 과거의 원인을 충분히 '구성적으로' 파악할 수 없는 경우가 있다면, 결국 환상이 등장할 수밖에 없는 것이 아닐까요?

인간과 동물을 구별하는 여러 철학적 입장이 있습니다. 대표적으로 하이데거 같은 경우는 죽음을 의식하는 존재를 인간의 고유한 속성으로 간주하기도 하고, 니체는 수치심의 유무를 통해 인간과 동물을 구별하려 합니다. 하지만 우리의 주제인 환상과 관련해서 필요한 구별법은 바로 '가장하는 능력'입니다. 공포영화를 볼 때 우리는 그것이 지어낸 이야기라는 것을 충분히 알고 있습니다. 하지만 그럼에도 불구하고 아주 즐겁게 몰두합니다. 즉 아니라는 것을 알면서도 그것이라 생각하는 가장의 능력, 이것이 바로 인간의 중요한 속성입니다.[1] 우리는 환상이라는 것을 알면서도 그것을 진실로 간주하고 몰입하는 경향이 있습니다. 그러니까 이 환상이라고 하는 문제가 단순히 부정적 의미만 갖는 게 아니라, 인간이 다른 존재와 구별될 수 있는 어떤

---

1) 지젝, 『헤겔 레스토랑』, 97쪽.

지점이기도 하다는 것이죠. 그래서 여러 가지 개념적인 논의에 환상이 상당히 개입해 있습니다. 환상이라는 주제에 대해 스피노자, 마르크스 그리고 칸트는 어떤 식으로 생각했을까요?

자유의지, 목적인, 신

우선 스피노자는 기본적으로 환상에 대해서는 굉장히 부정적인 철학자입니다. 우리는 그를 반본질론자라고 규정할 수도 있을 텐데, 본질론적 사유란 사물의 본질이 사물 자체에 내재하는 것처럼 생각하는 것입니다. 스피노자는 사물에 본질이란 없으며 언제나 다양한 외재적 관계의 양상에 따라 언제든 변화될 수 있는 것으로 생각합니다. 가령 선악이라는 개념도 실제로 사물의 적극적인 면을 지시하는 게 아니라 사물을 서로 비교하면서 형성한 우리의 사유 양태일 뿐이라는 게 스피노자의 주장입니다. 예컨대 음악은 우울한 사람에게는 좋고 슬픈 사람에게는 나쁘며 청각장애인에게는 좋지도 나쁘지도 않습니다.[2]

　스피노자에게 환상이란 '표상의 양식들'(상상적 이미지)이

---

2) B. 스피노자, 『에티카』, 강영계 옮김, 서광사, 1990, 제4부 머리말.

라 정의될 수 있는 것인데 신, 자유, 목적, 선, 악, 미, 추와 같은 개념들이 대표적입니다. 이 개념들은 그 어떤 실재적 대상도 갖지 않으며 어떤 '오인'의 구조라고 규정될 수 있습니다. 오인 속에서 발생하는 잘못된 관념들일 뿐이라는 것이죠. 스피노자는 이를 1종 인식이라 불러 이성적 개념인 2종 인식을 위해 부정되어야 할 것으로 봅니다. 그렇다면 이런 오인은 왜 발생하는 것일까요? 스피노자에 따르면 이는 관념 형성의 본질과 관련된 문제입니다. 우리는 대상이 신체와 정신에 나타난 그 결과(표상)만을 파악할 수 있기 때문에 근본적으로 이 대상과 내 신체와의 관계나 대상과 표상과의 관계 자체에 대해 부적합한 관념을 갖게 됩니다. 쉬운 예로 우리 눈에 비친 태양은 언제나 동전만 합니다. 아무리 태양의 크기를 과학적으로 알고 있더라도 말이죠. 그런 환상적 관념들은 따라서 혼란스럽고 절단된 관념이자 전제 없는 결론들에 불과합니다.

스피노자가 분석하는 대표적인 환상으로 자유의지, 목적인, 신이 있습니다.[3] 우리는 표상(상상적 이미지)의 원인에 대해 무지합니다. 오직 신체에 표상된 것만을 파악할 뿐입니다. 그래서 우리의 앎은 기본적으로 원인보다는 결과에 기초한 것이라

---

3) 들뢰즈, 『스피노자의 철학』, 93쪽 개념색인 참조.

할 수 있습니다. 의식은 자기 스스로 생각하고 움직이고 의지를 발휘하기 때문에 스스로를 자유롭다고 생각할 뿐, 그런 움직임을 낳는 원인을 파악하지는 않습니다. 이런 오인을 바탕으로 신체에 대한 가상의 지배력을 정신에 부여하면서 '자유'라는 심리적 환상이 생겨나게 됩니다. 그리고 의식은 자신의 충동은 의식하고 있으므로 이를 바탕으로 사물들의 관계를 목적론적으로 해석하기 시작합니다. 가령 자기 신체에 어떤 작용이 가해지면 그것을 어떤 주체의 '목적'(자유의지와 결합된)과 결부시킵니다. 인과적 관계를 자유의지와 목적의 관계로 바꾸는 것인데, 이는 사물의 질서를 전복하는 것이자, 인과에 대한 자신의 무지를 목적성으로 은폐하는 것입니다. 다음으로 의식은 자기 자신을 목적들을 조직하는 제1원인으로 상상할 수 없는 곳에서 최고의 지성과 의지를 갖는 '신'이라는 환상을 마련합니다. 목적인과 자유명령에 의해 행위하고 영예와 처벌에 따르는 세계를 인간에게 마련해 놓은 신을 말이죠. 이런 환상들을 매개로 자신을 진리의 사도라 주장하는 예언자들은 스피노자가 언제나 낮은 지성과 강한 상상력의 존재에 불과하다고 비판하는 사례들입니다.

변용능력으로서의 개체

그렇다면 인과적 관계만을 인정하는 스피노자에게 실제로 존재하는 것은 무엇일까요? 스피노자의 신체(개체)론을 살펴볼 차례가 되었습니다. 스피노자에게 신체란 본질적인 실체나 주체가 아닙니다. 그것은 외연적 부분들의 결합으로서의 개체이며, 각 부분들은 본질을 갖지 않습니다. 개체는 다른 개체와 연합되어 또 다른 개체가 될 수 있고, 이런 결합이 확대되면 '자연'이라는 가장 큰 개체가 만들어지기도 합니다. 그러므로 스피노자의 '신체'(개체)에 대한 정의는 한 개체의 본질에 의해 규정되지 않습니다. 모든 신체는 이미 복합체이고, 복합체는 외적 부분들의 결합에 의해 가능하므로 각 복합체들의 특징은 오직 운동과 정지(빠름과 느림)의 관계에 의해 규정됩니다.[4]

개체(복합체)는 자유의지를 갖는 주체도 아니고, 추상적 본질을 갖는 기체도 아니며, 어떤 종적 특성에 의해 정의되는 것도 아닙니다. 그것은 언제나 일정한 비율, 즉 최대치와 최소치의 한계 내에서 끊임없이 유동하는 변용능력으로 규정됩니다. 들뢰즈가 들고 있는 예가 직관적인데요, 동일 종인 짐말과 경주마의

---

[4] 스피노자, 『에티카』, 「자연학소론」 참고. 특히 보조정리 1과 보조정리 7의 주석.

거리보다 짐말과 짐소의 거리가 더 가깝게 느껴지는 법입니다. 짐말은 말이라기보다는 소에 접근하는 것처럼 보이는 신체의 운동-정지의 비율을 갖고 있기 때문입니다. 생물학적인 종적 분류는 스피노자의 개체론에 적용될 수 없습니다. 신체는 변용능력에 의해서만 규정되며 동일한 신체도 어떤 것과 어떤 리듬 속에서 변용되는가에 따라 전혀 다른 신체가 될 수 있습니다.

그러므로 스피노자의 윤리학(ethics)은 인간에게 당위로서 주어지는 어떤 의무의 실천과 같은 형태를 띨 수 없습니다. 왜냐하면 그에게 인간이란 추상적 본질은 존재하지 않기 때문입니다. 따라서 그의 윤리학은 하나의 신체가 갖는 운동-정지의 비율을 얼마나 더 효과적으로 상승시킬 수 있는가에 달려 있습니다. 즉 변용능력의 최대치를 이루기 위해 어떻게 관계를 결합하고 해체할 것인가 하는 실험을 주된 내용으로 합니다. 우리는 얼마나 많은 변용능력을 갖는지, 어떤 누구와 결합관계를 이룰 수 있는지, 그리하여 변용능력의 변화를 통한 본성의 변화를 어디까지 이룰 수 있는지 선험적으로는 알 수 없습니다.

하나의 개체는 관계 맺는 세계와 분리될 수 없습니다. 그 관계는 좋음일 수도 있고 나쁨일 수도 있습니다. 좋음과 나쁨은 대상 자체의 성질에 달린 게 아니라 만남의 성격에 달려 있습니다. 이는 정치적 차원에서도 잘 나타나는데, 스피노자에게 '대중'은

민주주의를 가능케 하는 저항의 힘이지만 동시에 감정의 모방을 통해 증폭되는 야만적인 폭력일 수도 있습니다. 대중의 정체성은 본성적으로 결정되어 있지 않기 때문에 그래서 더 공포스럽기도 한 것이죠. 이런 대중의 이중성을 스피노자가 직접 경험한 것이 바로 더빗(De Witt) 형제에 대한 대중의 테러에서였습니다. 자신의 신체와 결합되는 관계가 좋음이라면 자신의 신체를 해체시키는 관계는 나쁨입니다.

따라서 좋음과 나쁨은 인간 존재의 두 유형을 구별하게 하는데, 만남을 조직하고 능력을 증가시키려 노력하는 삶(결합의 삶)은 좋음인 반면에 우연적인 만남들에 따라서 살고 결과를 수동적으로 겪으면서 자신의 불행을 한탄하고 비난하는 삶(해체하는 삶)은 나쁨에 속합니다. 이를 예속된 삶이자 노예적인 삶이라 부릅니다.[5] 신체의 결합과 해체의 관점에서 관계를 어떻게 조직할 것인가의 관점으로 좋음과 나쁨의 의미가 전환되었습니다. 이 예속된 삶, 나쁜 삶 속에서 자신과 타인의 삶에 대한 본질적 규정과 비난이 생겨나는데, 이때는 온통 신에 대한 초월적 규정에 의존하는 도덕적이고 심판하는 세계를 가정하게 됩니다.

앞에서 말했던 환상이 이 노예적인 삶의 기초에서 작동하

---

5) 질 들뢰즈, 『스피노자의 철학』, 39쪽.

게 되는 것이죠. 한마디로 인과에 대한 무지와 환상에 기초한 삶입니다. 여기서는 인과에 대한 이성적 인식보다는 도덕적 명령에 대한 복종이 최우선이 되고, 노예로 살면서도 그것을 자유로운 삶이라고 전도시키는 왜곡된 의지가 발생하게 됩니다. 확고한 인식이 부재하기 때문에 언제든 뒤바뀔 수 있는 희망과 공포에 지배되는 신체가 되고, 여기서 종교는 이들의 공포와 슬픔에 구속된 신체와 영혼을 포획하는 환상의 장치가 됩니다. 스피노자에게 무지와 환상에서 벗어나 필연성에 대한 인식이 필요한 까닭이 여기에 있습니다.

화폐라는 물신

본질주의의 문제점은 과정과 발생에 대한 인식 대신 전제 없는 결과 자체에만 집착한다는 것입니다. 여기서는 파생적으로 발생한 환상을 자연필연성으로 간주하기 때문에 실체 없는 것에 실체적 성격을 부여하는 물신주의(fetishism)가 그 귀결점이 됩니다. 그러므로 스피노자는 신이나 목적인이라는 물신에 대한 고발과 반본질론을 그 기하학적 작업 속에서 관철해 낸 것으로 해석할 수도 있겠습니다. 반본질이라고 하면 스피노자 말고도 우리는 마르크스에게서도 대표적으로 찾아볼 수 있는데, 환상에 대한 비판이라는 점에서 둘의 공통성은 강렬합니다. 마르크스의 화폐물신주의 비판은 『자본론』 전반부에서 치밀하게 전개되는데, 그런데 마르크스가 단순히 물신주의 비판에만 그치지 않았다는 것, 다시 말해 스피노자와 달리 환상의 필연성까지 포착했다는 점에서 스피노자보다 더 나아간 지점을 확보하고 있는 것으로 보입니다.

'물신'이란 조각상이나 부적과 같은 사물 자체가 신적인 특성을 갖고 있는 것처럼 생각하는 원시적 현상을 말하는 것에 그치지 않고 더 확장된 의미로 사용되고 있습니다. 화폐물신주의란 화폐(상품)도 그런 물신에 불과하다는 비판적 태도를 가리킵니다. 스피노자의 환상 비판의 차원과 마찬가지로 화폐물신에 대한 이런 통념적 비판에는 화폐를 그저 교환의 기호로 간주하거나 실질적 가치인 노동의 상징에 불과한 것으로 보는 관점이 있습니다. 여기서 화폐에 대한 두 가지 태도가 나오는데, 화폐는 교환의 매개에 불과하므로 자체적으로는 무가치하며 따라서 화폐에 대한 우리의 욕망은 무의미하다는 입장이 첫번째입니다. 그런데도 사실 우리는 화폐에 대한 욕망 앞에서 거의 불가항력인 것이 사실이기도 합니다. 다음으로 화폐는 상징에 불과하기 때문에 다른 것으로 대체할 수 있다는, 노동화폐론이라는 공상적 사회주의 운동이 있습니다. 그런데 재미있는 것은 마르크스가 화폐가 물신이라고 비판할 뿐만 아니라 화폐를 그저 매개나 상징으로 보고 다른 것으로 대체할 수 있다고 생각하는 관점까지도 비판하고 있다는 것입니다. 마르크스는 노동화폐론과 같은 사고방식을 모두 화폐물신주의의 희생양이라고 말합니다. 다시 말해 물신이라고 간주하는 태도도 물신 자체에서 기인했다는 것을 밝히는 수준까지 간다는 것이죠.

물물교환의 불편 해소를 위한 합의나 계약으로서의 화폐라는 개념은 화폐가 그 자체로는 가치가 없는 기호나 상징인 것처럼 다룹니다. 그래서 아리스토텔레스에게 화폐 축적의 영리는 윤리적 비판의 대상이 되기도 했습니다. 그런데 교환을 위한 수단이라고 해서 그런 수단을 폐지할 수는 있는 것일까요? 그런데 왜 폐지될 수도 있는 수단인 화폐 축적에 대한 욕망은 그치지 않을까요? 짐멜은 『돈의 철학』에서 화폐의 교환가능성이 신적 전능성을 갖는다는 사실을 바탕으로 이런 욕망을 해석하기는 합니다. 하지만 이런 계약론적 화폐이론은 화폐 축적에 대한 욕망처럼 어리석은 게 없다고 보는데요. 그런데 이것이 어리석음이나 단순한 환상이 아니라 실제적인 것이라면 어떨까요?

인간 노동의 물적 외피이자 자의적인 산물로서의 화폐라는 개념도 문제적인데, 이들은 화폐의 유통기능 때문에 화폐를 단순한 상징으로 간주하는 경향이 강합니다. 그런데 마르크스의 화폐 발생 기원 분석과 교환과정에 대한 분석은 이런 매개수단으로서의 화폐나 노동화폐론이 모두 화폐물신의 전형임을 폭로하고 있습니다. 즉 화폐가 독립적으로 매개수단처럼 보이는 것은 교환과정의 발생에 대한 인식의 부재이고, 화폐가 자체적으로 그런 수단인 것처럼 인식하는 것도 화폐물신의 희생양이라는 것입니다. 화폐는 자본주의 교환경제의 자생적이고 필연적인 산물이며 인위적 폐지는 불가합니다.[6] 이들은 화폐의 가치를 가상적이고 상상적인 것으로 간주하고 있고 그렇기 때문에 계약론적인 관점에서 상품만의 교환도 가능한 것이라고 생각하는 것입니다.[7]

화폐물신주의 발생 과정

마르크스의 논의는 화폐물신이 우리의 오인 때문에 발생하는 것이 아니라는 것입니다. 화폐물신은, 화폐는 그저 교환수단이

---

6) 김현, 「교환과정의 논리적 구조 : 맑스의 화폐론을 중심으로」, 『철학논총』 74집, 2013, 181쪽.
7) 칼 맑스, 『자본론』 1권(상), 김수행 옮김, 비봉출판사, 2009, 116쪽.

거나 노동의 대체일 뿐인데 우리가 그것을 몰라서, 즉 오인과 의식적 오류에 빠져서가 아니라 상품이라는 형식 자체에서 발생하는 것입니다. 그래서 마르크스는 상품형식을 분석합니다. 여기서 마르크스는 스피노자의 차원을 뛰어넘습니다. 상품은 사용가치와 가치의 통일체이긴 하지만 자체적으로 사용가치는 표현할 수 있어도 (교환)가치를 표현할 수는 없습니다. 한 상품에 들인 노동량만으로 가치를 결정할 수 없는 까닭은 노동량의 지출의 크기를 파악하려면 다른 상품의 노동량 지출(즉 가치량)과 비교해야 하기 때문입니다. 따라서 한 상품의 가치는 반드시 다른 상품의 사용가치를 통해서만 표현될 수 있습니다. 그리고 상품은 타인의 욕망을 충족시켜야 하기 때문에 애초부터 교환과 분리할 수 없습니다. 만약 교환과 무관하다면 사용가치는 있어도 가치는 없습니다. 즉 상품이 가치로서 실현되려면(타인의 사용가치려면) 개별적 노동은 이미 사회적 노동이어야 합니다.[8]

화폐형태의 발생에 대한 마르크스의 분석을 간략하게 살펴봅시다. 제 앞에 있는 핸드폰의 가치를 알려면 다른 상품과 어느 정도의 비율로 교환되는지 알아야 합니다. 핸드폰 1대에 가방 4개의 가치가 있다고 하면, 여기서 가방 4개는 핸드폰 1대의 가치

---

8) 김현, 「교환과정의 논리적 구조 : 맑스의 화폐론을 중심으로」, 186~187쪽.

를 측정하는 화폐 역할을 하고 있음을 알 수 있습니다. 이 가방 4개를 마르크스는 '등가형태'라고 표현합니다.

〈도식1〉 단순한 가치형태

핸드폰 1대 ——— 가방 4개

이 도식에서 핸드폰 1대는 스스로 자신의 가치를 나타낼 수 없고 언제나 가방 4개에 의존해서 가치를 표현해야 하기 때문에 '상대적 가치형태'라 부릅니다. 이제 이 '단순한 가치형태' 도식을 조금 더 확장해 봅시다. 핸드폰의 가치를 표현할 수 있는 것이 많아졌다고 해보죠. 자전거 1대, 신발 6켤레, 노트북 1/2대, 시계 1/5개 등등.

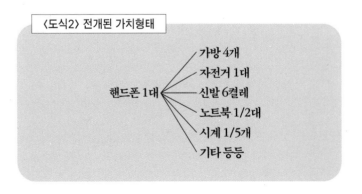

〈도식2〉 전개된 가치형태

핸드폰 1대 ━ 가방 4개
자전거 1대
신발 6켤레
노트북 1/2대
시계 1/5개
기타 등등

핸드폰 1대는 이제 여러 물건들과 교환될 수 있습니다. 그런데 여기서 시계와 신발의 교환은 어떻게 계산해야 하는지 좀 복잡해집니다. 시계를 갖고 있는 사람은 그것을 핸드폰과 바꾸고 그 다음에 신발과 교환해야 하는데, 각 비율이 어려워졌습니다. 왜냐하면 지금은 모든 등가형태들이 핸드폰 1대라는 상대적 가치형태와의 비율만을 표현해 주고 있기 때문입니다. 각 사물이 교환되는 비율을 일정하게 나타내는 어떤 사물이 등장해야 할 필요성이 있습니다. 이 도식을 뒤집어 봅시다.

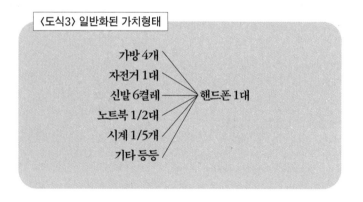

〈도식3〉 일반화된 가치형태

가방 4개
자전거 1대
신발 6켤레
노트북 1/2대   핸드폰 1대
시계 1/5개
기타 등등

이 도식에서는 핸드폰 1대가 다양한 상품들의 가치를 일정하게 표현해 주고 있습니다. 이렇게 등가형태의 위치가 바뀌면 핸드폰 1대가 모든 것의 가치를 나타내는 '일반화된 가치형태'가 됩니다. 이렇게 일반화된 가치형태의 자리를 화폐가 차지하게 되면 바로 화폐형태가 등장하는 것입니다. 이제 핸드폰 1대 대신 화폐가 등가형태를 독점하게 되면 다양한 사물들 사이의 교환은 더 쉽게 일어납니다. 가방과 시계 사이의 교환도 화폐라는 공통척도에 의해 쉽게 계산되고 교환될 수 있습니다.

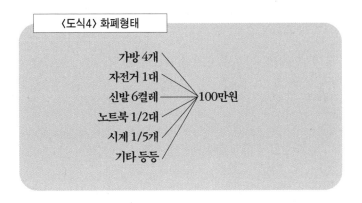

〈도식4〉 화폐형태

가방 4개	
자전거 1대	
신발 6켤레	100만원
노트북 1/2대	
시계 1/5개	
기타 등등	

이제 여기서 화폐물신주의가 생겨납니다. 우리는 〈도식 3〉까지는 등가형태와 상대적 가치형태가 서로의 관계 속에서만 발생할 수 있음을 알 수 있었습니다. 그런데 〈도식 4〉에서는 갑자기 가방과 자전거와 신발이 각각 화폐만큼의 가치를 갖는 것처럼, 다시 말해 다른 사물들과의 관계와 상관없이 자체적으로 그런 독립적 가치를 갖는다는 믿음이 발생하게 됩니다. 원래 화폐의 자리는 핸드폰 1대가 차지하고 있었고, 이는 〈도식 2〉의 역전에 불과한 것이었습니다. 이 역전에 의해, 그리고 사물의 자리

를 화폐가 차지하면서 화폐가 사물들의 가치를 측정하는 독자적 존재인 것처럼 생각되는 환상이 발생하게 된 것입니다. 이런 환상을 갖고 있지 않으면 우리는 화폐를 가지고 교환할 수 없습니다. 화폐를 주고 물건을 받을 때, 이미 이런 환상을 가지고 있는 겁니다. 이렇게 화폐가 자체적으로 가치를 가진다고 생각하는 것, 이게 바로 물신입니다.

화폐물신을 이렇게 규정할 수 있습니다. 외관상으로 보이는 것은 모든 상품이 자신의 가치를 한 상품으로 표현하기 때문에 그 상품이 화폐가 되는 것이 아니라(이것이 〈도식 3〉이 보여 주는 것), 한 상품이 화폐이기 때문에 다른 모든 상품이 자신의 가치를 그 상품(화폐)으로 표현하는 것처럼 보인다는 것입니다(이것이 〈도식 4〉가 보여 주는 것).[9] 스피노자처럼 말하자면, 전제 없는 결론처럼 보이는 무지와 오인의 상태가 곧 화폐물신입니다. 그러나 앞에서도 얘기했지만, 이 무지의 상태는 화폐가 그저 교환의 수단에 불과하다는 것을 우리가 몰라서 초래된 것이 아니라 오직 화폐 '형식 자체'에서 발생한 것입니다. 이 형식은 외부에서 결정되었고 강제적으로 작동합니다. 당사자의 의지와 상관없이 교환비율이 외부에서 결정되고 물적 존재들의 운동 형태

---

9) 김현, 「교환과정의 논리적 구조 : 맑스의 화폐론을 중심으로」, 171쪽.

들로 강제되며 관습적으로 결정되는 일반적 행위 규칙으로 작동합니다. 따라서 그들은 무지하기 때문이 아니라 이미 그렇게 행하고 있기 때문에 물신에 빠져드는 것입니다.

여기서 마르크스의 물신 환상이 스피노자와 다르다는 사실은 결정적입니다. 스피노자의 환상은 대상의 내재된 본질이 아닌 외재적 관계에 대한 무지에 바탕을 두고 있기 때문에 사물의 관계에 대한 올바른 인식에 의해 소멸될 수 있는 것처럼 보입니다. 실제로 2종 인식과 3종 인식은 각각 사물들의 관계에 대한 이성적 인식이고 사물의 본질에 대한 직관적 인식으로 규정되기 때문입니다. 그러나 마르크스의 경우에는 우리가 그것이 물신이라는 사실을 알고 있다고 하더라도 이미 실천적으로 상품의 형식을 통해 언제나 물신을 받아들이고 있다는 사실을 강조합니다.

사실 한 상품이 다른 상품을 등가형태로 사용한다면, 다른 상품도 이 상품을 등가형태로 사용할 수 있습니다. 서로를 등가형태로 삼고 싶은 상품(소유자)의 욕심에서는 자신의 상품만을 등가형태로 고정할 이유가 없습니다. 어쨌든 하나의 상품만이 일반적 등가물이 되어야 합니다. 마르크스에 따르면 해결 방식은 숙고에 앞선 행위, 즉 어느 하나를 보편적 등가물로 하자는 합의가 아니라, 그냥 행위했다는 것입니다. "태초에 행함이 있었다."[10] 이것은 무슨 말일까요? 관건은 여기에 있습니다. 하나의 상품이 상품에서 배제되고 일반적 등가물(화폐)이 되었습니다. 즉 한 상품(화폐)이 독립적으로 '자체적으로' 그런 화폐적 성격을 갖고 있기나 한 듯이 이미 '물신적 믿음'을 바탕으로 교환을 하고 있었다는 것입니다. 물신화는 교환 순간 이미 작동하고 있었던 것입니다.[11] 물신화(환상적 믿음)에 따른 교환이 앞서고 교환의 계약이나 목적(교환의 매개수단으로서의 화폐)은 사후적으로 정당화될 뿐입니다.

객관적 환상

행위가 앞섰다는 것은 행위를 규제하는 경제적 법칙에 의해 행위가 규정되고 있다는 것, 즉 상품생산사회가 근본적으로 물신화에 의해 작동한다는 뜻입니다. 다시 말해 한 상품이 독립적으로 화폐적 성격을 갖고 있고 상품이 화폐로 표현되는 가치를 객관적으로 갖는 것이라는 물신주의가 실천적으로 받아들여지고

---

10) 칼 맑스, 『자본론』 1권(상), 111쪽.
11) 김현, 「교환과정의 논리적 구조 : 맑스의 화폐론을 중심으로」, 188~190쪽.

있는 것입니다. 그런데 이 물신주의에 사로잡히게 되면서 등장하는 것이 노동화폐론이라는 공상적 발상입니다. 앞에서도 말했듯이 상품은 다른 상품과의 관계를 통해서만 자신의 가치를 표현할 수 있습니다. 그래서 모든 상품들의 가치를 표현하는 한 상품의 배타성은 화폐상품의 필연적 등장을 요구하고 일반적 등가물로서의 배타적 독점권을 요구하게 됩니다.

그런데 잘 보면 알겠지만, 화폐는 상품이고 일반적 등가물의 자리를 차지한 것이지만, 그럼에도 불구하고 화폐 자체로는 자신의 가치를 표현할 수 없습니다. 우리 수중에 있는 1만원의 지폐는 언제나 1만원의 가치를 갖는 것이 아닙니다. 인플레이션이 발생하면 1만원 이하의 가치로 떨어지는 수도 있고 외국에 나갔을 때는 환율 차이로 인해 1만원 이상의 가치로 평가받을 수도 있습니다. 그런데도 자체적으로 가치를 갖는 것처럼 보인다면? 그것이 바로 화폐물신에 사로잡혔다는 증거입니다. 화폐는 다른 모든 상품의 관계가 반사되어 하나의 상품(화폐)에 고정된 것입니다. 화폐는 원래 다른 상품의 가치는 표현하지만 자신의 가치는 표현하지 못합니다.

그런데 이 사실을 무시하고 화폐물신주의에 사로잡힌 주장이 바로 노동화폐론입니다.[12] 화폐의 바탕에 노동이 있고 따라서 노동시간만큼의 전표로 바꿔 주면 이걸로 화폐를 대신할 수 있으며, 화폐가 일으키는 여러 물신적 소동들을 잠재울 수 있을 것이라고 생각한 것이죠. 그런데 10시간짜리 노동화폐는 자체적으로 10시간의 가치를 표현할 수 없습니다. 노동전표마저도 다른 상품과의 관계 속에서 그 가치의 변동을 겪어야 하기 때문입니다. 화폐형태가 완성된 후에 갖게 되는 필연적 가상으로 인해 여러 상품이 자신의 가치를 한 상품(화폐)에 표시했기 때문에 그 상품이 화폐가 된 것으로 보이지 않고 화폐 때문에 다른 상품이 자신의 가치를 표시하는 것처럼 보인 것입니다. 상품은 언제나 상품과 화폐상품으로 이중화되며, 이 과정의 완성이 화폐형태입니다. 그런데 최종적으로 완성된 결과물로서의 화폐상품 안에서 그 역사적이고 논리적인 과정 모두가 소멸해 버리고 그 흔적이 오로지 화폐로만 남아 있기 때문에 화폐만이 유일하게 가치를 갖고 있는 것처럼 보이는 것입니다. 노동전표와 같은 대체화폐는 이렇게 전제 없는 결론처럼 화폐형태라는 결과물만을 보고 그것 자체를 대체하려는 공상적인 운동일 뿐입니다. 즉 물신주의에 사로잡힌 물신적 의식일 뿐입니다.

마르크스에 따르면 이 사회 자체는 물신으로 구조화돼 있습니다. 이 자본주의 사회에서 상품물신의 기초는 무지가 아니

---

12) 김현, 「교환과정의 논리적 구조 : 맑스의 화폐론을 중심으로」, 193~195쪽.

라는 것이죠. 우리는 알고 있으면서도 늘 그렇게 실천할 수밖에 없습니다. 우리는 그런 형식 속에서 살고 있기 때문에 앎을 통해 그 환상을 제거할 수 없습니다. 상품물신에 대한 마르크스의 재미있는 묘사가 있습니다. "상품을 분석하면, 그것이 형이상학적 궤변과 신학적 잔소리로 차 있는 기묘한 물건이라는 것이 판명된다." 상품이 사용가치(가령 책상)인 한 여러 속성(글을 쓸 수 있는 안정된 판, 네 개의 다리…)을 갖는 것은 당연하고 이는 인간의 특정한 욕망을 만족시킵니다. 그야말로 여기엔 "조금도 신비한 요소가 없다"는 것이죠. 그러나 "책상이 상품으로 나타나자마자 초감각적인 물건으로 되어" 버립니다.[13] 마르크스의 말대로 "형이상학적 궤변과 신학적 잔소리"는 사용가치의 책상이 상품이라는 관계 형식으로 전환될 때 발생합니다. 그런데 이 궤변과 잔소리는 결코 제거할 수 없습니다. 화폐형식이라면 이 신학적이고 형이상학적인 물신주의를 반드시 포함해야 합니다. 그것은 객관적으로 실재하는 환상입니다. 바로 이 점을 밝힌 것에 마르크스의 상품형태 분석의 의미가 있겠습니다.

---

13) 칼 맑스, 『자본론』 1권(상), 91쪽.

정의라는 예지적 이념

지금까지 살펴본 환상은 본질적 실체가 아닌데도 그런 것으로 간주하는 어떤 착각의 구조 속에서 발생하는 것이었습니다. 그렇다면 오인이나 착각이 아닌 환상은 존재하지 않는 것일까요? 우리는 이 점을 칸트를 통해서 살펴보려 합니다. 단서는 『순수이성비판』에 있는 것으로 보입니다. 칸트는 '변증적 가상'이라는 이름 아래 이성의 이념들을 살펴보고 있는데, 그것은 불멸의 영혼, 자유, 그리고 신이라는 이상입니다. 그런데 칸트는 이 가상을 비판할 수는 있어도 제거할 수는 없다고 말하는데, 까닭은 그것들이 외부에서 부과된 것이 아니라 이성 자체의 본성에서 비롯되는 것이기 때문입니다. 제거할 수 없는 가상이라는 점에서 보면 칸트의 환상은 마르크스의 것과 그 구조가 비슷해 보입니다.

하지만 그 발생의 구조는 전혀 다릅니다. 따라서 부여된 의미도 다릅니다. 칸트는 예지계가 적극적인 의미에서는 존재한다고 말할 수 없다고 말합니다. 그렇다면 소극적으로는 혹은 부정적으로는 존재할 수 있다고 말하는 셈입니다. 소극적으로 존재한다? 선의 부재를 악으로 보는 그런 사고방식과 비슷할까요? 그렇지 않습니다. 그것은 이 세계가 전부는 아니라는 사실의 다른 표현으로 생각됩니다. 주지하다시피 칸트는 인과적인 현상계가 이 세계의 전부라고는 하지 않습니다. 인과적 현상계만을 받아들이면 이율배반에 빠지고 만다는 것이 칸트의 증명이기도 했습니다. 현상계 너머의 예지계란 이 세계 바깥에 존재하는 또 다른 세계를 뜻하는 것이 아니라 이 세계 자체의 완결성에 대한 부정으로 읽을 필요가 있습니다.

예를 들어 보겠습니다. '역사의 목적'이라는 것이 있습니다. 칸트는 이를 "자연의 책략"이라고도 했죠. 칸트의 유명한 질문 세 가지가 있습니다. '나는 무엇을 알 수 있는가?' '나는 무엇을 해야 하는가?' '나는 무엇을 희망할 수 있는가?' 칸트는 여기에 하나를 더 추가했는데 그것은 '인간이란 무엇인가?'였습니다. 인간이란 무엇인가? 이는 '인간이 존재한다는 것은 도대체 왜 필요한가?'와 같은 질문입니다. 이 질문은 실상 목적에 대한 질문입니다. 이 세계는 무슨 이유 때문에 존재하며 이 세계에서 인간의 존재 이유는 무엇인지 묻는 질문입니다. 그렇다면 이 '목적'의 성격을 물어볼 필요가 있겠습니다.

목적이란 기본적으로 그것이 무엇이든 그 사물 자체를 넘어서는 성격을 갖습니다. 망치라는 사물의 목적이 망치를 초월하듯이 인간의 목적도 인간을 초월합니다.

이 목적이란 '본질의 현존 문제처럼 자연을 넘어서서 추구되어야 하는 목적'이며, 생을 넘어선 생의 목적, 우주를 넘어선 우주의 목적을 의미한다. [···] 이 목적은 모든 목적과 마찬가지로 자연이나 생명 또는 우주보다 더 고차적인 어떤 것이어야 한다. 그런데 이러한 것들은 목적에 대한 질문을 받자마자 즉각적으로 보다 더 고차적인 것을 획득하기 위한 수단으로 강등되어 버린다.[14]

아렌트는 목적이 갖는 초월성을 이처럼 두 가지로 나눠서 설명하고 있는데 우리는 이를 하나로 축소시켜 일반화해 보려 합니다.

인간이 목적에 대한 질문을 할 때 인간은 자연적인 존재로서의 자신을, 혹은 생 일반으로서의 존재를 초월하게 됩니다. 그리고 인간은 그렇게 목적을 질문하는 초월적 존재이기도 합니다. 그리고 목적은 설정되는 순간 또 다른 목적에 복속되는 목적이 됩니다. 따라서 목적을 질문하는 인간은 이 세계 자체의 완결성을 받아들이지 못합니다. 역사의 목적이 무엇인가, 하는 질문은 인과적 현상이나 자연적 진화만으로 이 세계를 설명할 수 없

---

14) 한나 아렌트, 『칸트 정치철학 강의』, 김선욱 옮김, 푸른숲, 2002, 43~44쪽.

다는 말이기도 합니다. 우리는 인과만으로 만족할 수 없습니다. 또한 진화의 자연적 경향에도 만족할 수 없습니다. 역사의 목적이라는 질문은 인간의 자기 초월성과 함께 세계의 자기 초월성이기도 합니다. 즉 세계는 그 자체로 완전성의 자족 아래 머무를 수 없는 균열된 무엇이라고 보아야 합니다. 진화적 설명이나 인과적 설명이 어떤 한계 아래에서만 가능한, 혹은 그런 설명을 확장하면 이율배반에 빠지게 되는 어떤 균열이 이 세계에 존재한다는 전제 아래서만 그런 목적이라는 관점이 성립할 수 있는 것입니다.

또한 도덕적 의무나 정의와 같은 사회 정치적 덕목도 언제나 환상의 지위를 갖습니다. 니체의 정의 개념은 기본적으로 힘에 바탕을 두고 있기 때문에 강한 자의 명령과 지배가 관철되는 것이 정의일 수 있습니다. 그런데 이런 니체의 정의 개념이 갖는 문제점이 있습니다. 만약 강자가 지배하는 것이라면 우리가 사는 세계는 도대체 무슨 의미가 있는 것일까요?[15] 무의미 속에서도 살 수 있는 강한 영혼을 니체가 원했다고는 하지만, 우리가 과연 의미 없는 삶을 견딜 수 있을까요? 최소한 칸트는 역사의 목적을 위해서라도 정의는 실현되어야 할 어떤 초점과도 같은

---

15) 슬라보예 지젝, 『신체 없는 기관』, 이성민 외 옮김, 도서출판b, 2006, 80쪽.

것으로 생각했습니다. 정의는 역사의 목적과 마찬가지로 실체적인 것은 아닙니다. 그러나 실천이성의 요청들과도 같이 정의는 환영의 형식으로라도 존재해야 하는 그런 끝개와 같은 것입니다. 인간의 모든 도덕적 행위들이 결국 아무런 의미도 없는 것이라면 도대체 이 세계가 유지되어야 할 이유가 무엇일까요? 정의는 환상과도 같은 것이지만 그럼에도 우리가 존재하고 행위하고 정치적으로 공동체를 유지할 수 있으려면 반드시 의존해야 하는 그런 대상입니다. 정의라는 궁극적 지평이 있기 때문에, 다시 말해 힘들의 세계나 인과적 세계 내부에 어떤 균열이 있기 때문에 우리는 삶의 고통을 견디고 공동체를 구성하는 실험을 계속하는 것입니다.

숭고라는 예지적 물신

앞에서 다룬 바 있던 숭고의 문제도 이 관점에서 다시 살펴볼 필요가 있습니다. 칸트는 폭풍우 치는 대양이나 폭발하는 화산, 만년설로 뒤덮인 산봉우리가 숭고하다고 하지 않았습니다. 대상은 숭고미가 발생하는 조건적 계기에 불과합니다. 숭고를 불러일으키는 대상은, 우리 판단력에 대해서는 그 작동을 방해한다는 점에서 반목적적이고, 이성 이념이 현시되지 않는다는 점에서 우리 현시능력에도 부적합하며, 상상력으로 하여금 그 한계로 몰아붙인다는 점에서는 폭력적입니다. 그런데도 칸트는 바로 그렇기 때문에 우리가 숭고를 느낀다고 말합니다.[16] 그런 점에서 숭고의 대상은 자연 대상이 아닙니다. 왜냐하면 숭고는 감성적 형식에 함유되어 있는 것이 아니라 상상력이 그 한계 속에 도달했다는 그 사실로 인해 섬광처럼 출현하는 이성의 이념에 관계하기 때문입니다. 중요한 것은 한계에 봉착하는 상상력입니다. 상상력의 감성적 종합능력의 파열 덕분에, 이런 부정적 조건 덕분에 무조건적인 이성 이념이 현시되는 것입니다.

상상력의 종합이 실패하는 대표적인 예로 칸트가 거론하는 것이 로마의 성베드로 성당입니다. 그곳에 들어가는 순간 우리는 경악할 수밖에 없다고 합니다. 하나의 대상을 종합해서 형상으로 만들려고 한다면 상상력이 방금 보고 지나친 부분을 계속해서 떠올려 줘야 하는데 성베드로 성당은 너무 크고 웅장해서 이런 종합 과정에서 상상력이 그 한계로 내몰린다는 것입니다. 이 실패의 과정 속에서 상상력에게 현시되는 것이 바로 전체를 종합하라는 무조건자의 이념, 즉 이성 이념입니다. 이렇게 전

---

16) 임마누엘 칸트, 『판단력비판』, 백종현 옮김, 아카넷, 2009, B76.

체에 대한 요구가 우리 마음속을 차지할 때 숭고의 감정이 떠오른다는 것이죠. 이처럼 숭고는 단적으로 큰 것을 접할 때 생기지만, 이때의 크기는 수학적이거나 논리적인 크기가 아닙니다. 우주도 크지만 우리는 우주보다 더 큰 것을 언제든 생각할 수 있습니다. 수학적 크기는 절대적인 크기가 아닙니다. 단적으로 커서 상상력이 한계에 봉착하는 것은 미학적으로만 느껴지는 그런 것이어야 합니다.

상상력의 실패 속에서 이성 이념이 현시된다는 것은 무슨 뜻일까요? 엄청난 위력의 자연이 우리에게 두려움의 권능으로 압도한다고 해도 우리는 이런 외견상의 절대권력에 도전할 수 있는 다른 능력, 즉 도덕성이라는 '인격성'을 갖고 있습니다. 이 인격성의 힘은, 우리가 걱정하는 재산, 건강, 생명과 같은 것을 작은 것으로 간주하는 위대한 힘이며, 마음의 숭고성이 자연보다 더 위에 있음을 우리의 상상력을 고양시키면서 느끼게 하는 힘입니다.[17] 숭고함은 자연의 사물이 아니라 우리 마음 안에 있습니다. 정확히는 상상력과 이념의 불일치와 균열 안에 있습니다. 우리 안의 자연(인격성)이 우리 밖의 자연에 대해 압도적이라는 사실을 의식한다면 말이죠. 그래서 우리 힘을 촉구하는 자연

---

17) 칸트, 『판단력비판』, B105.

의 위력들은 비본래적이지만 그래서 숭고하다고 말하는 것입니다.[18] 여기서 '비본래적'이라는 것은 숭고의 대상이 자연이라는 사물의 실체성에 있지 않으며 대상의 본성보다는 상상력과 이념의 균열 안에 있다는 뜻입니다. 그러므로 숭고는 일종의 환상입니다. 하지만 그것은 부재하는 환상이 아니라 정확히 이 세계의 균열을 지시하는 환상입니다. 따라서 제거할 수도 없고 부정할 수도 없으며, 오히려 인간의 윤리적 위대성을 상징하는 환상이라 할 수 있습니다. 인간은 이런 환상과 함께 살아가는 존재입니다.

---

18) 칸트, 『판단력비판』, B109.

9강 _ '교육'에 대하여

2023년 7월 중순 한 초등학교 교사의 안타까운 죽음이 있었습니다. 학생과 학부모들로부터 당했던 시달림을 견디지 못했던 것입니다. 이 통절한 죽음을 두고 '교권회복'이니 '학생인권'이니 '학부모 갑질'이니 하는 복잡한 말들이 난무하고 있고, 정부의 대응은 언제나처럼 (교권회복에 집중된) 법령 개정에 집중하는 모습입니다. 동료의 아픔과 고통에 깊이 공감하는 수많은 교사들이 자발적인 집단 저항의 움직임을 보이고 있는데, 이것이 과연 법이나 권리 차원의 처우 개선의 문제로 환원될 수 있을까요? 초등학교 교사의 '(외로운) 선택' 자체가 이미 교육에 대한 더 근본적인 차원의 접근을 요구하는 것으로 보이고, 교사들의 연대와 공분이 사건 당일부터 즉각적으로 조직되고 분출되었다는 점도 이런 사실의 반영으로 보입니다.

이런 일련의 사건들은 우리 시대 '교육'의 특정 '개념'에서 자연스럽게 도출된 것으로 생각됩니다. 다시 말해 우리 교육의 '진리'가 바로 이번 사건이라는 것입니다. 어떤 사소한 장애물 때문에 교육 현장이 혼란스러운 것이 아니라 교육의 본질 자체가 이미 혼란스러운 것입니다. 그렇다면 우리 사회의 교육이라는 개념의 본질은 어떻게 규정할 수 있을까요? 아울러 근본적인 전환이 이뤄져야 한다면, 교육은 도대체 어떤 것이어야 할까요? 이 문제를 칸트의 '계몽'에 대한 규정과 함께 살펴보도록 하겠습니다. 계몽은 무엇이고, 계몽과 교육은 개념적으로 어떤 관련성이 있는지 알아보겠습니다. 칸트에 따르면 우리는 아직도 계몽을 요구하는 사회에 살고 있는 것으로 보이는데, 교육 현장에 있지 않은 우리가 할 수 있는 최선은 엄밀한 개념 규정과 그것을 바탕으로 한 토론이겠습니다.

'질문'의 형식

이 문제를 살펴보는 이유는 이 교사의 죽음(그리고 죽음에 대한 연대) 속에서 칸트적 차원에 속하는 '자유'의 순간(현현)이라 부를 수 있는 것들을 목격하기 때문입니다. 칸트는 이 세계가 전부는 아니라고 말합니다. 즉 기계적 인과성에 의해 작동하는 이 자연적 세계 바깥에, 더 정확히는 그 내적 균열 속에 예지계라는 숭고한 영역이 있다는 것입니다. 그리고 이 예지계에 바로 인간의 자유와 인간의 가장 숭고한 인격성(도덕성)이 근거한다고 말합니다. 그렇다면 이 경험 불가능한 예지적 자유의 세계를 어떻게 확인할 수 있을까요? 바로 '질문'입니다.

그 교사에겐 아마도 이런 질문이 있었을 것입니다. '이렇게 사는 게 옳은 것일까?' '이런 게 과연 교사의 삶일까?' 원래 이런 질문은 사변적인 질문이 아니라 윤리적인 것입니다. 어떤 결단적 행위에는 언제나 이런 근본적인 질문이 숨어 있는 법입니다. 이 질문은 이렇게 바꿔 볼 수 있습니다. '이것이 삶의 전부라고는 할 수 없다', '교사의 삶에는 다른 차원이 있어야 한다'. 즉 철학적으로 바꿔 말해 보면 교사가 했을 법한 질문에는 예지계에 대한 호출이 있었던 것으로 보입니다. 칸트가 말한 예지계는 이 '다른 차원', '전부에 속하지 않는 그 무엇'의 형태로 포착됩니다. 플라톤이라면 아마도 그것을 이데아적 차원이라고 부르지 않았을까요?

질문에는 세 가지가 있는 것으로 보입니다. '이것은 무엇인가'라는 동일한 명제도 그 성격에 따라 인식적인 질문, 미학적인 질문, 윤리적 질문의 형식으로 나눌 수 있습니다. 인식적 질문이 주어진 보편성을 구체적인 것에 적용하는 것이라면(테베를 파괴하고도 아직 잡히지 않은 그 살인자는 누구인가? 아버지를 살해하고 어머니와 결혼한 나는 누구인가?), 미학적인 질문은 구체적인 것에서 공통의 보편성을 찾는 것입니다. '이 꽃은 참으로 아름답다'는 판단은 개별적인 꽃에 대한 미적 보편성의 확인입니다. 반면에 윤리적 질문의 특징은 선험적인 보편성을 구체적 행위에 대조한다는 것입니다. '정의로운 사람은 누구인가?'라는 윤리적 질문은 개별 사례에 보편성을 적용해야 한다는 점에서는 인식적 질문과 비슷하지만 그 보편성이 구체적이지 않다는 점에서는 미적인 질문과 비슷합니다. 어떤 행위를 해도 좋은지 묻는 준칙 채택의 과정에는 언제나 선험적 보편성이 개입하는데, 문제는 이 보편성을 직접 확인할 수 없다는 것이고, 그렇기 때문에 윤리적 질문에 대한 대답은 쉽지 않습니다. 그리고 보편성은 작동하고 있지만 언제나 규정되지 않는 방식으로 작동합니다.

세 질문 중에서 진정한 질문은 윤리적 질문이라고 할 수 있습니다. 인식적 질문은 습득한 보편성을 적절히 적용하면 되는 문제이지만 윤리적 질문은 적용할 보편성을 스스로 찾아야 합니다. 그런데 이 찾아야 할 보편성이 오로지 주체의 이성에 입각해야 하기 때문에 그것은 타자와 공통적으로 나눌 수 있는 감정의 차원(미학적 질문)을 벗어나야 합니다. 어떤 행위가 과연 옳은지 규정적으로 지시해 주는 그런 윤리성(보편성 혹은 도덕법칙)이 경험적 형태로 제시되지 않는 한 보편성을 창안해야 하는 주체는 어떤 '심연'을 마주하게끔 되고, 그 옳음과 그름에 대한 모든 판단을 오직 자신의 이성에 기초해 내리는 '자유'의 형벌에 처해지게 되는 것입니다.

그럼에도 불구하고 이 선험적 보편성(윤리적 의무)은 언제나 우리의 행위 앞에 사실처럼 놓여 있다고 칸트는 말하고 있으며 따라서 우리가 그 명령의 절대성 앞에서 결코 벗어날 수 없다는 사실이 중요합니다. 바로 이 지점이 칸트 윤리학의 가장 핵심적인 부분이 아닐까 생각합니다. 칸트는 이를 "순수이성의 유일한 사실"이라 부르는데, 예지적 보편성 아래서 판단하라는 이 정언명령은 언제나 부인할 수 없는 이성의 사실처럼 우리에게 떠오르면서 자신을 알립니다. 유일한 사실이면서도 우리에겐 언제나 모호한 도덕적 의무, 하지만 언제나 정확히 작동하는 명령, 그것이 우리를 자유의 심연으로 몰아넣는 것입니다.

교사의 질문은 우리에게 자유와 숭고를 보여 줍니다. 이성의 사실처럼 교사에게 떠올랐을 '삶의 전부'나 '교사의 올바른 상'이라는 것은 물론 정확히 규정할 수 없습니다. 하지만 그래도 거기에 비추어 자신의 삶을 반성하고 판단하게 되는 것입니다. '이렇게 살아도 되는 것일까?' 이 규정되지 않은 보편성 때문에 인간의 자유가 생겨나게 되는데, 왜냐하면 그것은 정답처럼 내려오는 게 아니라 질문과 고뇌의 형식으로 나타나기 때문입니다. 이 고뇌 어린 질문이야말로 우리에게 도덕법칙이 가동되고 있다는 표시이자 인간의 자유가 구체적으로 실현되는 순간입니다. 왜냐하면 이 질문은 기존의 모든 가치들과 판단들을 재검토하는 순간이 되기 때문입니다. 균열로 인해 붕괴되는 세계란 바로 이 질문과 함께 나타나는 것이라 할 수 있겠습니다.

그 고뇌는 또한 저 숭고한 도덕법칙에 비추어 자신의 행위가 혹시 무가치한 타협이 되지는 않을까 하는 내면의 꾸짖음 혹은 카프카적인 내적인 치욕의 감정으로 번지는데, 바로 이런 것이 인간을 숭고하게 만드는 것입니다. 기존의 삶이 치욕의 감정 속에서 포착되는 것은 그의 이성 안에서 숭고한 도덕법칙이 준열히 타협적인 삶을 주시하기 때문입니다. 따라서 교사의 윤리적 질문은 결국 이미 이 필연적 세계에 대한 반성적 통찰을 포함하게 됩니다. 이 세계에 '교사로서의 자리'가 없다는 외침이 곧 그의 질문이었지 않을까요? 이 폭력적인 공간에서는 교사로서의 정체성과 자부심, 명예심, 사명감, 의무에 대한 충실감과 같은 것을 결코 확인할 수 없다는, 헤겔식으로 말해 윤리적 실체를 발견할 수 없다는 절망감의 표현이라 하겠지요.

이방인으로서의 주체

이제 여기서 우리는 칸트적 자유의 차원으로 들어설 수 있습니다. 이 사회적 필연성에 대해 던지는 반성과 의문은 이방인으로서의 주체의 탄생과도 같은 것입니다. 칸트가 말하는 자유는 사회적 공간에서 떨어져 나온 주체의 영혼 깊숙한 곳에 숨겨져 있는 그런 것이 아닙니다. 주체는 세계 안에 있어야 합니다. 그러면서 자신을 그 세계 안에서 이방인처럼 발견할 때, 세계가 자신에게 갑작스레 낯설어질 때 그때 주체는 자유에 접근하게 됩니다. 이방인으로서의 주체란 세계 내에 존재하는 모든 것으로만 세계가 구성되어서는 안 된다는 자유의 주장입니다. 내가 스스로 아무것도 할 수 있는 게 없다는 확신, 내가 그저 삶의 노예인가 하는 깨달음의 순간, 바로 이 순간 역설적으로 주체가 자유로워지는 것입니다. 주체의 탄생이자 자유의 순간입니다. 반드시 이런 필연성이어야만 하는 것은 아니라는 간절한 외침과 더불어서만 칸트적 주체는 나타날 수 있습니다.

주체는 사회적인 인과의 계열을 바꿀 수는 없습니다. 하지만 그런 원인으로 하여금 그런 결과를 낳도록 하는 필연성에 대한 형식적 승인은 거절할 수 있습니다. 그러므로 칸트의 자유는 형식적입니다. 하지만 그럼에도 아주 강력하고 숭고한 경험입니다. 이 필연적 관계에 대해 승인하지 않음으로써 최소한 주체의 자리에서는 인과적 진행에 균열이 발생하게 됩니다. 이 자유의 형식적 차원에서 주체는 이 세계의 필연성에 대해 의심하고 비판하면서 거부하는 주체로서 자신이 윤리적으로 선명하게 살아 있음을 증명하게 됩니다. 물론 이 윤리적 삶은 언제나 생물학적인 삶과 죽음의 경계를 넘는 그런 통절한 것이기도 합니다.

하지만 주체는 철저히 수동적이기도 합니다. 윤리적 질문을 던지는 주체는 결국 이런 상태에 처하게 됩니다. '나는 이와 다르게 할 수는 없어. 이 선택과 이 행위가 나를 파멸시키리라는 것도 충분히 알고 있어. 하지만 여기서 벗어날 수도 없고 벗어나고 싶지도 않아. 나는 이렇게 할 수밖에 없어.' 이 불가항력 속에서만 나는 나로서 존재하는 것입니다. 이 순간 그는 가장 고유한 주체, 그 누구도 될 수 없는 '단독적인' 개체가 되는 것입니다. 하지만 그가 자유의 심연 속에서 처하게 된 그 단독성은 이미 보편적 대의와 연결되는 것이기도 합니다. 윤리적 결정은 언제나 보편성의 차원을 개방하기 때문입니다. 수많은 교사들의 눈물과 연대는 이 보편성의 증거이기도 합니다. 그들도 이미 그런 수동성의 경험이 있었던 까닭이죠. 이 순간 새로운 세계가 시작됩니다. 어떤 대가를 치르더라도 타협할 수 없다는 윤리적 행위의 담지자들이 생겨나는 세계가 말이죠. 기존의 인식과 기존의 타협적 삶은 중지되고 그런 삶이 더 이상 우리를 설명할 자리를 찾지 못하는 순간이 도래합니다. 숭고한 예지계적 차원이 단독적인 개체들이라는 이 세계의 균열 지점을 통해 섬광처럼 나타나게 됩니다.

학부모의 '난입'

이제 이 사건의 구체적 현장으로 들어가 보도록 합시다. 학생들 사이에 다툼이 있었고 이를 해결하려던 담임교사에 대해 학부모 측에서의 압박과 갑질이 있었습니다. 분명 교사의 교권을 침해한 학부모의 폭력이 문제였는데 '보수' 쪽에서는 진보교육감들에 의한 학생인권조례의 부작용이라며 교권과 학생인권의 대립 구도로 상황을 바꾸려고 했습니다.[1] '진보' 쪽에서는 교권과 학생인권 사이의 대립성은 없으며 학생인권의 강조가 교실의 붕괴를 낳았다는 주장은 터무니없고 교권침해가 발생하지 않도록 악성 민원이나 제도의 미비점을 종합적으로 점검해야 한다는 입장을 발표했습니다. 이외에도 다양한 의견이 있었지만 그

---

[1] 「한겨레」 2023. 7. 24. (https://v.daum.net/v/20230724184010283)

럼에도 한 가지 점에서는 일치하고 있었는데, 그것은 교권 보호 방안 마련을 통해 교사가 교육에만 전념할 수 있도록 하는 게 중요하다는 것이었습니다. 그런데 제가 보기엔 바로 이 관점 내부에 검토되지 않은 게 하나 있는 것 같았습니다. 교권을 보호하더라도 지금의 '교육' 개념 아래서는 이런 사태가 언제든 재발할 수 있다는 사실 말이죠.

저는 교권 붕괴라는 부정적 규정은 문제의 본질을 규정할 수 없다고 생각합니다. 대신 이 사태를 '학부모의 난입'이라고 포지티브하게 규정할 필요가 있습니다. "붕괴된 교실",[2] 이런 표현 자체가 이미 학부모의 난입에 의하지 않고는 불가능합니다. 학부모의 난입이라고 규정하는 까닭은 통념이나 관행과는 달리 학부모는 원래 교육의 주체가 될 수 없다고 생각하기 때문입니다. 교육 현장에 개입해서는 안 되는 학부모가 교사와 학생 사이에 난입함으로써 문제 자체를 해결 불가능한 것으로 만들어버린 것입니다. 그렇다면 물어야 할 것은 이렇게 됩니다. 어떻게 학부모는 난입할 수 있게 되었을까요? 그 난입을 가능케 하는 우리 시대의 교육 개념은 무엇일까요?

좌우를 막론하고 교육은 '계층 상승의 사다리'로 규정됩니

---

2) 「머니투데이」 2023. 8. 5. (https://v.daum.net/v/20230805170330169)

다. 사회적 양극화를 완화시킬 어떤 경제적 신분 이동의 장치로서의 교육이라는 개념에 대해서는 거의 저항이 없는 듯합니다. 교육에 대한 이런 개념 규정은 과연 적절한 것일까요? 저는 이 개념이야말로 교육의 비교육적 본질을 정확하게 드러내는 것으로 보입니다. 이 개념은 교육 자체를 내재적으로 부정하고 있습니다. 즉 사회정치적 신분 상승이 교육 개념 내에 개입함으로써 교육 자체의 자율성이 손상되었고, 교육은 이미 비교육적인 장이 되었습니다. 누군가와 끊임없이 경쟁해야 안정된 신분을 유지할 수 있다는 이 개념은 사실 자본주의적 경쟁의 논리가 교육 현장에 이식된 것으로 보입니다. 그러므로 교육은 이미 그 개념 자체에서부터 자본의 하위 영역에 편입되어 있는 실정입니다. 교육이 그 개념 규정에서부터 이미 교육 자체를 부정하고 있는 이 모순된 상황이 현재의 교육 현장으로 보입니다.

이 교육의 모순된 본질 규정에서 발생적으로 파생되는 것들이 있습니다. 학생인권과 교권의 대립은 이미 교육 개념 자체에서 비롯된 것입니다. 경쟁하도록(그리하여 신분이 상승하도록) 독려하는 게 교사의 임무가 되고 경쟁 교육을 포기하지 않도록 주시하는 게 교사의 역할이 되면 꼭 그렇게 살아야 하는지 무의식적으로 동의할 수 없는 학생들의 반발이 생겨나게 됩니다. 이 반발을 해결하는 과정에서 학생인권문제가 대두되는 것이고,

이는 다시 교권 침해의 문제로 연결됩니다. 즉 학생의 권리, 교육의 주체, 교사의 권리라는 개념들은 교육의 내적 비일관성 때문에 발생하는 것임에도 현재의 진단은 이런 파생물들을 본질의 차원에서 다룬다는 점에서 문제가 있습니다. 계층 상승의 사다리라는 교육 개념이 교사의 지위 문제, 학생인권의 문제 등을 낳는 것입니다.

신분 상승이 교육의 핵심 과제라면 학부모가 자식을 위해 교육 현장 내부로 진입하는 것은 당연한 일이 됩니다. 자녀에 대해 끊임없이 관심을 갖는 학부모에 비해 겨우 1년밖에 담임을 맡지 않는 교사들은 현실적으로 학부모의 경쟁 상대가 될 수 없습니다. 학부모는 이미 난입할 준비가 되어 있고 이것이 교권침해를 낳는 것이죠. 사다리로서의 교육이라는 개념 자체가 만들어 낸 교실 붕괴의 모습입니다. 이것 말고도 우리가 익히 아는 다양한 문제들도 동일한 개념 속에서 파생된 것들입니다. 주어진 문제만을 잘 푸는 교육, 상위 대학에만 보내기 위한 교육, 학원의 선행학습을 따라갈 수 없는 공교육, 아이들의 서열화를 자연스럽게 생각하는 교육. 교권문제나 학생인권문제라는 것이 표층적으로는 잘 해결되어 진정이 되었다고 하더라도 교육의 본질이 변하지 않는 한 지금과 같은 폭력적 과잉들은 언제나 폭발적으로 등장할 수밖에 없습니다.

많은 자료를 조사하지는 않았지만 가까운 일본과 한번 비교해 보도록 하겠습니다. 교육과 경제의 분리가 얼마나 교육적-사회적으로 많은 문제들을 해결하는지를. 일본에서는 대졸자와 고졸자의 임금 차이가 한국처럼 크지 않다고 합니다.[3] 가령 생애임금의 경우(2018년 기준, 노동정책연구연수기구), 대졸자가 2억 7천만 엔, 고졸자가 2억 1천만 엔, 중졸자가 1억 9천만 엔으로 고졸자와 중졸자는 거의 차이가 없고 대졸자와 고졸자 사이에는 약 120% 정도의 차이가 있습니다. 한국의 경우는 〈OECD 교육지표 2022〉에 따르면, 고졸자와 대졸자의 임금 격차는 138%, 고졸자와 대학원 졸업자의 임금 격차는 무려 182%나 됩니다. 고등학교만 나온 사람과 대학원까지 나온 사람의 임금은 거의 두 배 정도 차이가 납니다. 하지만 한국은 고졸이든 대졸이든 사교육비를 엄청나게 지출했다는 것을 감안해야 합니다. 그런 비용을 들이고도 138%밖에 차이가 나지 않는 반면, 일본은 사립대에 가는 경우만 사교육비를 지출하기 때문에 120%차이밖에 나지 않는다면 고졸도 상당한 성과를 달성한 것이 됩니다. 또한 대졸자 고용률은 OECD 평균이 84%, 일본이 90% 이상인 반면 한국은 76%입니다.

---

3) 「한국경제」, 2023. 8. 11. (https://v.daum.net/v/20230811070801249)

대졸자든 고졸자든 임금 격차가 그렇게 크지 않고 경제적으로 안정적이며 사교육비나 선행학습에 매몰되지 않는 일본 학생들은 고졸자가 되어도 삶의 자부심을 얻을 수 있습니다. 이것이 직업을 대하는 한국인과 일본인의 차이를 만들지 않을까 생각합니다. 한국의 경우 학력에 따라 대학 서열이 결정되고 대학 진학 결과에 따라 임금까지 결정되니, 학업 능력이 떨어지는 학생들이나 고졸·중졸자들은 사회에 발을 딛는 순간 이미 패배했다는 정체성 속에서 출발해야 합니다. 자신의 존재가 사회적으로 이미 부정된 상황에서 자기 직업에 대한 만족감이나 사회에 대한 긍정적 감정이 얼마나 생겨날까요?

교사와 학부모 사이의 외적 대립은 교육의 내재적 자기 부정(계층 상승의 사다리로서의 교육)의 다른 표현입니다. 그리고 이 교육의 내재적 부정은 학생들의 자기 부정도 낳는 원인이 됩니다. 자신의 내밀한 본질에 대한 부정적 관계 때문에 교육 현장에서의 문제는 외적인 장애물이 침입한 형태로 나타날 수밖에 없습니다. 학부모의 난입은 단순히 교권을 침해한 우연적 사건이 아닙니다. 그것은 교육 개념 내부의 모순이 드러난 형태일 뿐입니다. 따라서 교육 개념의 전환이 필요합니다.

계몽이란 무엇인가

칸트는 「계몽이란 무엇인가에 대한 답변」(1784)에서 '계몽'이란 "우리가 마땅히 스스로 책임져야 할 미성년 상태로부터 벗어나는 것"[4])이라고 규정합니다. 분석해 보면 계몽은 두 요소로 이뤄져 있는데, 스스로 책임지지 못하는 책임 회피라는 조건, 미성년에서 해방되는 어른 되기의 과정이 그것입니다. 미성년 상태란 일반적으로 친권자의 동의 없이 권리 행사가 불가능하고 말과 행동에 책임지지 않으며 타인의 지도와 감독, 보호와 후견에만 의존하고 자율적 주권과 책임을 포기한 예속 상태입니다.[5]) 자율성의 포기와 책임의 부재가 일반적 의미의 미성년 상태라면, 이는 칸트의 규정에 의해 보충됨으로써 그 의미가 더 선명해질 수 있습니다. 칸트는 다른 사람의 지도를 받지 않고는 자신의 이성을 사용할 수 없는 무능력 상태를 미성년의 핵심으로 간주하는데, 여기서 이성의 자율적 사용의 포기야말로 계몽되지 못한 상태의 본질적 특성이라 할 수 있습니다.

칸트의 관점에서는 이성의 자율성과 이성적 능력은 선험적

---

4) 임마누엘 칸트, 「계몽이란 무엇인가에 대한 답변」, 『칸트의 역사철학』, 이한구 편역, 서광사, 1992, 13쪽.
5) 임홍배, 「칸트의 계몽 개념에 대하여」, 『괴테연구』 31, 2018, 144쪽.

으로 보유한 인간의 자질이기 때문에 이 능력을 타인에게 양도한다면(발휘하지 않는다면) 그는 성인이든 아니든 미성년 상태가 되는 것입니다. 타인의 지도 없이 이성을 사용할 수 없는 미성년에서 문제는 '지성의 결핍'이 아닙니다. 지식의 전수는 칸트 계몽의 기획에는 포함되지 않습니다. 지식의 유무라는 관점에서 접근하면 책임, 주체, 자유라는 인간의 사회적이고 윤리적인 핵심적 가치들을 놓치게 됩니다. 칸트의 계몽 개념에서는 지성의 결핍이 아니라 이성의 사용이 중요합니다. 계몽에 대해 자연에 대한 이성적 지배와 같은 부정적 용법을 통해 정의하는 아도르노의 관점도 있지만, 사실 이는 칸트의 계몽 개념의 본질을 포착한 것으로는 보이지 않습니다. '지식은 힘'(scientia est potentia)이라는 베이컨의 명제를 자연 지배의 기획이자 계몽적 이성의 전체주의적 본성이라고 파악하는 아도르노의 관점은 칸트가 계몽의 본질을 힘으로서의 지식에서 찾지 않았다는 사실, 그리고 지식보다 인간의 자율과 예속의 문제를 계몽의 핵심으로 간주했다는 사실에 의해 이미 논파된 것으로 보입니다.

칸트의 관점은 상당히 근본적입니다. 이성의 자율적 사용은 주체의 자유를 전제하지만 지식의 사용은 자유 없는 인간 조건에서도 가능하기 때문입니다. 우리가 '도구적 합리성'이라고 부르는 것이 바로 지식의 사용에 해당하는 것입니다. 이는 목적을 위한 수단의 합리성만을 판단하는 것이기 때문에 목적 자체에 대한 자율적 이성 사용을 요구하지도 않는 차원의 이성에 그칩니다. 칸트가 보기에 미성년 상태의 가장 큰 문제는 의존의 체계라고 요약할 수 있는데, 칸트는 이렇게 표현하고 있습니다. "만약 나에게 나를 대신하여 지성을 가지고 있는 책이 있고, 나를 대신하여 양심을 가지고 있는 목사가 있고, 나를 대신하여 음식을 준비하는 의사가 있다면, 나는 조금도 수고로울 필요가 없을 것이다. 내가 그것에 대해 보수를 지불할 능력만 있다면 나는 생각할 필요도 없다. 다른 사람들이 나를 대신해 골치 아픈 일거리를 다 떠맡을 것이기 때문이다."[6]

이 인용문에서 핵심은 "대신"이라는 말입니다. 어떤 행위를 대신해 주는 것이 아니라 그 행위를 위한 판단(사유)을 대신하는 의존의 체계가 비계몽적 상태입니다. 스스로 생각하지 않고 모든 자율적 판단을 맡긴 책임 방기의 상태가 문제인 것은 칸트에게 자율적 판단이 인간의 중심적인 정신능력인 데다 이것이 모든 도덕적 문제의 판별 기준이기도 하기 때문입니다. 가령 '신앙'의 경우, 일반 시민들이 성직자의 신앙과 판단을 그대로 따르는 것은 좋은 일이 아닐까 하고 생각할 수도 있습니다. 신앙이란

---

6) 칸트, 「계몽이란 무엇인가에 대한 답변」, 13~14쪽.

믿음의 영역이기도 하고 신에 대해 성직자 이상으로 알기도 어려우니까 말이죠. 그러나 칸트는 이 신학적 영역조차 바로 도덕적 영역으로 끌어들입니다.

칸트에게는 도덕적인 것이 가장 근본적인 차원에 속합니다. 그리고 도덕적인 것의 본질적인 지점은 성직자에게 의존하는 것이 아니라 자신의 믿음에 대해 책임지고 사유하는 것입니다. 신앙은 무턱대고 믿는 것이 아니라 그 신앙에 대한 반성적 판단을 거치는 것이어야 하며 그렇기 때문에 종교의 기초에는 계몽된 주체와 자율적 사유가 자리합니다. 칸트에게 도덕적인 것은 의지의 문제라기보다는 (실천)이성의 문제이며, 언제나 자율적 판단을 그 본질적 규정으로 포함합니다. 그렇다면 왜 대중들은 성직자에게 의탁하는 예속상태에 만족하는 것일까요? 칸트는 거기에는 자신의 죄를 타인에게 전가하기 위한 무책임의 논리가 있다고 봅니다. 신앙의 핵심인 진정으로 마음을 고쳐먹는 일이 무조건 숭배하는 것보다 더 어렵기 때문인 것이죠. 자신의 반성적 사유에 기초하는 한 신앙에서의 모든 문제를 개인이 직접 책임져야 하는데 이를 회피하려면 예속상태가 훨씬 더 안전한 것이죠. 의존의 체계는 기본적으로 사유하지 않음이라는 게 으름과 무책임이라는 비겁함을 그 요소로 갖고 있습니다.

마치 호의라도 베풀듯이 그들에 대한 감독을 떠맡은 후견인들은 (모든 여성을 포함하여) 대다수의 사람들이 성년으로 나아가는 행보를 버거울 뿐 아니라 아주 위험하다고 여기도록 조장한다. 후견인들은 먼저 그들이 돌보는 가축들을 어리석게 만들고, 이 온순한 피조물들이 그들을 가두어 놓은 보행기 바깥으로 한 발자국도 벗어나지 못하도록 주도면밀하게 단속해 놓은 다음에 그들이 자력으로 걸음을 옮기려 할 때 닥쳐올 위험을 보여 준다. 사실 그런 위험은 그다지 크지 않다. 왜냐하면 몇 번 넘어지고 나면 결국 걷는 법을 배울 것이기 때문이다. 하지만 그렇게 넘어지는 사례를 보여 주기만 해도 그들은 지레 겁을 먹고서 대개는 더 이상 어떤 시도도 단념하게 된다.[7]

'어리석은 가축들', '닥쳐올 위험', '걷는 법', '온순한 피조물들', 거의 니체의 표현들을 보는 듯한 느낌입니다. 스스로 걷는 법(사유하는 법)을 잊어버리는 과정이 후견인들의 위협과 그에 따른 공포로 위축된 가축들의 체념으로 정리되어 있습니다.

---

7) 임홍배, 「칸트의 계몽 개념에 대하여」, 147쪽에서 재인용.

스스로 생각하라

미성년 상태는 이성 사용의 결단력과 용기의 결핍 때문에 초래되기 때문에 따라서 '과감히 알려고 하라'(Sapere aude. 호라티우스의 『서한집』), 혹은 '자기 자신의 이성을 사용할 용기를 가져라'가 계몽의 슬로건이라 할 수 있습니다. 이 두 명제를 요약하면 '스스로 생각하라!'가 되겠습니다. 계몽이란 스스로 생각하는 것입니다. 두려움 없이 자신의 이성을 사용해 스스로 생각하는 것이 계몽입니다. 그렇다면 문제는 스스로 생각한다는 것이 무엇인가 하는 점입니다.

"스스로 생각한다는 것은 진리의 최고 기준을 자기 자신에게서 (다시 말해 자신의 이성에서) 찾는다는 것을 뜻한다." 여기서 생각은 단순한 사변적 인식이 아니라 실천이성의 관점에서 표현되는 인식입니다. 그렇기 때문에 여기서는 무엇이 책임의 형태이고 자유의 실현인지 스스로 파악하려 하되 오직 그것을 자신의 이성 안에서 찾아야 합니다. "언제나 스스로 생각한다는 원칙이 계몽이다." "이것을 이해하려면 계몽을 지식으로 간주하는 사람들을 떠올려 보는 것으로 족하다. 스스로 생각한다는 원칙은 자신의 인식 능력을 사용할 때 부정적 원칙이며, 흔히 매우 풍부한 지식을 갖춘 사람이 지식의 활용 면에서는 오히려 가장 계몽되지 않은 경우가 허다하기 때문이다."

아무리 지식이 많아도 지식 자체로는 자발적 사유에 도달할 수 없는데, 가령 기능적 지식이 풍부한 사람들은 대부분 그 지식을 비판적이고 반성적인 사유 대신 효율적 생산에 적용할 뿐입니다. 여기서 지식은 도구적 합리성의 표현일 뿐이기 때문에 스스로 생각한다는 원칙은 "부정적 원칙"이 되고 말죠. "자기 자신의 이성을 사용한다는 것은 어떤 생각을 받아들이는 모든 경우에 있어서 그 생각을 받아들이는 근거 또는 규칙이 이성 사용의 보편적 원칙으로 삼기에 타당한가 여부를 자기 자신에게 물어보는 것을 뜻한다." 여기서 "이성 사용의 보편적 원칙"이란 보편성에 조회를 하라는 뜻입니다. 어떤 행위를 할 때 이 행위를 하고자 하는 나의 근거가 사적인 이익을 위한 것이거나 타인의 명령 때문이라면 그것은 보편성의 원칙에 어긋납니다. 보편성은 사견을 떠나야 하고 명령의 상태도 떠나야 하는 주체의 자유를 전제하기 때문입니다.

"누구나 자기 자신에게 이것을 시험해 볼 수 있다. 그리고 이 시험을 통해 미신과 맹신이 사라지는 것을 확인하게 될 것이다. 비록 미신과 맹신을 객관적 근거에 의해 논박할 수 있는 지식이 한참 모자란다 하더라도 말이다."[8] 지식이 부족해도 반성적 사유와 자발적 사유를 발휘할 수 있다는 게 칸트의 지론입니다. 나의 믿음이나 생각이 과연 보편적인 것인지 누구나 쉽게 판단할 수 있는데, 이는 인간이 애초부터 자유롭기 때문입니다. 우리가 '진실을 말해야겠다'고 각오할 때 이 각오와 동시에 이 진실 표명이 과연 이기적인 욕망 때문인지 아닌지 본인은 즉시 알고 있습니다. 타인은 속여도 자신을 속일 순 없죠. 언제나 우리는 이렇게 어떤 상황에 처할 때 '진실을 말해야 돼' 하고 판단하는 자신의 근거가 "이성 사용의 보편적 원칙으로 삼기에 타당한가 여부를 자기 자신에게 물어보"고 있는 것입니다. 이런 보편성에 대한 조회는 자신의 맹신과 미신에 대한 복종을 논파하는 것이지만, 우리는 그런 조회에 대해 은근슬쩍 외면하고는 자신의 책임에서 벗어나려고 합니다.

자유로운 존재에 대한 자유의 교육

교육의 본질은 바로 자유에 있어야 한다고 생각합니다. 자유를 누릴 수 있도록 교육되어야 합니다. 미성년에서 성인이 되는 것이 계몽이라면 이는 정확히 교육의 본질에도 해당한다고 할 수

---

8) 임홍배, 「칸트의 계몽 개념에 대하여」, 146쪽에서 재인용.

있습니다. 교육은 성인을 만드는 과정이지 계층 상승의 수단이 아닙니다. 계층 상승의 수단으로서의 교육이라는 개념은 학생에 대한 학부모의 지속적인 개입과 지배상태를 낳기 때문에 보호와 후견, 책임 방기와 도구적 지식의 양산 이외에는 그 어떤 자율적 주체도 형성할 수 없습니다. 그런데 우리는 계몽과 훈육(교육)을 서로 대립적으로 보는 경향이 있긴 합니다. 교육은 미성년에서 성년으로 가는 과정에서의 특정한 복종의 절차, 즉 훈육의 과정을 포함해야 합니다.

동물은 본능에 의해 인도되기 때문에 훈육할 수 없습니다. 설령 동물을 훈육한다고 해도 그것은 기계적 본능을 다른 기계적 본능으로 대체하는 정도에 그칩니다. 그러나 인간은 본능에 예속되어 있지 않기 때문에 교육할 수 있습니다. 하지만 그 교육이 새로운 습관의 형성에 그친다면 그것은 기계적 존재의 양성이지 교육이 아닙니다. 그러므로 인간에 대한 교육은 자신이 스스로 책임을 지는 도덕적 자율성의 존재를 목표로 해야 합니다. 그런데 칸트의 체계에서 재미있는 사실은 인간은 이미 자유를 갖고 있다는 것이고, 그런데도 자유를 발휘하는 존재로 양성해야 한다는 것입니다. 우리는 여기서 인간에 대한 교육(훈육)이 대상으로 삼는 것의 독특성과 마주하게 됩니다.

동물에 대한 훈육은 본능의 제어를 목표로 하지만, 인간에 대한 교육은 바로 이 자유를 목표로 합니다.[9] 인간은 자유롭기 때문에 자신의 자유를 책임방기의 방식으로도 사용할 수 있고 자유의 권리를 남용하는 방식으로도 사용할 수 있습니다. 비자유에서 자유로 가는 게 목표가 될 수 없습니다. 중요한 것은 자유 사용의 방법입니다. 여기서 훈육은 자유 사용의 지침이나 외적 권위에 대한 의존의 방식이 아니라, 그것이 철저히 이성적인 것에서 도출되는 것인지 검토하는 지난한 과정의 훈육이라 할 수 있습니다. 훈육이긴 하지만 그것은 자유의 보편적이고 윤리적인 사용에 이를 수 있게 하는 훈육이고, 사유의 자율성과 판단의 보편성에 이를 수 있게 하는 훈육입니다. 이처럼 훈육은 동물에 대한 훈련처럼 어떤 것을 못하게 하는 게 아니라 자유를 의존 체계 없이 잘 활용할 수 있도록 하는 것입니다.

그런데 이 자유의 자유로운 사용만큼 곤란한 게 없습니다. 우리는 언제든 외적 권위와 외적인 텍스트에 기대고 싶어 합니다. 외부의 명령은 자유로운 인간으로서는 부정해야 하는 것이지만 그것처럼 달콤한 것도 없습니다. 우리 삶의 십계명은 도처에서 우리를 포위하고 있습니다. 이것을 우리는 '자유의 난처함'이라고 부르고자 합니다. 칸트적 자유는 취사선택의 자유가 아

---

9) 지젝, 『헤겔 레스토랑』, 609쪽.

니라 모든 권위에서 자유로워지고 오로지 자신의 이성을 근거로 판단하는 자유입니다. 자유만이 그 한계이고 자유만이 그 기초인 그런 자유입니다. 칸트의 개념에 따른 '성인'이 되지 못한 모든 아이들(어른들 포함)에게는 언제나 이런 자유의 상태가 가장 힘든 것입니다. '도대체 어떻게 하라는 것이지?' '어디까지 되고 어디까지 안 된다는 것일까?' 언제나 정해진 '판단'과 규정된 '한계'와 예증화된 '규범'을 요구하는 비자유의 상태에 처하게 되는 게 우리들 미성년입니다. "역설적으로 해방적인 것은 확고한 한계를 정하는 것이며, 숨 막힐 듯이 느껴지는 것은 정확히 확고한 한계 자체가 부재할 때이다."[10]

그렇기 때문에 칸트적인 자유는 주인을 갈구하는 의존의 체계에서는 언제나 처치 곤란한 불쾌의 대상입니다. '생각하기 싫으니까 어떻게 해야 하는지 그냥 가르쳐 줘'. 이런 내면화된 복종상태야말로 정확히 비계몽의 상태입니다. 이는 자신을 이미칠 듯한 자유라는 상황에서 구원해 달라는 노예의 욕망이기도 합니다. 교육은 이 복종상태에서 벗어나게 만들어 주는 계기입니다. 주인에 대한 갈망을 자유에 대한 갈망으로 바꾸는 것, 더 이상 외적 권위나 주인이 필요치 않은 존재로 만드는 것, 이

---

10) 지젝, 『헤겔 레스토랑』, 611쪽.

것이 교육의 본질입니다. 우리는 예지적 자유를 갖고 있습니다. 하지만 그것은 아직 훈육과 교육을 필요로 합니다. 진정한 도덕적 자유는 이 자유 자체에 대해 어떤 한계를 스스로 설정하고 그 자유의 진정한 책임 주체가 되는 것입니다. 자유는 도덕법칙에 종속되어야 합니다. 훈육되지 않은 자유는 책임을 회피하는 자유, 외적 권위에 기대는 자유, 사적 욕망을 대의로 기만하는 자유에 이를 뿐입니다. 폭군을 끝장내는 혁명보다 더 근본적인 것이 바로 이 자유의 교육이자 계몽이라고 할 수 있겠습니다.

10강_카프카의 세계에 대하여

2023년 1월 전국장애인철폐연대가 지하철 출근길 시위를 재개했을 때 실린 신문기사를 보면서 상당히 의아해했던 기억이 있습니다. 신문기사를 옮겨 보면 다음과 같습니다. "이날 지하철 4호선 오이도역에서 시위 시작 30분 전부터 경찰 기동대원들이 승강장에 배치됐다. 휠체어를 탄 전장연 회원 등 관계자 30여 명은 이날 오전 8시 3분 기자회견을 열었다. 이들은 '오이도 탑승 사고가 난 지 22년이 지났지만 이동 편의시설이 여전히 부족하다. 기차, 버스는 물론이고 이동권 자체가 부족하다'며 '이동권의 권리를 보장하라'고 주장했다. […] 일부 시민들은 기자회견 중에 '니들만 사람이냐'는 등 소리를 지르기도 했다. 오이도역장은 1분마다 '역 시설 등에서 고성방가 등 소란 행위, 연설 행위, 철도종사자 직무상 지시를 따르지 않거나 방해하는 행위는 철도안전법에서 금지하고 있다. 전장연 측은 시위를 즉시 중단하고 역사 밖으로 퇴거해 달라. 퇴거 불응 시 열차 탑승을 거부할 수 있다'고 반복해 안내방송을 했다."[1]

　여기서 제가 기묘하다고 생각했던 표현이 바로 "니들만 사람이냐"는 일부 시민들의 비난입니다. 보통의 비난은 "너희들은 인간도 아니다"의 형태를 띠는 게 정상입니다. 그런데 "니들만 사람이냐"라니. 이 말을 풀어 보면 이런 해석이 가능할 것입니다. '우리도 인간이고 따라서 요구하고 싶은 건 많다. 하지만 너희들처럼 그렇게 과도하게 요구하는 것은 인간된 도리가 아니다. 그러니 너희들도 인간이라면 그런 요구는 하지 말라.' 이를 자발적으로 요구를 철회한 자들의 목소리라고 하면 어떨까요? 언젠가부터 시위의 양상이 변하고 있습니다. 권리 요구에 대한 시위가 아니라 시위에 대한 시위라고나 할까요, 시위에 대한 대응 시위가 시위의 지배적 형태가 되고 있는 것입니다. 권리 요구를 하지 말라는 요구. 전장연의 시위는 기본적으로 이동권에 대한 권리 요구입니다. 그렇다면 이제 권리도 스스로 부정해야 하는 시대가 되고 만 것 아닐까요?

　바로 이 지점에서 카프카의 작품을 읽어 보고 싶습니다. 프

---

1)「교통일보」, 2023. 1. 20. (https://www.tdaily.co.kr/news/view.php?idx=41273)

로이트적인 표현을 쓰자면 거세된 주체들의 세계가 『성』(1926)을 지배하는 중요한 주제로 보입니다. '성'으로 상징되는 초월적 권력에 대해 자발적으로 거세된 시민들과 거기에 동의할 수 없는 K. 크게 보면 '칸트적 구도'라고 이름 붙일 수 있는 형식이 보이는 듯합니다. 도달할 수 없는 초월적인 물자체의 세계, 그 세계에 종속된 주체들의 불능(impotence). 하지만 카프카는 여기에 머물지 않고 이 거세된 세계의 본질에 육박하고자 하는데, 세계의 초월성은 어떻게 해서 세계의 지배적 권력으로 자리 잡을 수 있는가 하는 점을 탐구하고 있습니다. 칸트적 물자체는 기본적으로 현상적 세계에 입법하는 선험적 주체의 구성적 작업에 의해서 열리는 세계라고 생각해야 합니다. 단편 「법 앞에서」(1915)는 이 칸트적 구도를 성립시키는 계기를 날카롭게 보여 주고 있습니다.

물론 칸트만이 아닙니다. 카프카의 작품을 간섭하는 또 다른 계기는 욥이라고 생각됩니다. 미지의 성의 측량사로 불려 온 『성』의 K도 그렇고, 알 수 없는 이유로 심판대에 서게 된 『심판』(소송)(1925)의 K도 그렇습니다. 이들 모두 초월적인 신의 시험 앞에 선 욥처럼 홀연 심연과 마주하여 가늘 수 없는 실존적 위기에 처하게 되는 것입니다. 카프카는 욥의 문제의식이 현대를 살아가는 우리들의 문제의식에 육박하는 것으로 보는 듯합니다.

욥의 주제에 대한 반복과 변주로서의 카프카. 카프카가 만들어 내는 작은 차이는 초월성(동시에 거세)의 거부와 절대적 반역이라 이름할 수 있는 것에 있을 것입니다. 우리는 이런 반역을 「변신」(1916)에서도 다른 방식으로 확인할 수 있습니다.

가능한 최선의 세계

시위하는 전장연에 대한 시민들의 반응은, 그리고 최근의 시위 양상은 자발적으로 요구를 철회한 자들의 목소리라고 규정할 수 있습니다. 권리 요구를 하지 말라는 시위, 권리 요구를 하는 자들을 비난하는 시위, 시위에 대한 대응으로서의 시위 같은 것이죠. 이를 프로이트식으로 규정해 보자면 아마도 거세된 세계, 혹은 거세된 자들의 세계라 말할 수 없을까요? 다시 말해서 '우리는 이미 실현 가능한 최선의 세계' 속에 살고 있는데 왜 불필요한 요구를 하는가 하는 체념적인 이데올로기가 지배하고 있는 것입니다. 더 이상 가능한 다른 세계는 없다, 현재의 체계야말로 최선의 세계라는 사실을 받아들이라는 암묵적 요구가 팽배합니다. 이런 라이프니츠의 '가능세계론'은 신의 전능성을 드러내는 개념일 수도 있지만 그 개념 내에는 사실 이 세계 자체를 그 존재 가능성 속에서도 최고의 가치를 갖는 세계로 받아들여야 한다는 순응주의도 포함하고 있습니다.

이 세계는 "신의 지혜를 통해 인식되고, 그의 선을 통해 선택되고, 그의 능력을 통해 창조되는"[2] 그런 최선의 것입니다. 모든 것을 살펴보고 고려했을 신의 지혜 속에서 창조된 이 세계야말로 라이프니츠에게는 그 이상은 불가능한 최선의 세계입니다. 이런 식으로 이해된 가능세계론이 우리 시대를 지배하는 이데올로기가 되고 있는 것입니다. 이 최선의 세계에서는 그 이상의 요구는 무례한 것이고, 더 이상의 권리 주장은 사회적 구성원의 자세가 아니라는 것이죠. 언제나 이 세계를 최선의 것으로 받아들여야 한다는 암묵적 압력이 있습니다.

프로이트의 '거세'는 사실 신체적이거나 물리적인 형태가 아니라 '상징적' 형식을 취합니다. 오이디푸스 콤플렉스의 과정에서 아버지의 매개(위협)를 통해 사회적 관계로 진입할 때 아이는 어머니와의 유대와 분리되는데, 이를 통해 자연적으로 존재하는 나와 사회적으로 존재하는 나 사이에 어떤 간극을 도입하게 되는 것이 바로 거세입니다. 생물학적 관계에서 사회적 관계로, 혹은 라캉식으로 표현하자면 필요(need)의 존재에서 욕망의

---

2) 빌헬름 라이프니츠, 「모나드론」, 『형이상학논고』, 윤선구 옮김, 아카넷, 2010, 55절.

존재로 거세되는 것입니다. 왕은 왕이기 때문이 아니라 신하들에 의해 왕으로 인정되기 때문에 상징적인 왕으로 지배할 수 있는 것입니다. 우리가 특정한 상징적 질서 속에 포획되어 거기서 상징적 위임을 받아들이게 되면 실제적으로 존재하는 나와 상징적으로 존재하는 나 사이에 간극이 생겨나는데, 이를 상징적 거세라고 부릅니다. 예를 들어 안티고네는 테베라는 정치적이고 상징적인 공간에서 추방된 상태였기 때문에 살아 있어도 이미 죽은 것과 다를 바 없었습니다.

이처럼 상징적 간극을 받아들이는 거세는 '니들만 사람이냐'는 힐난을 보내는 사람들의 태도에 전형적으로 숨어 있습니다. 간극이 언제나 먼저인 것처럼 살아가는 사람들, 이미 물러서 있는 사람들, 자신의 정당한 주장마저 이미 너무나 과도한 것이라고 물러선 사람들. 이처럼 '이미 과도하다'는 판단은 자신이 요구를 발하는 순간 그것을 스스로 부정하지 않고서는 불가능한 것입니다. 그것은 자신이 이미 간극을 포함하는 방식으로만 존재해야 한다는 자기 거세적 태도에 다름 아닙니다. 우리는 더 많은 요구를 해서는 안 된다, 우리의 요구는 그 자체로 '이미 더 많은' 요구이고 그래서 '이미 과도한' 것이다. 분명 더 많은 부와 더 많은 가난의 격차가 있고, 더 많은 인간적 삶과 더 많은 비인간적 삶의 격차가 있는데, 따라서 그런 격차의 해소를 위해 더 많은 요구를 할 수 있고 해야 함에도 불구하고 말이죠. 언제나 자신의 요구를 이미 과도한 것이라고 해석하는 거세의 기제가 강력하게 우리를 지배하고 있습니다. 그렇게 거세된 존재, 따라서 이미 과소해져 버린 실존은 자신의 존재조차 이미 과도하다고 생각할 수 있습니다.

왜 우리는 더 많은 요구 앞에서 스스로 물러서는 것일까요? 도대체 '이런 현실보다 더 많은 것이 가능하다'는 생각은 어디로 사라졌을까요? 이 세계의 완고한 지속성에는 이 체계 자체를 문제 삼아서는 안 된다는 태도, 이 체계 자체에 대해 우리가 거세되는 게 옳다고 여기는 태도가 있는 것 아닐까요? 우리는 이미 물러선 주체이고 거세된 주체들인가요?

불능의 체계

카프카의 작품은 이 거세된 주체들의 세계를 적나라하게 보여주는 것으로 보입니다. 하지만 그것이 전부는 아니며, 그의 작품들이 난해해지는 것도 바로 이 때문입니다. 그는 거세 속에서 이탈의 가능성을 보며, 체계의 전능 속에서 그 불능을 봅니다. 불능 속에서 전능을 보기도 하구요. 먼저 카프카에게서 보이는 칸트적 구도를 살펴보겠습니다. 카프카는 '성'(법, 체계)을 어떤 초월적 물자체처럼 묘사합니다. 성에 도달하려는 K의 노력은 도달 불가능한 저 초월적 세계와 그 세계 속에 입장할 수 없는 근원적으로 거세된 존재라는 칸트적 구도를 표현하고 있습니다.

성(혹은 클람)에 도달하려 하지만 언제나 그의 비서들만을 만나면서 좌초되는 『성』의 K도 그렇고, 판결에 도달하려 하지만 언제나 그 중개자들(변호사, 화가, 여성 등)과의 만남 속에서 판결의 지연에 빠지고 마는 『심판』의 K도 그렇습니다. 하지만 도달 불가능한 초월적 물자체의 구도를 전형적이고도 대표적으로 보여 주는 작품은 아무래도 「법 앞에서」일 것입니다. 법의 문 앞에서 죽을 때까지 기다리는 시골 사람은 주체들에게 영원히 봉인된 저 예지적 물자체의 세계와 분리된 주체가 겪는 형벌처럼 느껴지기도 합니다. 이는 저 숭고한 세계와 그에 대조해 비루해지고만 현실이라는 이분법적 구도의 변형이기도 하죠.

그렇지만 카프카는 이 구도의 제시에 머물지 않습니다. 그는 거세를 낳는 이 물자체 자체에 대해 질문을 던지면서 세계와 주체의 관계 전체를 훨씬 더 전복적인 것으로 만들고 있습니다. 간략히 얘기하자면, 물자체와 현상계의 초월적 분리는 현상계의 가상으로서의 물자체라는 초월적 구도와 겹치면서 표현됩니다. 다시 말해 초월적인 법이나 성(城)의 정점은 사실 존재하지도 않는 것이며, 있는 것은 수평적인 불능들과 거세된 주체들이고, 저 초월적 법과 권력은 이 거세된 주체들의 불능에 의해 초래된 가상에 불과하다는 그런 인식이 표현되어 있는 것이죠. 물자체는 초월적으로 선재한다는 칸트적 구도(우리는 저 세계에 도달할 수 없다, 우리는 아무런 요구도 할 수 없다)가 물자체가 거세된 주체들과의 연루 속에서만 등장하는 초월론적 가상이라는 관점(도달할 수 없는 저 세계는 우리의 무능이 만든 것이다)에 의해 내적으로 붕괴되는 것입니다. 이 전복에 카프카 문학의 의미가 숨어 있지 않을까 생각합니다.

구체적으로 보자면, 저 전능한 체계의 초월성(물자체)은 카프카적 세계 속에서 불능의 체계로 그로테스크하게 전환되기도 하고, 동시에 저 불능의 체계로서만 전능의 체계를 유지하기도 합니다. 이 지점에서 우리는 권력에 대한 푸코의 논의와 달라지는 지점을 찾게 되는데, 권력이 규율이나 생정치의 형태 속에서 다양한 앎의 의지를 작동시켰던 것은 권력이 완전한 게 아니라 무력했기 때문이라는 게 푸코의 생각입니다. 이는 권력이 무력하기 때문에 주체의 저항은 언제나 가능하다는 논리를 펼치기 위한 것으로 보이는데, 카프카는 푸코와 전혀 다른 관점에서 권력과 주체의 관계를 묘사하고 있습니다. 그에게 권력은 무력하기 때문에 오히려 전능한 것입니다. 즉 불능의 방식으로 전능을 표현하기 때문에 무력하다고 해서 저항이 가능한 것이 아니라는 것이 카프카의 관점입니다. 이제 카프카가 묘사하는 저 초월적이고 전능한 체계가 보여 주는 불능의 장면을 보도록 하겠습니다.

제논의 역설

카프카의 세계에서 체계(법, 성, 권력)는 근본적으로 과도합니다. 그리고 이 근본적 과도함이 체계의 과소함, 즉 불능을 낳습니다. 비서들은 너무 많으며 비서들을 연결하는 비서들까지 있으며 이들도 이미 너무 많습니다. "그러면 주인아주머니, 클람에게 가야 되는 게 아니라 먼저 비서님께 가야겠군요." "난 성에서 일하는 그의 비서와 마을 비서들을 연결시켜 주며 대개는 마을에 있는데 늘 그렇진 않지만 어느 순간에라도 성으로 올라갈 태세가 되어 있지 않으면 안 돼요."[3] 이런 식이죠. 그래서 초월적 성으로 향하는 K는 비서들에게 안내하는 비서들, 비서들로 향하는 심부름꾼들을 차례로 거쳐야 하는데, 바로 그렇기 때문에 K는

---

3) 프란츠 카프카, 『성』, 오용록 옮김, 솔출판사, 2008, 135쪽, 301쪽.

앞으로 나아갈 수 없습니다. 분명 앞으로 나아가고 있긴 하지만 사실상 제자리에 머물러 있다고 말하는 편이 더 적절하겠네요.

모든 자잘한 사건들마다 언제나 비서들이 파견되고 모든 비서들은 조서를 작성해야 하는 게 의무입니다. 비서들도 많고 비서들의 비서들도 많으며, 작성된 조서도 너무 많습니다. 그렇기 때문에 성의 책임자인 클람은 조서를 아예 읽지도 않으며, 사실상 읽을 방법도 없습니다. 언제나 사건 조서는 작성되지만 읽히지는 않습니다. 클람을 대리하고 클람에 의해 임명된 사람조차도 클람에게 자신이 하는 일을 보고하지 못한다는 것도 마찬가지 상황을 보여 줍니다. 클람은 실질적인 책임자이고 권력자이지만 모든 곳에 클람이 너무 많다고 합니다. 모든 곳에 권력이 넘치지만 사태가 원활하게 해결될 방법이 없습니다. 성과 마을 곳곳에서 클람은 목격되지만 그는 언제나 모든 일 바깥에 있으며 일이 진행되는 상황 전체에서는 소외되어 있고, 이 소외 자체가 클람의 권력이기도 합니다.

그래서 이 체계는 언제나 '장애물'의 체계로서만 작동하는 것으로 보입니다. 사무국 뒤의 사무국 뒤의 사무국. "그가 사무국에 가도 그건 전체 중의 일부일 따름이며 계속 장애물들이 있고, 그 뒤엔 또 다른 사무국이 있고. 그가 계속 나아가는 걸 못하게는 하지 않지만 그가 벌써 자기 상관들을 찾았거나 그들이 용무를 끝내고 그를 내쫓으면 더 이상 나아갈 수가 없죠." 사무국은 실상 문제를 해결하는 장치라기보다는 해결 저지의 장치입니다. 연쇄적인 사무국의 계열은 모든 것을 정지시키는 체계의 불능을 전형적으로 보여 줍니다. "그는 사무국, 넌 대기실이라고 하지, 그래 대기실에 들어가도 돼. 그러나 계속 문과 장애물들이 이어져 있는데, 그거야 재주가 있으면 지나갈 수 있지. 이 대기실 말인데, 난 적어도 당분간은 통행이 안 돼."[4] 그래서 K는 성으로 접근할수록 성으로부터 멀어지는 진기한 경험을 하게 됩니다.

이 체계는 빠르게 움직이지만 그래서 오히려 느린 기묘한 체계입니다. 관리들은 언제나 고속으로 달립니다. "관리들이 마을에 오거나 성으로 돌아가는 건 놀러 다니는 게 아니에요. 마을과 성에는 일이 기다리고 있어 고속으로 달리는 거예요. 그들은 차창 밖을 내다보고 바깥의 탄원자를 찾는다는 것은 생각조차 못해요. 마차에는 관리들이 조사 중인 서류 뭉치로 꽉 차 있거든요." 고속으로 달린다고 문제가 해결되는 것은 아닙니다. 오히려 그런 빠르기는 모든 문제 처리 속도를 느리게 만드는 원인이기도 합니다. 그들은 너무 바쁘지만 일은 하나도 처리되지 않습니

---

4) 카프카, 『성』, 204~205쪽, 214쪽.

다. 관복 한 벌조차 아직 못 받은 바르나바스가 있습니다. "관에서 정장 한 벌을 받기로 되어 있었어요. 그런데 이런 점에 있어서 성에선 일이 매우 느리며 문제는 이렇게 느린 게 뭘 뜻하는지 전혀 모른다는 거예요. 그게 절차에 따라 진행 중이라는 뜻이거나 이 조처가 시작조차 안 됐다는, 그러니까 바르나바스를 여전히 시험해 보겠다는 뜻일 수도 있어요. 또 끝으로 그 조처가 이미 끝났다는, 무슨 이유에선지 약속을 취소해 바르나바스가 결코 옷을 받지 못함을 뜻할 수도 있어요."

너무 빠르고 동시에 너무 느리기 때문에 모든 것은 그 의미조차 정확하게 고정되지 못합니다. 의미는 과잉입니다. 너무 많은 의미 때문에 의미는 과소한 것이 되고, 소통의 체계 자체는 붕괴되어 있습니다. "관의 결정은 수줍은 소녀 같다."[5] 수줍은 소녀는 자신의 의사를 명확히 표현하지 못합니다. 그녀의 마음을 읽어 내기란 참으로 어렵습니다. 그런데 역설적인 사실은 이 의미 획정의 불투명성이 권력의 초월성을 낳는 구조가 되기도 한다는 것입니다. 빠르면서도 느린 운동은 관의 결정이 갖는 의미를 미지의 것으로 만들기 때문에 불능의 체계는 초월적인 권능의 체계로 전환됩니다.

---

5) 카프카, 『성』, 252쪽, 203쪽.

이 체계의 이런 불능을 제논의 역설과 같은 구조라고 하면 어떨까요? '움직이는 화살은 정지해 있다.' 분명히 빠르게 움직이고 있지만 사태는 아무런 진척도 없어 오히려 정지한 것처럼 보이는 세계. "그렇게 전하겠습니다. 전번에 제게 하신 말도 꼭 전하겠습니다' 하고 말했다. K가 '뭐라고!' 하며 '그걸 아직도 전하지 않았다고? 너 다음날 성에 가지 않았단 말이냐?' 하고 소리쳤다." 바르나바스는 심부름꾼이지만 전하기로 한 말도 전하지 않고 있습니다. 그는 운동해야 하는 존재이지만 정지해 있습니다. 운동하고 있는 것으로 보이는데 정지해 있습니다. 그래서 카프카의 세계에서 편지의 도착은 언제나 지연되고 있으며, 오래전 시효가 끝난 편지들은 무서운 속도로 전달되는 역설적 사태가 발생합니다. 초월적 전능의 체계는 실상 불능의 체계입니다. "서기는 책상 밑에 있는 수많은 서류와 우편물에서 당신과 관련 있는 편지 한 통을 찾아냈는데, 봉투 겉모습으로 보아 그가 막 쓴 것이 아니고 이미 오래전부터 거기 있던, 매우 오래된 편지임을 알 수 있어요." 이 편지는 클람의 편지인데 K가 성에 오기 아주 오래전에 작성된 것이지만 이제야 수신인에게 도착한 것입니다. "그게 며칠 또는 몇 주일이 지나갈 수도 있는데 하여튼 얼마쯤 지나 진절머리 나게 바르나바스를 조르면 그는 편지를 들고 배달하러 가요."[6]

영원한 지연

그래서 이 역설의 구조 속에서 사태는 언제나 '지금은 안 돼'의 형식을 취합니다. 문지기는 말합니다. 들어갈 수는 있지만 지금은 안 된다고.

> 법 앞에 한 문지기가 서 있다. 이 문지기에게 시골에서 온 한 남자가 와서 그 법 안으로 들어가게 해 달라고 청한다. 그러나 그 문지기는 그에게 지금은 입장을 허락할 수 없다고 말한다. 그 남자는 곰곰이 생각하고 나서는, 그렇다면 나중에는 그 안에 들어가도록 허락받을 수 있는지를 묻는다. "가능하지만," 하고 문지기가 말한다. "지금은 그러나 안 돼."[7]

"법으로 가는 문은 언제나처럼 열려 있"지만 그 열린 공간은 입장을 허락하지 않으며, 언젠가는 들어갈 수 있지만 지금은 안 됩니다. 모든 순간이 '지금'을 통과해야 하기 때문에 지금 안 된다면 언제고 들어갈 수 없습니다.

---

6) 카프카, 『성』, 143쪽, 211쪽.
7) 프란츠 카프카, 「법 앞에서」, 『프란츠 카프카』, 박병덕 옮김, 현대문학, 2020, 269쪽.

이 역설의 불능 체계는 '현재' 자체가 소거된 체계입니다. 현재가 지나가지 않기 때문에 과거와 미래만 있는 특수한 시간의 체계라고 할 수 있습니다. 과거와 미래에 대해 현재가 그 간극 속에서 소외되어 있는 체계라고나 할까요? 다시 말해 여기서는 모든 것이 무한 반복하는 체계입니다. 『심판』에서 한 상인은 K에게 이렇게 말합니다.

> 이 소송 과정에서는 진전은 거의 기대할 수 없었죠. 그런데 그 당시에는 나는 그것을 몰랐었습니다. 나는 상인인데, 그 당시에는 지금보다 훨씬 더 철저한 장사꾼이었기 때문에 뚜렷하게 감지할 수 있는 진전을 원했고, 전체가 결말에 가까워진다든지 또는 적어도 규칙적으로 상승하는 진전을 바랐던 거지요. 그런데 그렇게 되지는 않고, 그저 대체로 똑같은 내용의 심문뿐이었어요. 나는 답변을 기도문처럼 외워 버렸지요.[8]

소송 과정은 단계적 상승이나 전진의 과정이어야 하지만 여기서의 소송은 언제나 정지된 소송입니다. 정지된 순간의 계속적인 운동이라고도 표현할 수 있겠습니다. 그래서 소송은 반

---

8) 프란츠 카프카, 『심판』, 김현성 옮김, 문예출판사, 2007, 224~225쪽.

복이고, 소송의 과정은 영원한 지연입니다. 기도문처럼 답변을 외우지 않을 도리가 없습니다.

　그렇다면 이런 역설의 구조는 무엇을 위한 것일까요? 아무리 클람을 찾으러 가도 만나지 못하는 운동, 지금은 안 되지만 언제든 가능한 만남, 어떤 목적지에도 도달하지 못하는 소송이란 도대체 무엇일까요? 분명히 그 누구도 아닌 오직 나를 위해 준비되어 있는 문이지만 지금은 들어갈 수 없는 문이란 어떤 문인가요? 카프카의 세계에서 운동은 그 자체로 비운동이고 소송 진행은 그 자체로 소송의 중지이며, 문은 장애물입니다. 이런 상황에서 진행되는 체계의 운동은 그 운동이 향하는 목적을 운동 외부에 가질 수 없습니다. 문은 통과하지 못하고 붙잡아 두기 위해서 존재하는 장치입니다. 소송은 판결을 통한 자유에 이르지 못하게 하기 위한 심판의 기계입니다. 이는 운동 자체를 위한 운동이며 소송 자체를 위한 소송이며 문 자체를 위한 문입니다. 다시 말해 이 체계 속에서의 모든 운동은 실제적인 운동을 저지하기 위한 쉼 없는 운동입니다. 따라서 이런 역설의 구조는 결국 체계 자체를 목적으로 하는 것이고, 어떤 목적지에 도달하지 못하게 하기 위한 운동입니다.

　이 터무니없는 소송 과정은 다음처럼 표현되어 있습니다. 분명 소송 과정에서 중요한 서류라고 할 수 있지만 전혀 읽히지 않는 서류가 있습니다. 그리고 더 중요한 것은 소송을 위한 청원서가 아니라 청원서 자체가 목적인 소송이 많다는 것입니다. K의 변호사는 이렇게 말했다고 합니다.

첫번째 청원서는 이미 거의 다 작성됐다. 변호사 측에서 주는 첫인상은 종종 소송의 방향을 결정짓기 때문에 이 서류는 매우 중요하다. 유감스럽게도 이 청원서를 재판소에서 전혀 거들떠보지도 않는 일이 가끔 있다는 것을 K에게 말해 두지 않을 수 없다. (중략) 그러나 유감스럽게도 대개는 그렇지 못하고, 첫 청원서는 대개 다른 데에 잘못 두거나, 아예 완전히 없어지고 만다. 그리고 청원서가 나중까지 남아 있는다 해도, 물론 변호사가 소문으로 들은 것뿐이지만, 재판소에서는 전혀 읽지 않는다고 한다.

재판의 향방을 결정하는 청원서이지만 그것을 어떻게 써야 하는지 그 내용도 결정되어 있지 않습니다. 왜냐하면 아직 기소 사실을 확인하지 못했기 때문입니다. 기소장을 확인하지 못한 상태에서 써야 하는 청원서라는 것은 이미 청원서 자체의 불가능성을 내포하는 것입니다. "재판소 측의 문서, 특히 기소장은 피고나 변호인이 볼 수 없다. 따라서 첫 청원서를 무엇에 대해 써야 하는지 일반적으로 모르거나 적어도 정확하게 알지 못하기 때문에, 청원서가 사건에 중요한 무엇을 지적하게 된다면 순전히 우연일 뿐이다." 그리고 소송 과정과 재판 서류 일체는 비밀이고 심지어 피고인조차 자신의 소송과 관련된 서류를 읽을 수 없습니다. "소송 과정은 일반 사람들에게만 비밀로 되어 있는 것이 아니라, 피고에게도 비밀로 되어 있다. 물론 비밀로 할 수 있는 한도 내에서이기는 하지만 매우 광범위하게 비밀로 하고 있다. 즉, 피고도 재판 서류들을 볼 수 없고, 심문을 받고 나서 그 근거가 되는 서류를 추측하는 것도 매우 어려운 일이다. 특히 당황하고 온갖 근심에 싸여 정신이 없는 피고로서는 더욱 어려운 일이다. 그래서 이때 변호사가 개입하는 것이다."[9]

그리고 여기서는 변호 자체가 소송의 목적이기도 합니다. 다시 말해 소송을 끝내기 위한 변론이 아니라 변론을 위한 변론인 것이죠. 그런데 더 가관인 것은 소송에서 반드시 필요한 변호사가 모두 무면허라는 사실입니다. 그런 무면허 변호사에게 소송과정 일체를 전적으로 맡겨야 한다는 사실을 도대체 어떻게 받아들여야 하나요?

---

9) 카프카, 『심판』, 149~150쪽, 150쪽, 152쪽.

말하자면 변호인은 법률에 의해 원래 허용된 것이 아니라 단지 묵인되고 있는 것일 뿐이며, 적어도 묵인은 된다는 것을 해당 법률 조문에서 밝힐 수 있는지조차 논쟁의 여지가 있는 것이다. 따라서 엄밀히 말하자면 재판소에 의해 공인된 변호사란 없고, 이 재판소에 변호사로 나오는 사람은 사실은 모두 무면허 변호사이다. […] 그러나 변호사들을 이같이 대우하는 것도 다 이유가 있다. 될 수 있는 대로 변호인을 배제하고 피고 자신이 모든 일을 감당하게 하려는 것이다. 근본적으로 나쁜 생각은 아니지만, 그렇다고 재판소에서 피고에게 변호사가 필요 없다고 결론을 내리는 것은 아주 잘못된 생각이다. 그와는 반대로 재판소만큼 변호사가 필요한 곳도 없다.[10]

거세된 주체

체계는 전능의 외양을 띤 불능이고 운동은 정지된 운동이지만 오히려 이런 상황 속에서도 체계 속 주체들은 거세되어 있습니다. 그들은 언제나 체계에 대해 자신의 요구가 과도하다고 주장

---

10) 카프카, 『심판』, 150~151쪽.

합니다. 클람과의 만남은 불가능하다고 역설하는 여관의 여주인이 대표적입니다. 클람과 얘기하고 싶다는 K에게 여주인은 이렇게 말합니다. "당신은 불가능한 걸 요구하고 있어요." 그러자 K가 항변합니다. "그게 왜 불가능합니까?" 여주인은 장황하게 설명합니다.

측량사 님이 내게 물어 대답해 드려야겠다. 우리에게 자명한, 클람 씨가 그와는 절대 얘기하지 않을 거라는 사실, '거라니'가 뭐야, 결코 그와 얘기할 수 없다는 사실을 대체 어떻게 해야 이해할까. 여보세요 측량사 님. 클람 씨의 다른 직위는 차치하더라도, 클람 씨가 성에서 나온 분이라는 그 자체만으로도 지체가 매우 높다는 뜻이에요. […] 당신은 절대 클람을, 정말로 만날 순 없어요. 내가 외람되게 하는 말이 아니예요. 나도 그럴 수가 없으니까요. 클람이 당신과 얘기해야 한다는데 그는 마을 사람들과도 전연 얘기하지 않아요.[11]

이에 대한 K의 판단은 이렇습니다. 이 마을 사람들은 원래부터 거세된 상태, 즉 관을 경외하는 마음이 있었는데 사는 동안

---

11) 카프카, 『성』, 62~63쪽.

모든 방면에서 그런 거세의 관념이 주입되어 이제는 마을 사람들이 자발적으로 거세를 욕망하는 상태가 되었다는 것입니다. 물론 K의 입장에서 그것은 "그릇된 경외심"입니다. 이렇게 자발적으로 거세되는 시민들의 표상은 올가 집안에 대한 집단적 배척에서 전형적으로 나타납니다. 말단 관리에 불과한 조르티니가 올가의 동생인 처녀 아말리아가 맘에 드니 빨리 자신에게 오라는 편지를 보냈고 아말리아가 그 편지를 찢어 버린 사건이 있었습니다. 이후 마을 사람들은 관의 눈치를 보게 되었고 올가 집안을 배척하기 시작합니다. "아주 친한 친구들이 가장 서둘러 떠나더군요." "우린 모든 모임에서 쫓겨났어요." "우리가 등을 다른 데 걸어도 그들의 혐오감에 달라지는 건 없어요. 우리가 무엇이든 그리고 가진 게 무엇이든 모두 똑같은 멸시를 받았어요." "사람들이 우리와 관계를 끊은 건 두려움 때문이기도 하지만 무엇보다 일이 난처했기 때문이죠. 그냥 그 일에 대해 아무것도 듣고 얘기하고 생각하지 않으며 어떻게 해서든 관련되지 않으려고요."[12]

시민들은 관의 지시나 명령을 받은 것도 아닌데 올가 집안과 얽히게 되는 상황을 회피하려 합니다. 그러나 이런 자발적 거

---

12) 카프카, 『성』, 236~243쪽.

세는 올가 집안도 마찬가지입니다. 그들은 분명 지은 죄가 없습니다. 아말리아를 모욕한 조르티니야말로 관의 명예를 손상시킨 추악한 관리입니다. 하지만 올가 집안 사람들은 죄를 짓지 않고도 용서를 바라는 자발적 거세 속으로 빠져듭니다. "우린 희망이 전혀 없이는 살 수가 없어 각자 나름대로 성에 애원하거나 졸라 대기 시작했어요. 우릴 용서해 달라고요." 그런데 여기서 얘기치 않은 상황이 발생합니다. 용서받으려면 죄가 있어야 하는데, 관에서는 이 사건 자체를 받아들이지 않고 있으니 용서해 줘야 할 죄도 없습니다. "왜냐하면 아버지는 명예를 되찾는 건 생각지도 않고 용서받는 일만 생각했으니까요. 그러나 용서를 받으려면 먼저 죄가 확실해야 되는데 관에선 그걸 인정해 주질 않으니."[13] 죄는 오직 스스로 거세되어 버린 올가 집안에만 존재하는 셈입니다.

주체가 스스로를 죄 있는 자로 규정하기 때문에 체계는 무능했지만 전능해지는 역설적 전환을 이룩합니다. 용서해 달라는 올가 집안의 요구에 대해 체계는 마을의 상황이 관의 직접적인 지시 없이 이뤄진 것이므로 쉽게 물리칠 수 있습니다. 체계는 전능합니다. 왜냐하면 주체들이 근원적으로 자신들을 유죄라고

---

13) 카프카, 『성』, 247~253쪽.

거세하고 있기 때문입니다.

성으로선 언제나 아주 간단한 일이죠. 대체 뭘 원하는 거냐? 그에게 무슨 일이 생겼지? 무엇에 대해 용서를 청하는 것이지? 언제 그리고 성의 누가 그의 손가락 하나라도 건드렸단 말인가? 그가 가난해졌고 고객을 잃은 등등의 일은 사실이지만 그건 늘 일어나는 일로 수공업과 장사 문제인데 성에서 모든 걸 돌봐 줘야 한단 말인가?[14]

주체의 자발적 거세는 체계로 하여금 모든 시공간에 임재하는 전능의 체계가 되게 합니다. 그러므로 체계는 그 존재만으로도 이미 유죄 선고를 내리는 체계라 할 수 있습니다. 이는 『심판』에서는 정말 놀라운 문학적 표현을 얻는데, 인접성에 의한 죄의 임재와 이미 늦어 버린 시간이 그것입니다. "죄가 법률을 끌어당긴다는 감시인 빌렘의 말을 떠올리고 그 말을 되새겨 보았다. 그렇다면 K가 우연히 택한 계단 위에 심리실이 있어야만 할 것이다." 심리실은 어디에나 있어야 합니다. K가 우연히 택한 계단 위에도 있어야 하고 K가 일하는 은행에도 있어야 합니다.

---

14) 카프카, 『성』, 247쪽.

죄가 있는 모든 인접한 곳에 법이 있어야 하고, 실제로 은행에서는 심리가 행해지기도 했습니다. 심판의 체계는 모든 시공간에 임재해야 합니다. "당신은 한 시간 오 분이나 늦었소." "한 시간 오 분 전에 왔어야 했다고."[15] 심리 시간이 언제라고 정확히 통보되어 있지도 않은데 한 시간 오 분을 이미 늦는다는 것, 이는 이 체계에서 모든 주체는 이미 늦고 만다는 뜻입니다. 아무리 빨라도 이미 늦은 세계, 아무리 최선을 다해도 이미 거세되는 세계. K는 이 체계를 이렇게 표현합니다.

체포부터 오늘의 심리에 이르기까지의 배후에는 어떤 커다란 조직체가 있습니다. 이 조직체는 부패한 감시인이나 어리석은 감독, 그리고 좋게 말해서 겸손한 예심판사를 고용하고 있을 뿐만 아니라, 나아가서는 상급 재판관이나 최고 재판관들과 아울러 수많은 조수, 서기, 헌병, 그리고 그 밖의 고용인들, 게다가 서슴지 않고 말한다면 사형집행인들까지도 거느리고 있습니다. 여러분 이 커다란 조직체의 의미는 무엇일까요? 무고한 사람들을 체포하고, 그들에 대해서 무의미하고, 제 경우와 마찬가지로 대개는 아무 소용도 없는 소송 절차를 행하고 있습니

---

15) 카프카, 『심판』, 50쪽, 54쪽.

다. 이처럼 모든 것이 아무 의미도 없으니 관리들이 극도로 부패하는 것을 어떻게 막을 수 있겠습니까?[16]

그러나 이 체계에서는 모든 주체가 이미 유죄인데도 실질적인 유죄 판결은 내려지지 않습니다. 또한 실제적인 무죄 판결도 내려지지 않습니다. 유죄도 무죄도 아닌 영원히 지연되는 판결의 상태, 바로 이런 상태가 모든 주체를 더욱더 거세하고 무력하게 만드는 것입니다. 하지만 유죄 아니면 무죄라는 선명한 결론이 부재한 이 체계에서는, 거세되어 있지만 그럼에도 실질적인 유죄 판결을 피하기 위해서 '지연'만이 최선의 전략이 됩니다. 체계의 본성인 '지연'은 변호사(『심판』)나 문지기(『성』)와 같은 체계 내부의 권력의 매개들을 증가시키게 되는 것이기도 합니다.

변호사의 이 방법은 의뢰인이 종국에는 세상일을 모두 잊어버리고 소송이 끝날 때까지 이런 미로에서 계속 쓸려 다니기만을 바라게 만드는 것이었다. 이젠 의뢰인이 아니라 변호사의 개였다. 변호사가 상인에게 개집으로 들어가듯이 침대 밑으로 기어

---

16) 카프카, 『심판』, 62쪽.

들어가 짖으라고 명령한다 해도 상인은 기꺼이 그렇게 했을 것이다.[17]

운동은 계속하지만 오직 정지와 지연의 방식으로만 계속되는 게 이 체계의 운동의 본질입니다.

석방에는 세 종류가 있지만, 한 번도 무죄 판결은 없었습니다. 왜냐하면 이미 주체는 근원적으로 유죄이기 때문이고, 따라서 남는 것은 형식적 무죄 판결과 판결의 지연입니다. 형식적 무죄 판결이란, 일시적으로 무죄인 상태인데, 일단 기소에서 풀려나긴 하지만 기소 자체는 여전히 유효하고 상부의 명령이 있으면 즉시 기소 과정 자체의 효력이 발생하는 판결입니다. 서류는 분실되는 것 같은데 하나도 분실되지 않으며 재판소에서는 결코 망각하는 법이 없습니다. 그래서 소송은 언제든 다시 시작됩니다. "재판관들은 무죄 판결을 내릴 때 이미 다시 체포할 것을 예견하고 있습니다." "두번째 무죄 판결 다음에는 세번째 체포, 세번째 무죄 판결 다음에는 네번째 체포…그런 식으로 계속됩니다."[18]

---

17) 카프카, 『심판』, 247쪽.
18) 카프카, 『심판』, 200쪽.

판결의 지연은 소송을 최하급 단계에 붙잡아 두는 전략입니다. 소송이 끝나는 것은 아니지만 유죄 판결은 피할 수 있게 해줍니다. 두 방법 모두 피고의 유죄 판결을 막는다는 공통점은 있으나 실제적인 무죄 판결도 끌어내지는 못합니다. 이미 유죄이지만 판결은 내리지 않는 유죄 상태. 그러므로 더욱 가혹한 유죄일 수 있는 상태. 언제 판결이 날지 알 수 없어 더욱 불안하게 하는 유죄 상태입니다. 무죄 불가능성은 소송의 반복과 지연을 초래하고 이는 거세된 상태를 영원히 존속시킵니다. 따라서 푸코와 달리 체제는 불능이지만 동시에 거의 전능입니다. 불능이라고 무력한 것이라 볼 수 없습니다. 그것은 제논의 역설처럼 움직이는 그런 전능의 체계입니다. 모든 주체는 오직 운동 자체를 목적으로 하는 불능-전능의 체계 안에서 거세된 채 유죄 선고된 삶을 살게 됩니다.

초월론적 태도와 절대적 반역

우리는 이제 「법 앞에서」를 중요한 텍스트로 삼고 여기서 체계를 돌파하려는 카프카의 전략을 판별해 보고자 합니다. 이 작품 말미에는 수수께끼와도 같은 표현이 있습니다. 시골 남자가 묻습니다. "모든 사람이 법을 얻고자 노력할진대 이 여러 해 동안 나 말고는 아무도 입장 허가를 바라는 사람이 없으니 도대체 어떻게 된 일이지요?" 문지기는 이 남자의 임종이 다가와 있음을 알아채고 고함을 질러 대답해 줍니다. "여기서는 다른 누구도 입장 허가를 받을 수 없었어. 이 입구는 오직 자네만을 위해 정해진 것이었으니까 말이야. 나는 이제 가서 입구를 닫겠네."[19] 이 짧은 단편은 『심판』에서도 신부와 K의 대화 속에서 다시 등장한다는 점에서 카프카에게는 중요한 주제를 담고 있는 것으로 볼 수 있습니다.

오직 시골 사람에게만 법이 그 입장을 허락하는 문이란 무엇일까요? 이것을 어떻게 읽어야 할까요? 시골 사람의 죽음과 더불어 법의 문은 닫힙니다. 법의 문은 열려 있었습니다, 시골 사람에게 한에서만. 그런데 열려 있으면서도 입장할 수 없는 방식으로만 열려 있었습니다. 그렇다면 이 법의 문이 열려 있는 것, 즉 이 체계가 시골 사람을 구원할 것처럼 보이는 것은, 오직 시골 사람의 열망 덕분이었던 것입니다. 그가 법의 문 안으로 들어가려고 시도하는 순간에만 법의 문은 열린 방식으로 닫혀 있는 것입니다. 그는 죽기 직전에 이미 자신이 법에 포함되어 있었

---

19) 카프카, 「법 앞에서」, 271쪽.

다는 애기를 듣습니다. "이 입구는 오직 자네만을 위해 정해진 것이었으니까 말이야." 이 체계는 정확히 배제적 포함의 방식으로 주체를 거세하고 거세된 주체를 체계 안에 포획하는 것으로 보입니다.

그러므로 중요한 것은 이 구절에서 법의 문이 닫히는 순간입니다. 그 법이 구원 가능성 자체를 잃는 순간, 체계로서의 포획 가능성이 사라지는 순간입니다. 시골 사람의 죽음이 만들어냈던 것이 바로 이 문의 폐쇄였습니다. 중요한 것은 법의 문을 닫게 하는 것입니다. 시골 사람이 법에 배제되는 방식으로 포획되는 배제적 포함의 상태에 있었던 것은 법(성) 자체를 초월적 실체로 간주하는 자신의 욕망 때문이었던 것입니다. 그의 죽음, 즉 법을 향한 욕망의 소멸은 법을 진정 불능의 상태로 만들 수 있습니다. 이 순간 초월적인 칸트적 구조는 붕괴될 수 있다는 것이 카프카의 전언이라 하겠습니다. 자신을 거세된 존재로 만들면서까지 저 체계를 물자체적인 것(초월적인 것)으로 만든 것은, 거세를 받아들였던 주체의 욕망과 개입 때문이었습니다. 주체의 자발적 거세, 이것이 불능의 법을 전능의 법으로 초월화하는 것입니다.

칸트가 사용한 철학적 표현으로 바꿔 본다면 이렇게 말할 수 있겠습니다. 『성』의 주민들과 『심판』의 대상들은 저 '절대자'

를 실체적으로 주어진 것으로 사고하는 '초월적 실재론자'에 속해 있다고 할 수 있습니다. 초월적 실재론자들은 우리가 사유 속에 갖고 있는 표상들이 우리와 아무런 관계도 없이 그 자체로 존재하는 물자체라고 생각하기 때문입니다. 하지만 이에 대해 비판적인 소설의 주인공들인 K들은 '초월론적 관념론자'입니다. 그들에게 가능한 경험 대상들은 그저 표상들 외엔 없습니다. 그들 사유 바깥에 있는 대상들에 대해서는 그 실존을 알지 못한다고 생각하는 것입니다. 그런 물자체와 같은 성이나 법이 존재하는 것은 그 자체적인 것이 아니라 거세된 주체의 실천적 관여라는 조건 속에서 가능하다는 인식을 획득하고 있는 것이죠. 이런 초월론적 관념론의 태도야말로 카프카가 획득한 세계가 아닐까요?

K들의 관점에서 보면 『성』의 주민들은 아감벤이 우리 시대 주권의 형상이라고 부르는 호모 사케르와 같은 존재들이라 할 수 있습니다. "주권자와 호모 사케르는 법질서의 양극단에 위치한 두 가지 대칭적인 형상들로서, 동일한 구조를 갖고 있으며 서로 결합되어 있다. 여기서 모든 사람을 잠재적인 호모 사케르들로 간주하는 자가 바로 주권자이며, 또 그를 향해 모든 사람들이 주권자로 행세하는 자가 바로 호모 사케르"[20]입니다. 주권적 법은 이미 그 자체로부터 주체의 거세이고, 거세된 주체만을 받아

들이는 법입니다. 앞에서 말한 대로 그런 점에서 체계는 언제나 과도하고 주체는 언제나 과소합니다. 호모 사케르로서 법의 시민이 되는 과정을 초월론적 관념론의 태도 속에서 카프카가 폭로하고 있는 것입니다.

K들은 아무런 출구 없이 절대적인 심연 앞에 놓인 욥의 처지와 비슷해 보입니다. "출구가 어디죠?" "벌써 길을 잃었습니까?"[21] 길은 하나뿐이라는데 찾을 수 없고, "한 인간의 생존을 좌우하는 어처구니없는 미로"[22] 앞에서 망연자실합니다. 죄 지은 바 없는데 형벌을 받는 욥이 느꼈던 그 막막함은 K들에게도 동일합니다. 죄를 고백하라는 친구들 앞에서 유죄성에 대한 인정을 거부하지만 신의 욕망을 알 수 없어 절망할 수밖에 없었던 욥은 곧 K들이기도 합니다. 체계와 신으로부터 버려진 이 순간은 자유의 순간이기도 하지만 천형의 순간이기도 합니다.

K에겐 마치 이제 모든 관계가 끊어지고 어느 때보다 더 자유롭고, 다른 때라면 그에게 허용되지 않는 이곳에서 내내 마음대

20) 임미원, 「법의 자기정당화의 위기 : 아감벤의 칸트 법개념 비판을 중심으로」, 『법학논총』 27집, 2010, 28쪽.
21) 카프카, 『심판』, 87쪽.
22) 카프카, 『성』, 80쪽.

로 기다려도 되며 이렇게 다른 사람이 얻기 어려운 자유를 획득한 것 같고, 그러니 아무도 그를 건드리거나 쫓아내선 안 되고 아마 말을 거는 것도 안 되는 것 같았지만,──그런 확신도 강했다──아울러 이 자유, 이 기다림, 이 불가침성보다 무의미하고 절망적인 것은 없다는 듯이 느껴졌다.[23]

그러나 공통점은 여기까지일 뿐입니다. 욥은 불투명한 신(타자)의 욕망과 조우하면서 그 속에서 자유라는 심연에 빠지면서도 유죄를 받아들이지 않지만, 그렇다고 해서 신의 초월성을 받아들이지 않는 것도 아닙니다. 욥은 자신의 상징적 정체성은 지켰지만 이해 불가능성으로서의 신의 초월성에 대해서는 저항하지 못했습니다. 즉 신의 초월성이 거세된 주체와 공외연적이라는 사실에 대한 폭로에는 이르지 못했던 것입니다. K들도 불투명한 타자의 욕망과의 조우 속에서 체계와 대결하려 하지만 그는 끝내 저 초월성에 대한 믿음에는 이르지 않으려 합니다. 타자의 무능을 폭로하고 그 초월론적 조건을 파헤치면서 어떤 절대적 부정성의 자리에 도달하는 것입니다. 그것이 바로 K의 죽음이 상징하는 것이기도 합니다. 시골 사람이 법의 무능을 폭로

---

23) 카프카, 『성』, 129쪽.

할 위치에 있으면서도 법 속에 포획된 죽음에 이르고 만다면, K 는 거세 자체를 거부하면서 체계를 불능에 이르게 하려는 강렬한 반역의 욕망으로 가득합니다. 가장 고귀한 태도는 아마도 다음과 같은 K의 자세일 것입니다.

> 내가 지금 할 수 있는 유일한 길은 끝까지 침착하고 분별력 있는 이성을 갖는 것이다. 나는 언제나 스무 개의 손을 갖고 세상에 덤벼들려 했다. 그것도 단 하나 합당한 목적도 없이. 그것은 옳지 않았다. 일 년 동안이나 소송에 시달려 왔어도 배운 게 아무것도 없다는 것을 지금 보여 줘야 할까? 이해력이 없는 인간으로 인식된 채 사라져야 할까?[24]

비록 "개같이" "치욕"적인 죽음을 맞이하더라도 우리는 분별력 있는 이성을 가져야 합니다. 인간임을 주장하기 위해 아무것도 먹지 않고, 오히려 인간이라는 그 '공백'을 치열하게 먹은 「변신」의 그레고르처럼 말이죠.

---

24) 카프카, 『심판』, 283쪽.

11강_ '보편성'에 대하여

우리는 다양한 구속으로부터 해방된 자유로운 개인들, 이성의 합리적 사용을 믿는 자유로운 개인들의 사회 속에서 살아가고 있는 것처럼 보입니다. 그리고 그런 '자유'가 시대의 지배 이념인 것처럼 구가되고 있는 것을 매일같이 목격하고 있기도 합니다. 이 세계는 자유롭고 언제나 자유를 지향하는데, 만약 비자유의 공간이 있다면 그것은 어딘가 이 세계 바깥쯤에나 자리하고 있을 거라고 생각하는 것입니다. 그런데 이 자유의 공간이 배제와 억압, 그리고 차별과 구속에 의해 지배되고 있다면 어떨까요? 노조를 국민경제의 '적'으로 규정한다든지 진보적 시민활동을 반국가적 활동으로 매도한다든지 하는 태도들은 이성의 보편성과 합리성을 믿는 자유의 옹호자들의 것이라 받아들이기 어렵습니다. 우리는 거기서 오히려 사회적 주체들로 하여금 국가나 국민경제의 구성원으로서의 직분에만 충실하라는 어떤 강한 '명령'을 읽습니다.

노동자면 노동자로서, 성직자면 성직자로서, 의사면 의사로서 자신의 직분에 충실하게 사는 것은 긍정적인 것이 아닐까요? 그러나 놀랍게도 칸트는 이런 태도를 이성의 '사적' 사용이라고 규정하면서 그 의미를 평가절하합니다. 넓히자면 그저 한 국민이나 민족으로 살아가는 것도, 하나의 계급으로 살아가는 것도 칸트에게는 이성의 '공적' 사용에 이르지 못하는 것인데, 그런 경우들이 모두 어떤 특수한 단일한 척도나 규칙에 지배되는 이성의 사용에 불과하기 때문입니다. 여기서는 언제나 '믿고 따르라'는 규칙이 지배합니다. 성직자의 본분을 지켜야 한다는 것, 의사의 본분을 지켜야 한다는 것, 국민의 본분을 지켜야 한다는 것, 이 모든 것은 그 본분 이상의 것을 사유하지 못하게 하기 때문에 이성의 '사적' 사용이라고 규정되는 것입니다.

우리는 현재 비이성적인 적대감이 우리 사회만이 아니라 세계 전체적으로 확대되는 상황을 지켜보고 있습니다. 칸트가 주장했던 '보편성'을 다시 사유할 시간이 왔다는 생각이 강하게 듭니다. 특수한 직업이나 직분, 특수한 국민이나 인종의 논리에 매몰될 때 우리는 비이성적 폭력에 내몰리고 마는 것입니다. 타인의 고통에 공감하지 못하도록 막는 것은 우리의 메마른 정서가 아니라 보편성에 대한 사유의 부재입니다. 칸트가 '이성적으로 생각하라'고 할 때 그것은 이성의 사적 사용을 넘어 공적 사용에까지 이르라는 말입니다. 그리고 이 이성의 공적 사용은 판단력의 구조와 연계된 개념이기도 합니다. 보편성에 이르는 판단력의 사용은 기존에 합의된 그 어떤 동의에도 동의하지 않는 그런 새롭고도 독창적인 차원을 열게 하는 것입니다. 그렇다면 칸트의 보편성이라는 개념을 통해 우리가 배울 수 있는 것은 무엇일까요?

오늘은 칸트가 1784년 발표한 「계몽이란 무엇인가에 대한 답변」이라는 글과 1790년 프랑스 혁명 다음 해에 완성된 『판단력비판』을 통해 '보편성'이라는 주제를 다루려고 합니다. 이 두 글을 엮어 주는 철학자로 한나 아렌트가 있는데, 오늘은 주로 아렌트의 『칸트 정치철학 강의』에 나오는 내용들을 바탕으로 이야기를 해보려 합니다.

대립과 토포스

'보편성'이라는 주제를 다루는 데 있어 저에게는 몇 가지 문제의식이 있는데요. 예를 들어 이런 것입니다. 청계천 쪽을 지나다

보면 여러 주장을 하는 시위를 볼 수 있는데요. 최근에는 가자 지구에 대한 이스라엘의 공격을 비판하는 시위가 있었습니다. 전쟁의 즉각적 중지와 팔레스타인 해방을 주장하며 'From the river to the sea'라는 구호를 외치는 일군의 사람들이 있습니다. 요단강(river)에서 지중해(sea)까지 팔레스타인 민족의 완전한 해방을 염원하는 구호라고 하더군요. 그래서 지금 반이스라엘 시위대는 전 세계적으로 이 동일한 구호를 외치고 있습니다. 그런데 또 다른 한쪽에서는 친이스라엘 시위가 열리고 있는데 그 시위의 구호는 '즉각적 인질 석방'이에요. 하마스가 이스라엘을 기습해 잡아간 인질들을 풀어 주라는 한국의 기독교 신자들의 집회인데, 그래서 구호를 외칠 때마다 아멘 아멘 하는 소리가 들립니다.

이렇게 서로 다른 주장을 하는 두 집단을 보면 이들이 서로 대립하는 것으로 보이잖아요. 표면적으로는 그렇게 보이는데, 저는 이 대립이 진정한 대립인지를 사유해야 한다고 봅니다. 예컨대 니체에게는 강자와 약자, 귀족적 평가 양식과 노예적 평가 양식 같은 구분이 있습니다. 그런데 이 두 평가 양식은 니체에게 서로 대립하는 것이 될 수 없습니다. 두 개의 원리가 완전히 다르기 때문이죠. 그런 것처럼 이스라엘과 팔레스타인을 둘러싼 두 진영의 대립을 다른 방식으로 사유해 보고 싶다는 겁니다. 모두 자신의 생각이 옳다고 하고 분노도 타당하다고 주장합니다. 우리가 어떤 식으로 사유를 할 때 이런 상황이 대립이 되거나 되지 않는지 보편성이라는 주제를 통해 살펴보려고 합니다. 이런 대립은 어떤 대립인지, 사유란 도대체 어떤 것이어야 하는지 알아보겠습니다.

어느 나라나 마찬가지겠지만 우리 사회에도 특수한 직분의 논리 같은 게 있습니다. 장애인은 장애인답게 살아야지 과도한 요구를 해선 안 된다는 주장이라든가, 노동자는 일하는 사람으로 살아야지 이상한 시민운동 같은 것을 해서는 안 된다는 시선 같은 것이 대표적입니다. 특정한 토포스(Topos)에 고착된 일반 규칙 이상의 초월을 부정하는 태도들이라 하겠습니다. 사유에 둘러쳐진 어떤 한계라고 할까요. 전근대를 통과한 우리의 사유는 여전히 특정한 제한 속에 있습니다. 이런 문제도 보편성 개념을 통해 함께 생각해 보도록 하겠습니다.

이성의 공적 사용과 사적 사용

「계몽이란 무엇인가에 대한 답변」(줄여서 「계몽이란 무엇인가」)에서 칸트는 '계몽'이란 미성년 상태로부터 벗어나 성인이 되는 것이라고 합니다. 미성년이란 타인의 지도 없이는 자신의 이성을 사용할 수 없는 무능력 상태로서 이성의 사용이 오직 특정한 지도와 지시 아래서만 실현되는 부자유 상태를 뜻합니다. 반면에 능력과 자유의 상태란 지도 없이 이성을 자유롭게 사용할 수 있는 상태인데, 이런 칸트의 규정은 이성의 사용이 애초부터 인간의 자율적인 근본적 능력에 속한 것이었다는 사실을 드러낸다는 점에서 주목할 만합니다. 이 근원적이고 자율적인 능력을 타인에게 양도하고 사용치 않는 경우가 바로 미성년이라는 것입니다.

우리는 이미 이성을 자유롭게 사용할 수 있다는 전제 아래 있기 때문에 조금씩 배워서 이성을 더 잘 사용하게 된다는 그런 방식이 있을 수 없습니다. 이렇게 이미 자유롭지 않았다면 우리는 아예 자유를 꿈꿀 수도 없다고 칸트는 말합니다. 그런데 자유롭다는 것은 어떤 구속 상태로부터 벗어나는 초연한 상태를 뜻하지 않습니다. 부자유 상태인 미성년은 오히려 불필요한 긴장을 요구하지 않는다는 점에서 편한 상태입니다. 안락한 상태이지만 인간의 근원적 본성인 자유를 발휘하지는 못하는 미성년은 어떤 특정한 제약 속에 있습니다.

특정한 지도 속에서 이성이 실현되는 미성년 상태를 칸트는 이성의 사적 사용 단계라고 불러 새로운 의미를 추가합니다. 이성을 사용할 줄 모르는 상태가 아니라 이성을 특정한 방식으로 사용하는 상태가 사적 사용입니다. 칸트의 규정에 따르면 "그에게 맡겨진 어떤 시민적 지위나 공직에서 이성을 사용하는 경우"[1]입니다. 칸트의 정의는 우리를 상당히 혼란스럽게 만듭니다. 시민적 지위와 공직에서 이성을 사용하는 것을 사적 사용이라고 하는 것도 그렇고, 공직에서의 이성 사용을 미성년 상태라고 하는 것도 그렇습니다. 공과 사를 각각 국가와 개인의 차원에서 생각하는 우리로서는 칸트의 도식이 아주 낯설게 다가옵니다. 미성년의 의미를 파악하기 위해서는 이 이성의 사적 사용 상태를 정확히 규정해야겠습니다.

단서는 칸트가 공동체와 국가의 운영을 "기계적 장치"로 비유하는 부분입니다. 공동체는 여러 분야의 협력에 의해 작동하고, 이 분야들의 특징은 기계적이어야 한다는 것입니다. 분업이 기계적이지 않으면 그 최종적 성과가 제대로 도출될 전망이 없을 테니 이는 당연한 과정입니다. 공동체도 분업에 의해 기계적으로 조정되면서 운영되는 메커니즘이라는 것이 칸트의 생각입니다. 기계적 분업이기 때문에 "공동체의 구성원들은 이 장치에 의해 단지 수동적으로 정부의 명령대로 그 일을 수행할 수밖에

---

1) 칸트, 「계몽이란 무엇인가에 대한 답변」, 16쪽.

없"습니다. 여기서는 "논의가 허용되지 않"습니다. "사람들은 복종하지 않으면 안" 됩니다.[2] 논의도 허용되지 않는 복종의 공간에서 사용되는 이성의 상태란 무엇일까요?

이성의 사적 사용은 분업으로 인해 어떤 특정 직종에 종사하기 때문에 발생하는 것이 아닙니다. 그것은 분업의 지역적 구조를 지칭하는 게 아닙니다. 또한 이성을 아예 사용하지 않는 경우를 뜻하지도 않습니다. 이성의 사용이긴 하지만 칸트가 보기에 이성의 사적인 사용밖에 되지 않는 사용법이자 우리가 보통 이성의 용법이라고 했을 때 통념적으로 떠올리는 상태라는 것입니다. 최대한의 이성 사용이라고 해도 복종의 방식을 벗어나지 못하는 이성 사용은 한마디로 도구적 사용이라고 할 수 있겠습니다. 분업이 효율적으로 달성되도록 하는 수단으로서의 이성, 따라서 분업의 체계가 요구하는 것 이상을 사유해서는 안 되는 이성, 그것이 이성의 사적 사용법입니다.

그러므로 여기서는 논의가 허용될 수 없습니다. 장교는 상관의 명령에 따라야 하고, 성직자는 자신이 봉사하는 교회의 방침에 따라 강론해야 하며, 시민들은 조세 납부의 의무를 지켜야 합니다. 상관의 명령을 토의의 대상에 부치는 순간 군대라는 기

---

2) 칸트, 「계몽이란 무엇인가에 대한 답변」, 16쪽.

계의 냉혹함은 존재할 수 없으며, 성직자가 자신의 신적 경험에 입각해 강론하는 순간 이단이라는 규정이 내려질 것이고, 시민들이 조세 납부의 여부를 토의하게 되면 국가의 기초 자체가 붕괴될 것입니다. 기계적 분업의 체계로서의 공동체의 삶에서 핵심은 따라서 "따지지 말라"입니다. 미성년 상태란 따지지 말라는 명령이 지배하는 상태이며, 기계 장치의 한 요소가 되어 이성을 사용하는 상태입니다. 이것이 이성의 '사적 사용'인 까닭은 이 기계 장치가 아무리 크더라도, 그것이 설령 국가라 해도 인류의 차원에 비하면 소규모 집단에 불과하기 때문입니다. 미성년 상태의 이성의 사적인 사용이란 분업의 제한성과 효율성에 갇힌 복종적 사유라 규정할 수 있겠습니다.

이성의 사적 사용의 문제

그런데 우리는 분업의 제한적 과정 속에서의 이성 사용을 최선의 인간 능력의 발휘라고 생각하는 통념에 사로잡혀 있습니다. 즉 이성을 특정한 목적을 위한 수단으로서 제한적으로 사용하면서도 그것을 이성 사용의 최대치라고 생각하는 것입니다. 이때도 물론 이성은 최대한으로 발휘됩니다. 그러나 그것은 양적인 최대치를 넘어 질적인 차원으로 상승하지 않습니다. 다시 말해 여기서 이성은 목적 달성을 위한 지금의 수단이 과연 최선인지 검토하는 차원에서 도구적 능력을 발휘하기는 하지만, 목적자체에 대한 근본적이고 비판적인 질문을 던질 수는 없습니다. 공장의 노동자라면 자신에게 주어진 과제만 잘 마치면 되지 자신의 작업이 전체 공정에서 어디를 차지하는지 전체 과정의 문제는 없는지 점검할 필요는 없습니다. 그의 이성은 작업의 효율성에 최적화된 사유 상태에 그치게 되는 것입니다.

그렇다면 이성의 사적 사용에서 벗어난다는 것은 이성을 목적을 위한 도구(수단)에 그치지 않게 하는 것이겠습니다. 약간 난해한 말이지만 칸트식으로 표현하자면 이성이 오로지 이성만을 위해 사용되어야 하겠습니다. 칸트에 따르면 인간 이성은 무조건자(신)에 도달하려는 욕망이자 모든 것들을 총체적으로 포괄하려는 욕망입니다. 이 형이상학적 욕망을 칸트는 절대로 수단이 될 수 없는 인간의 본성, 즉 목적으로서만 존재할 수 있는 인간의 핵심에 놓습니다. 이성은 목적을 도입할 수 있지만 이것도 철저히 이성의 관점 아래서입니다. 물론 인간도 어떤 특정한 체계 내에서는 하나의 수단이 될 수 있습니다. 그러나 칸트는 이를 인간의 본질로 간주하지 않습니다. 인간의 본질은 자유에, 다시 말해 무조건자를 욕망하는 이성에 있습니다. 칸트에게 '인간성'이란 결코 수단화될 수 없는 최고 목적으로서의 존재를 뜻합니다.

우리가 살아가다 어느 순간 던지는 질문이 있습니다. '내가 왜 이렇게 살고 있는 것일까?' 수단화되어 있는 삶에 대한 이런 질문은 이성이 미성년의 상태 속에서 결코 만족하지 않는다는 사실을 전형적으로 보여 줍니다. 이 반성의 본질은 수단으로서의 이성에서는 찾아볼 수 없는 것입니다. 인간은 수단으로서의 존재에 대해 결코 만족할 수 없습니다. 질문을 던지고 반성한다는 것, 그것 자체가 이미 인간이 수단 이상의 존재라는 것을 증명합니다. 그리고 우리가 던지는 저 질문은 사실 정확한 대답도 불가능한 그런 질문입니다. 분업의 체계에서라면 정답은 이미 정해져 있습니다. 작업 방식을 바꾼다거나 속도를 바꾸면 되는 문제입니다. 그러나 삶의 '목적'에 대한 이런 질문은 이성만이 던질 수 있는 것이면서도 궁극적으로 대답될 수 없는 것입니다. 이렇게 열린 대답의 속성이 이미 인간의 자유의 속성을 잘 보여 줍니다. 그런 점에서 자유의 상태는 수단의 종속에서 벗어난 것이긴 하지만 그렇게 안온한 상태일 수 없습니다. 그것은 해답을 찾도록 우리를 난파하는 힘으로 추동하는 불안정 상태입니다.

이성의 사적 사용이 목적에 대해 고찰하지 못하고 수단에 종속된 사유라는 점에서 문제이기도 하지만 또한 그것이 '사적'

이라는 것도 문제적입니다. 다시 말해 이성이 언제나 '소규모 집단'에만 한정된 상태 속에서 그 능력을 발휘한다는 것도 미성년의 한 본질이겠습니다. 군인의 합리성이라는 것이 있을 것이고 성직자의 합리성이라는 것도 있으며 시민의 합리성도 있겠습니다. 종교적 체계 내에서의 합리성은 경제적 체계 내에서의 합리성과 충돌할 수 있습니다. 소규모 집단에 갇힌 합리성은 타자의 합리성을 인정할 수 없기 때문에 언제나 불안정한 충돌이 계속될 수 있고, 이 충돌의 대표적인 현상은 국가 간의 충돌이라고 할 수 있겠습니다. 각각의 국가는 언제나 소규모 집단입니다.

　이런 전제에서 도출된 것이 칸트의 '영구평화론'입니다. 칸트로 하여금 전쟁의 제거에 관심을 갖게 하면서도 그를 "이상한 종류의 평화주의자"로 만든 것은 전쟁의 잔인성과 같은 인권적 관점이 아니라고 합니다. 중요한 것은 인간이 자신의 보편성을 최대한 확장할 수 있는 정치적 공간을 확보하는 것이었습니다.[3] 국가라는 지역적 제한성은 언제나 합리성을 제한하기 때문에 국가 자체가 이미 보편성을 개방할 수 없습니다. 어떤 국가도 인간이라는 보편성 아래서 다른 나라 국민을 대하지 않습니다. 인권이라는 보편성이 거론되는 때는 언제나 거의 인간으로서의

---

3) 한나 아렌트, 『칸트 정치철학 강의』, 143쪽.

존재성 자체가 소멸되어 버린 난민의 경우에 불과하고, 그것도 아주 최소한에 그칩니다. 국가는 소규모 집단이 갖는 미성년 상태의 대표적 표현체입니다. 따라서 국가가 척도인 근대는 언제든 무력충돌이 정치적으로 전제되어 있는 것입니다. 칸트의 영구평화론 중에서 가장 핵심적 요구는 이동의 자유입니다. 지구 안에서 얼마든지 이동할 수 있어야 소규모 집단의 한계를 넘어 보편성의 차원을 획득할 수 있는 것입니다.

국가 간의 충돌에서 볼 수 있듯이 소규모 집단 속에서 이성을 사용한다는 것은 궁극적으로 사유의 본질이라고 할 수 있는 일관성을 상실하는 것과 같습니다. 일관되지 못한 사유는 사유일 수 없습니다. 이 집단에서 통용되는 사유가 다른 집단에서 통용되지 않는 한 사유는 자신의 일관성과 보편성을 관철할 수 없습니다. 소크라테스는 사유를 지배하는 유일한 규칙인 '일관성의 규칙'(혹은 무모순성의 공리)을 발견했다고 합니다. 그래서 소크라테스에게 '윤리적인' 것은 하나인 자기 자신과 불편한 관계에 빠지지 않는 상태, 즉 사유의 일관성을 유지하는 것이었습니다. 이런 원리는 나중에 아리스토텔레스에게서는 사유의 제1원리가 되었고, 칸트에게는 윤리학의 기초가 되었습니다.[4] 소크라

---

4) 아렌트, 『칸트 정치철학 강의』, 84쪽.

테스 문답의 원칙은 바로 이 무모순성에 있습니다. 대화 참여자가 모순 상태에 몰렸다면 그는 자신의 무지를 반성해야 하는 처지에 놓이게 됩니다.

그러나 소규모 집단이라는 이성의 사적 사용 상태에서는 모순적이어도 아무런 문제가 없습니다. 그 집단의 일관성만 지킬 수 있으면 되기 때문이죠. 그래서 이성의 사적 사용은 이 비일관성 때문에 언제나 사유의 능력과 인간의 자유를 제한하게 됩니다. 사유는 모순 없는 지점까지 도달할 수 있어야 자기 한계를 초월할 수 있는데 모순 속에서도 만족하는 사유란 이미 사유의 불구 상태에 불과한 것입니다. 국가 간에 이동의 자유가 있어야 하듯이 사유도 모순된 상태에서 벗어날 자유가 있어야 합니다. 사유의 비일관성은 어떤 사람을 만들어 낼까요?

스피노자가 『신학정치론』에서 말하는 '완고한' 사람을 응용해 보면 좋을 것 같습니다. 스피노자는 이렇게 말합니다. "우리가 보고 있는 것은 거의 모든 사람들이 그들 스스로의 생각을 신의 말씀으로 과시하려 드는 것이며, 그들의 주요 목적은 종교를 핑계 삼아 자신들이 생각하는 대로 다른 사람들 역시 똑같이 생각하도록 강요하는 것이다."[5] 스피노자의 주된 비판 대상이 되

---

5) 바뤼흐 스피노자, 『신학정치론』, 황태연 옮김, 신아출판사, 2010, 128쪽.

는 이들은 주로 신학자들이지만, 스피노자에게는 신학자들이야 말로 가장 완고한 사람들입니다. 성서의 목적은 최선의 논리적 사실을 전달하는 게 아니라 가능한 많은 사람들에게 최선의 행실을 전하는 것입니다. 신을 사랑하고 이웃을 사랑하라는 것, 그것이 복음이죠. 그런데 저 완고한 신학자들은 자신들의 증오를 신의 계시라는 이름으로 합리화하면서 대중들로 하여금 적대와 전쟁 속에 빠지게 합니다. 이런 완고함은 거의 광기와도 같으며, 그것이 사유의 비일관성이 갖는 미성년 상태의 특징이 되겠습니다.

토포스가 없는 학자의 자리

그러면 이런 완고함, 즉 이성의 사적 사용에서 어떻게 벗어날 수 있을까요? 분업적이고 사적인 체계에서 벗어나면 되는 걸까요? 그러나 칸트는 이성의 '공적' 사용이 이런 기계적 장치의 요소에서 벗어나는 것이라고 말하지 않습니다. 그 대신 굉장히 독특한 위치를 설정하는데 그것이 바로 '학자'라는 특이한 토포스입니다. 그의 표현으로는 이렇게 됩니다. "그 기계 장치의 한 부분이, 자신을 전체 공동체의 한 구성원으로, 혹은 세계시민 사회의 한 구성원으로 간주하는 한에서, 그리고 저작을 통해 대중에게 이야기하는 학자의 자격으로서는 그는 확실히 논의할 수 있다."[6] 요약하자면 자신이 어떤 자리에 있든 '학자'로서 살라는 것입니다. 그렇다고 공부하는 직업을 선택하라는 뜻이 아닙니다.

장치의 기계적 요소에서 벗어날 수도 없고 벗어나서도 안 됩니다. 대신 장치의 부분을 초월하는 부분이 될 수 있다면 좋겠다는 것입니다. 이런 위치가 바로 학자이자 세계시민의 자리입니다. 자신의 정해진 직분 위에서 그 직분과 다른 존재, 즉 그 어떤 직분에도 제한되지 않고 직분 없는 직분의 자리에 서기, 세계시민의 토포스에 서기, 이것이 칸트의 해법입니다. 세계시민이 된다는 것은 기본적으로 분열적 주체가 되는 것이기도 합니다. 기계 장치의 요소이지만 그 요소에 머물지 않는 존재, 하나의 직분을 갖지만 모든 직분의 자리에 있을 수 있는 존재. 부분이면서도 동시에 전체적으로 존재할 수 있을 때 우리는 보편성에 이를 수 있습니다.

이 세계시민은 동시에 독자 대중을 앞에 둔 학자이기도 합니다. 여기서 독자 대중은 아주 중요한 개념입니다. 출판된 저서를 읽고 그것을 비평할 수 있는 독자 대중을 앞에 둔 학자라면

---

6) 칸트, 「계몽이란 무엇인가에 대한 답변」, 16쪽.

비일관성과 완고함을 자신의 저술 속에 포함할 수 없을 것이기 때문입니다. 비판 속에 개방된 사유의 주체, 그것이 바로 학자의 토포스입니다. 학자라는 위치를 상정하는 한 그는 이성의 사적 사용 속에 갇힐 수 없습니다. 직분에 충실해야 한다면 따지지 말고 복종해야 하겠지만, 자신을 보편자의 자리에 두는 세계시민이자 학자라면 장교라 할지라도 병역의 의무가 갖는 결점을 비판할 수 있으며, 시민이라고 할지라도 과세의 부당함을 지적할 수 있고, 성직자라 할지라도 교회 제도의 개선점에 대해 대중 앞에서 제안할 수 있을 것입니다. 학자라는 토포스는 이렇게 직분의 기계적 분업의 원리에 제한된 사유의 자유가 무제한의 자유로 확장되고 향유될 수 있는 그런 자리라 할 수 있습니다. 세계시민이 되는 것은 세계로 나아가는 게 아니라 자신의 자리에서 보편성을 향해 자신을 공적 이성 사용의 존재로 개방하는 것입니다.

판단력의 문제

그렇다면 이런 확장된 사유, 그 자리를 갖지 않는 사유, 자유로운 사유는 어떻게 가능할까요? 사유 자체의 구조 속으로 들어갈 필요가 있겠습니다. 칸트에게 사유는 곧 '판단'의 문제이기도 한데요, 그에게 사유는 판단의 특정한 형태를 갖습니다. 『순수 이성비판』이 인식판단을 다룬다면 『실천이성비판』은 도덕판단을 다룬 것이라 할 수 있습니다. 그래서 『순수이성비판』의 인식판단은, 인식하기 위해 우리의 개념과 범주가 어떻게 감성적 대상에 적용되는지를 분석하고 있고, 『실천이성비판』의 도덕판단은 어떻게 하면 개인적 준칙을 보편적 법칙으로 확장할 수 있는지 그 원칙을 분석하고 있습니다. 하지만 가령, 근의 공식에 따라 미지수를 구하는 경우 분명 우리 이성을 사용한 것이긴 하지만 그렇다고 이를 사유했다고 말하지는 않을 테지요(인식판단의 경우). 그리고 진실을 위한 고집이 아무리 도덕적으로 위대하다고 해도 그것을 사유의 차원에 넣을 수도 없습니다(도덕판단의 경우). 그러므로 칸트에게는 사유를 다룰 고유의 영역이 있어야 하는데, 그것이 바로 『판단력비판』입니다.

『판단력비판』은 대표적으로 '취미' 판단을 다루는데, 취미판단이란 주지하다시피 미학적(미감적) 판단입니다. 인식판단이나 도덕판단과 다른 미감적 판단만의 고유한 특징은 칸트의 대표적 발견이기도 한데요, 칸트는 판단력을 규정적 판단력과 반성적 판단력으로 구분합니다. 특정한 것에 대해 일반적 규칙을 적용하는 것을 규정적 판단력이라고 하는데 예를 들면, 눈앞에 있는 '이것'을 '탁자'라고 판단하고는 '이것은 탁자다'라는 명제를 얻을 경우가 그렇습니다. 이렇게 특수자를 보편자 아래 포섭할 때 보편자(여기서는 탁자라는 일반개념)가 이미 주어져 있어 그 보편자를 일관되게 적용하는 문제에 해당될 경우 우리의 판단력은 규정적인 것이라고 말합니다.

규정적 판단력은 기본적으로 일반적 규칙이 주어져 있다는 점이 가장 특징적인데, 일반자를 특수하고 개별적인 사항에 적용하는 문제에 그치기 때문에(인식판단의 과정) 여기서의 이성 사용은 「계몽이란 무엇인가」에서 칸트가 구별한 이성의 사적 사용과 흡사하다고 할 수 있겠습니다. 가령 분업체계 아래 있는 노동자의 경우, 자신의 작업에 할당된 규칙을 잘 적용하는 것이 중요하지 자신의 부분적 작업이 전체 작업에서 어떻게 쓰일지 고민하는 것은 무의미한 일일 테니 말입니다. 그에게 요구되는 태도는 미성년 상태처럼 '따지지 말라' 그리고 '복종하라'가 되겠습니다. 그러므로 규정적 판단력의 지배 속에서는 판단행위가 발생하기는 하지만, 그렇다고 그 판단력이 기존의 일반성 바깥으로 확장되는 경우는 없다고 우리는 추론할 수 있습니다. 당연히 칸트가 소망하던 계몽의 목표인 이성의 자유로운 사용이 가능해지는 일도 없습니다.

반성적 판단력은 사유해야 할 대상으로서 특수한 것들은

주어져 있지만 그것을 포섭할 보편자가 주어져 있지 않을 때의 판단력입니다. 미감적 판단 과정에서 행해지는 절차로서, 가령 감동을 자아내는 영화에 대해 그 미적 쾌감의 정체를 밝히긴 어려운데, 이는 특정한 미적 대상에 대해 적용할 일반적인 미학 규칙이 없기 때문입니다. 원래 미적 대상에 대해 규정하는 아름답다는 판단은 기본적으로 개인적이고 개별적인 것이지 보편적으로 주어질 수 없는 개념입니다. 따라서 미학적 판단 과정에서는 보편자를 스스로 창안할 수밖에 없게 되는데, 이를 칸트는 반성적 판단력이라고 불러 기존의 인식 과정이나 도덕적 의지와 구별하고자 합니다.

상상력과 보편자

사유의 문제는 곧 반성적 판단력의 문제임을 알 수 있었으니 이제 이것이 어떤 과정을 통해 가능한지 살펴보도록 하겠습니다. 칸트에 따르면 기본적으로 대상에 대한 '인식'은 세 가지 요소를 필요로 합니다. 감각적인 대상, 상상력, 개념. 앞에서 든 예를 다시 보자면, '이 탁자'라고 할 때('이것은 탁자다'라는 판단), 우리는 '이 탁자'가 개별적이고 독특한 것(감각적 대상)이긴 해도 다른 수많은 탁자들과 어떤 특징을 공유하고 있는 것(개념으로서의 탁자)임을 알아차리는데, 이를 가능하게 하는 것이 바로 상상력입니다. 이 개별적인 탁자에 대한 경험 가운데 포함된 '탁자 자체'에 대한 것이 바로 상상력의 작용에 의해 가능했기 때문입니다. 이를 칸트의 용어로는 '도식'이라고 부릅니다. 상상력은 탁자라는 '개념'에 맞춰 특정한 개별 대상을 볼 때 탁자 일반의 도식을 작성하는 것입니다. 그러므로 상상력은 직접 주어지는 대상이 아니라 부재하는 대상을 창출할 수 있는 창조적 능력이라고 볼 수 있겠습니다. 이 상상력이 없다면 우리는 그저 '이것' '그것'처럼밖에는 말할 수 없는 수많은 대상들로 둘러싸이게 될 것이고, 따라서 어떤 지식도 불가능할 것이고, '내게 탁자를 가져다주시오'라고 하는 의사소통도 불가능하게 됩니다.[7]

그런데 규정적 판단력하에서는 도식을 만들어 내는 상상력의 능력이 궁극적으로는 개념(탁자)이라는 보편자 아래 종속된다는 특징이 있습니다. 왜냐하면 규정적인 방식의 인식 행위에 있어 상상력은 개념에 맞춰 대상을 지각할 수 있게 하는 능력만 발휘하면 충분하기 때문입니다. 이것이 바로 이성의 사적 사용에서 이성의 자유 자체가 제한될 때 일어나는 일입니다. 여기서

---

7) 아렌트, 『칸트 정치철학 강의』, 152~155쪽.

는 직분에 맞춰 직분에 맞는 대상을 선택하고 그 대상을 일반 원칙 아래 잘 조율하는 것이 최선의 이성 사용인 것입니다. 그러나 보편자(탁자라는 개념)가 주어져 있지 않은 반성적 판단력의 상황에서는 우리의 판단은 특수자를 포섭할 일반개념을 갖고 있지 못합니다. 따라서 상상력은 특수자에 일치시킬 도식을 만들고자 자신의 능력을 최대한도로 발휘하긴 하지만 그럼에도 불구하고 어떤 보편적 개념 아래 도달할 방법이 없게 됩니다.

상상력의 입장에서는 참으로 난처한 상황이지만, 사실 이성의 입장에서는 이런 상상력의 실패의 경험을 통해 상상력이 최대한으로 확장되는 사유의 경험에 이르게 된다는 점에서 오히려 유익하다고 할 수 있습니다. 앞에서도 말했듯이 대단한 예술 작품을 만났을 때 분명히 어떤 쾌감을 지각하기는 하지만 그 쾌감에 대해 설명할 방법을 찾지 못하는 경우가 많은데, 이는 상상력이 구체적 대상들을 포섭할 개념의 부재 때문에 자유롭게 활동할 때 벌어지는 일입니다. 미적인 아름다움이란 기본적으로 신체에 직접 주어지는 쾌감이 아니고 이렇게 상상력의 활동에 의해 주어지는 쾌감이라 취미라고도 불리게 되는 것입니다. 취미 혹은 취향이란 이미 직접성에서 벗어나 어떤 반성적 단계에 이르렀다는 의미를 갖는데 이 자체가 상상력과 관계하는 것이기 때문입니다.

취향이나 취미는 기본적으로 미각[味]의 문제와 관련되는데, 반성적 판단력은 미각이 그 중심이라고 간주됩니다. 왜 시각이나 청각이 아닌 미각이 중요할까요? 미각은 철저히 개별적이며 그 쾌, 불쾌에 대해 타자와 소통할 수 없는 감각이라고 합니다. 만일 내가 굴을 싫어한다면 어떤 논증을 통해서도 나로 하여금 굴을 좋아하도록 설득할 수 없습니다. 미각의 문제는 소통할 수 없는 것입니다.[8] 그런데 역설적으로 이렇게 개별자와 특수자에 갇히는 일이 중요합니다. 그렇지 않으면 일반개념이 작동해서 상상력이 활약할 여지가 없어지기 때문입니다. 저 사람은 왜 굴을 좋아하는 것일까, 굴은 어떤 맛을 내는 것일까, 내가 모르는 맛의 영역이 있는 것은 아닐까 하는 다양한 사유가 바로 이 미각의 소통 불가능성 속에서 살아나는 것입니다. 소통 불가능성 속에서도 소통 가능성이 있다는 것을 발견하기 위해 특수자에 갇히는 일이 필요합니다.

개별적인 것만 보이고 도대체 보편성이 확인되지 않을 때 상상력은 그 보편성을 위해 자유롭게 활약하게 되고, 이때 사유는 확장되면서 타자와 소통할 수 있게 됩니다. 그래서 한나 아

---

8) 아렌트, 『칸트 정치철학 강의』, 129~130쪽. 미각과 상상력, 그리고 공통감에 대해서는 132쪽 참조.

렌트는 생각은 혼자 하는 것이지만 식사는 동료를 필요로 한다고 말합니다. 반성적 판단력은 상상력을 자유롭게 하고 이로 인해 공통감각을 만들어 냅니다. 부재하는 대상과 관련되는 상상력은 대상의 직접성을 간접성으로 바꿔 주고, 그것을 재현 가능하게 하며, 따라서 반성작용을 동반하게 합니다. 즉 적절한 거리를 통해 그것을 승인하거나 부인하게 될 공간을 열어 주는 것이죠. 가장 사적이고 주관적인 것처럼 보이는 감각 속에 주관적이지 않은 것이 존재한다는 것, 이것이 상상력과 취미판단에 의해 발생하는 공통감각입니다.

칸트는 미적인 것에 대해 이런 예를 든 적이 있습니다. "무인도에 버려진 사람은 그 자신 홀로는 자기의 움막이나 자기 자신을 꾸미거나 꽃들을 찾아내거나 하지 않으며, 더구나 단장하기 위해 꽃들을 재배하는 일은 없을 것이다. 오직 사회에서만 그에게 한낱 인간이 아니라 자기 나름으로 세련된 인간이고자 하는 생각이 떠오른다."[9] 다시 말해 미적인 것은 오직 사회에서만 관심을 끌 수 있는 것입니다. 칸트에게 '세련된 인간'이란 자신의 쾌감을 타자에게 전달하려 노력하고 특히 그런 일에 능숙한 사람이며, 공통적으로 흡족함을 느끼지 못하는 대상에 대해서

---

9) 칸트, 『판단력비판』, B163.

는 관심을 갖지 않으며, 사물이란 보편적으로 전달될 수 있는 만큼만 가치가 있다고 생각하는 사람입니다. 판단이라는 개념에 어울리는 것은 이런 공동체의 구성원으로서 뭔가를 판단하는 일입니다. 개별적 취미에 갇혀 있는 것처럼 보여도 그것은 항상 타인의 취미를 반성하면서 공통성에 도달할 수 있는 가능한 판단들을 고려하는 자유로운 사유라 할 수 있습니다. 따라서 광기(혹은 완고함)의 유일한 증상은 이런 공통감의 상실이자 자신만의 감각을 논리적으로 고집스럽게 우기는 것입니다.

내가 어떤 대상을 지각했을 때 쾌감을 느꼈다면 그것은 취미판단에서의 쾌감과 다릅니다. 취미판단은 그저 신체적 만족감에 그치는 것이 아니라 상상력의 작용에 의해 타인의 입회 아래 공통감각의 차원에서 경험하는 쾌감입니다. 그것은 어떤 대상에 대한 쾌감이 아니라 그런 대상을 내가 바람직하고 기쁜 대상으로 선택하고 판단한다는, 그래서 공통성과 보편성을 확인할 수 있다는 사실에 대한 쾌감입니다. 반성적 판단력이 발견하는 보편성은 당연히 개별적이고 특수한 것을 넘어서야 하는 것이지만 그렇다고 해서 어떤 일반적 척도의 지배 아래서는 달성될 수 없는 그런 차원의 것입니다. 그리고 이는 상상력의 활동 공간이 보장되는 방식이기도 합니다.

그렇다고 저편의 세계라는 초월성의 규칙이 필요한 것도

아닙니다. 그것은 이 규범적이고 일반적인 척도 자체를 내파할 수 있을 때 달성되는 것으로서, 이것이 정확히 칸트가 '이성적으로 생각하라' 혹은 '이성을 공적으로 사용하라'고 말할 때 뜻하는 바입니다. 무의식적이든 관습적이든 어쨌든 사전에 합의되어 있거나 은밀히 강제되어 있는 일반성(혹은 초월성)에 대한 무조건적 동의 자체를 거부할 수 있는 능력은 이 이성의 공적 사용에서 나오는 힘입니다. 우리를 둘러싼 일반성들을 생각해 봅시다. 직분이라는 일반성, 계급이라는 일반성, 민족이라는 일반성, 인종이라는 일반성 등 우리는 사유를 공적 사용에서 사적 사용으로 강제하는 다양한 일반성 속에 사로잡혀 있습니다. 일반성이 주어져 있지 않아야 상상력이 활동할 수 있고 상상력이 활동해야 새로운 공통감각과 보편성을 발견할 수 있습니다. 일반성을 내파하는 힘은 상상력을 추동하는 반성적 판단력에 의해 가능합니다.

사유와 타자

지금까지 살펴본 반성적 판단력과 상상력의 관계를 바탕으로 칸트의 '사유'가 무엇인지 아렌트의 분석을 참고로 삼아 알아보도록 하겠습니다. 우선 칸트의 설명을 보도록 하겠습니다.

> 만일 우리가 다른 사람들과 서로 소통할 수 있는 공동체 안에서 생각하지 않는다면, 우리는 얼마나 많이 그리고 얼마나 정확하게 생각할 수 있을까. 그러므로 우리는 인간에게서 자신의 생각을 공적으로 소통할 자유를 박탈하는 외부 권력에 대해 생각하는 자유 또한 박탈하는 것이라고 주장할 수 있다. 생각하는 자유란 우리의 시민적 생활에 남겨진 유일한 보물로서, 이를 통해서만 현존하는 사태 속에 있는 모든 악들에 대한 처방이 존재할 수 있게 된다.[10)]

칸트에게 사유는 근본적으로 '공적인' 것입니다. 인용 부분에서 주목할 만한 것은, 첫째, 공동체 안에서의 사유만이 '정확한' 사유라는 것입니다. 사유의 정밀함이 공통감각에 의존한다는 것은 현실과의 일치나 주어진 규칙과의 일치를 사유의 정확성이라고 생각하는 우리들에게 시사하는 바가 매우 큽니다. 둘째, 소통 가능성의 박탈이 사유의 자유를 박탈하는 것이라는 사

---

10) 임마누엘 칸트, 「올바른 사고란 무엇인가」('Was hesst: Sich im Denken orientieren?', 1786), 아렌트, 『칸트 정치철학 강의』, 89~90쪽에서 재인용.

실입니다. 사상의 자유가 부여되더라도 소통 가능성이 부여되지 않는다면 그것은 이미 사상의 자유 자체의 박탈이라고 보는 것이 상당히 특징적입니다. 칸트에게 이성의 공적 사용이란, 그리고 사유한다는 것이란, 공동체 안에서만 가능한 것이고 오직 그럴 때만 사유는 정확한 것이 됩니다.

앞에서도 얘기했지만, 장교가 아니라 학자로서 독서 대중 앞에 선다고 할 때, 이때 학자는 일반 '시민'이 아니라 세계시민 사회의 구성원입니다. 세계시민의 토포스는 사유가 고립 없이 모든 타자들과 공동체 속에서 진행되어야 한다는 것을 뜻합니다. 바로 이 지점이 칸트가 사유에 부과한 중요한 의미라고 할 수 있는데, 사유의 조건에 이미 공동체(세계시민) 자체가 포함된다는 것입니다. 과학적 진리가 반복 가능한 실험에 의존한다면, 사유(철학적)의 진리는 인류적 차원에서의 소통 가능성에 있다고 할 수 있겠습니다.[11] 소통 가능성이란 우리의 말을 들을 수 있고 경청할 수 있는 사람들의 공동체를 함축하고, 그런 점에서 인간은 근본적으로 사교적(사회적)이라고 칸트는 생각했습니다.

공동체가 '전제된' 사유가 아니면 정확한 사유가 아니라는 것은, 칸트에게 사적인 사유란 이미 부정확한 사유이면서 동시

---

11) 아렌트, 『칸트 정치철학 강의』, 88~89쪽.

에 비판을 거치지 않은 복종적 사유에 그치고 말기 때문입니다. 사유 안에 세계시민이 자리할 수 있는 보편성의 자리를 마련하지 못한 사유는 이미 그 자체로 독단적일 수밖에 없습니다. 아무리 정교한 사유라 해도 그것이 도구적 이성의 한계 안에 갇혀 그저 수단으로만 사용될 수 있다면 그것은 정확하면서 비판적인 사유에 속하지 않습니다. 비판적 사유는 자신의 사유를 이미 공동체의 시선에 노출시킨 것이므로 자신 안에 반성을 포함한 사유가 됩니다. 사유가 공적일 때 그것은 자기비판이자 동시에 세계 비판의 사유라는 날카로운 매개가 될 수 있습니다.

소통 가능성과 비판을 그 핵심 요소로 하는 칸트의 사유는 타자가 개방적으로 나의 사유에 접근할 수 있어야 한다는 것을 원칙으로 합니다. 다시 말해 사유 자체는 혼자서 진행하는 고독한 것일지라도 그 사유에 타자가 참여할 수 있도록 상상력이 개방되어 있어야 하는 것입니다. 타자들과 분리된 사유는 직분의 원칙에 고착된 완고한 사유가 되고, 그런 사유에서 상상력의 활동은 일반 원칙의 기계적 적용에 그치고 맙니다. 세계시민의 입장을 채택한다는 것, 그것이 바로 확장된 정신을 바탕으로 상상력이 활발히 활동하면서 자신의 사유를 재현하듯이 재검토할 수 있게 하는 것입니다.[12]

그렇다고 타자의 마음에서 일어나는 것에 대해 감정이입의 상태로 이행한다는 뜻은 아닙니다. 감정이입은 실상 독단적인 것입니다. 아렌트의 지적대로 나의 관점을 타인의 관점으로 대체하는 것은 하나의 편견을 다른 편견으로 대체하는 것에 불과한 것이기 때문입니다. 이런 감정이입의 상태는 대개 권위적 주체를 추종하는 사람들에게 많이 발생하는데, 권위자의 관점을 받아들이는 것을 사유의 확장이라고 생각하는 경향이 많습니다. 그러나 그것은 새로운 편견의 수용에 불과한 것이기 쉽습니다.

타자의 입회를 허락하는 칸트적 사유는 기본적으로 '행위자'가 아니라 '관찰자'의 것이라 할 수 있습니다.[13] 관찰자는 행위의 직접성으로부터 물러서서 전체로서의 역사를 인류 전체적 시각에서 볼 수 있는 위치에 자리 잡습니다. 행위하는 자는 행위자체에 매몰되어 있기 때문에 자신의 행위가 갖는 의미를 반성할 여유를 갖지 못합니다. 관찰자는 관여하지 않기 때문에 행위자에게는 숨겨져 있는 권위나 신 혹은 이데올로기에 대해 파악할 수 있는 것입니다. 이렇게 타자들의 공동체와 관찰자라는 조건이 바로 칸트의 사유를 취미판단과 연결시킬 수 있게 하는 것

---

12) 아렌트, 『칸트 정치철학 강의』, 93쪽.
13) 아렌트, 『칸트 정치철학 강의』, 107쪽.

입니다. 직접적 대상에서 물러나서 반성적 대상을 재현하는 상상력과, 개별적인 취향이면서도 보편적일 수 있는 공통감각, 이것이 취미판단의 핵심적 요소이기 때문입니다. 미적 대상의 경험을 위해 필요한 것이 소통 가능성이듯이 사유를 위해서도 소통 가능성은 핵심적인 것이 됩니다.

미와 추에 대한 취미판단처럼 옳고 그름에 대한 분간은 사유의 능력입니다. 사유 능력은 수많은 대상들을 어떤 일반개념 아래 포섭하는 기계적 행위가 아닙니다. 그것은 인류 전체를 상상력의 도움을 통해 자신의 판단에 개입시키는 고차원적인 행위입니다. 그렇기 때문에 이런 판단을 할 때만 인간은 자기만족에 도달할 수 있게 되는 것입니다. 그러나 바로 그런 이유 때문에 이런 판단은 타자에게 강요될 수 없습니다. '이것은 아름답다'는 표현이 타자에게 강요될 수 없듯이 말입니다. 이 반성적 사유에 의한 판단이 할 수 있는 것은 어찌 보면 상당히 무력한 것이기도 합니다. 오로지 타인의 동의를 호소하거나 간청할 수 있을 뿐이기 때문입니다.[14] 하지만 이 간접적인 호소가 사람들의 가슴속에서 공명할 때 그것은 그 무엇보다 더 강력한 파괴력을 형성할 수도 있습니다. 왜냐하면 이 판단은 이미 공동체적 수

---

14) 아렌트, 『칸트 정치철학 강의』, 140쪽.

준에서 형성된 것이기 때문입니다.

사유는 일상적 활동을 중단시키고 목적 아래 수단이 되어 있는 삶도 중단시킵니다. 그리고 수단에 그치는 이성의 사용 대신 목적 자체를 재검토하게 합니다. 그러므로 사유는 국지적 장소로부터의 '이탈'이라고도 정의할 수 있겠습니다. 이 이탈은 세계시민의 자리로의 이주를 뜻할 수도 있고 보편성의 차원으로의 고양을 뜻할 수도 있습니다. 그 이탈의 '자리'는 실체적으로 존재하는 것이 아닙니다. 그렇기 때문에 사유는 자신의 자리가 없는 바로 그곳에서 국지화되고 수단이 되어서는 안 되는 것들을 사유합니다. 즉 "어디에도 있을 것 같지 않은 것"을 사유하는 것입니다. 그래서 사유는 언제나 이미 소멸되었거나 아직 존재하지 않는 것, 즉 과거와 미래라는 부재하는 것을 주제로 삼습니다. 우리가 일상적 활동 바깥으로 이탈할 때 사유는 우리로 하여금 과거와 미래를 그 순수한 실체로서 드러냅니다.[15] 더 이상 존재하지 않는 것, 그리고 앞으로 존재해야 할 것을 자각할 수 있게 하는 것이 사유의 능력입니다.

이성의 공적 사용이란 이처럼 우리를 구속하는 직업적이고 국가적이며 민족적이고 인종적인 정체성으로부터 벗어날 수 있

---

15) 아렌트, 『정신의 삶 : 사유와 의지』, 303~315쪽.

는 능력을 요구합니다. 보편성의 자리란 지금 있는 정체성과 일반성에 대해 세계시민의 토포스를 대립시키라는 뜻입니다. 지금 있는 자리에 일종의 균열을 만들라는 얘기죠. 그렇다고 이런 능력이 특수한 사람들에게 한정되어 있는 것은 아닙니다. 누구든 자신의 직업적·지역적 한계를 벗어나려는 노력을 할 때 그는 이성의 공적 사용에 충실한 것입니다. 니체는 칸트의 보편성에 대해 만인의 논리라면서 비판합니다. 고귀한 소수의 논리에 위배되는 평범하고 저열한 자들의 도덕이라는 것이죠. 그런데 저는 이게 칸트에 대한 오독으로 보입니다. 칸트의 보편성은 이미 존재하는 공동체적인 합의가 아닙니다. 그것은 자리가 없는 자리, 그래서 언제나 과거나 미래의 시야에 의해 획득되어야 할 자리입니다. 어떤 자리와도 동일시되지 않는 자리, 예외를 만들 수 있는 자리, 그게 바로 칸트가 말하는 사유의 보편성입니다.

참고문헌

강순전. 「정신으로서의 이성」, 『철학사상』 38호, 2010.

_____. 『정신현상학의 이념』, 세창출판사, 2016.

강은아. 「칸트 후기 실천철학에서 '근본악 테제'의 두 측면」, 『철학연구』 60집, 2019.

김소형. 「모든 인간은 본성상 도덕적이다」, 『철학논총』 109집, 2022.

김현. 「교환과정의 논리적 구조 : 맑스의 화폐론을 중심으로」, 『철학논총』 74집, 2013.

니체, 프리드리히. 『도덕의 계보』, 박찬국 옮김, 아카넷, 2021.

들뢰즈, 질. 『스피노자의 철학』, 박기순 옮김, 민음사, 2009.

라이프니츠, 빌헬름. 「모나드론」, 『형이상학논고』, 윤선구 옮김, 아카넷, 2010.

맑스, 칼. 『자본론』 1권(상), 김수행 옮김, 비봉출판사, 2009.

바디우, 알랭. 『사도 바울』, 현성환 옮김, 새물결, 2008.

박영선. 「칸트, 셸링 그리고 실재성으로서의 악」, 『대동철학』 56집, 2011.

벤야민, 발터. 「폭력의 비판을 위하여」. 자크 데리다, 『법의 힘』, 진태원 옮김, 문학과지성사, 2004.

손민주. 『상상력의 자유에 관한 고찰 : 칸트의 상상력 개념의 유형 분석을 중심으로』, 서울대석사, 2017.

스피노자, 바뤼흐. 『에티카』, 강영계 옮김, 서광사, 1990.

_____.『신학정치론』, 황태연 옮김, 신아출판사, 2010.

아렌트, 한나.『정신의 삶 : 사유와 의지』, 홍원표 옮김, 푸른숲, 2019.

_____.『칸트 정치철학 강의』, 김선욱 옮김, 푸른숲, 2002.

암스트롱, 카렌.『신의 역사』, 배국원·유지황 옮김, 교양인, 2023.

이글턴, 테리.『비극』, 정영목 옮김, 을유문화사, 2023.

이남원.「라이프니츠 변신론의 논증 구조」,『철학연구』131집, 2014.

이수영.『순수이성비판 강의』, 북튜브, 2021.

_____.『실천이성비판 강의』, 북튜브, 2021.

_____.『에티카, 자유와 긍정의 철학』, 오월의봄, 2013.

임미원.「법의 자기정당화의 위기 : 아감벤의 칸트 법개념 비판을 중심으로」,『법학
      논총』27집, 2010.

임병덕.「인간형성의 원리로서의 반복」,『도덕교육연구』30권 4호, 2018.

임홍배.「칸트의 계몽 개념에 대하여」,『괴테연구』31, 2018.

정윤호.「헤겔『정신현상학』에서 힘과 오성의 대칭적 관계에 관한 연구」, 연세대석
      사, 2016.

주판치치, 알렌카.『실재의 윤리』, 이성민 옮김, 도서출판b, 2004.

지젝, 슬라보예.『가장 숭고한 히스테리환자』, 주형일 옮김, 인간사랑, 2013.

_____.『그들은 자기가 하는 일을 알지 못하나이다』, 박정수 옮김, 인간사랑, 2004.

_____.『까다로운 주체』, 이성민 옮김, 도서출판b, 2005.

_____.『시차적 관점』, 김서영 옮김, 마티, 2009.

_____.『신체 없는 기관』, 이성민 외 옮김, 도서출판b, 2006.

_____.『헤겔 레스토랑』, 조형준 옮김, 새물결, 2013.

카프카, 프란츠.「법 앞에서」,『프란츠 카프카』, 박병덕 옮김, 현대문학, 2020.

_____.『성』, 오용록 옮김, 솔출판사, 2008.

_____, 『심판』, 김현성 옮김, 문예출판사, 2007.

칸트, 임마누엘. 「계몽이란 무엇인가에 대한 답변」, 『칸트의 역사철학』, 이한구 편
　　　역, 서광사, 1992.

_____. 「올바른 사고란 무엇인가」('Was hesst: Sich im Denken orientieren?', 1786),
　　　아렌트, 『칸트 정치철학 강의』, 김선욱 옮김, 푸른숲, 2002.

_____. 『실천이성비판』, 백종현 옮김, 아카넷, 2009.

_____. 『이성의 한계 안에서의 종교』, 백종현 옮김, 아카넷, 2015.

_____. 『판단력비판』, 백종현 옮김, 아카넷, 2009.

코제브, 알렉상드르. 『역사와 현실변증법』, 설헌영 옮김, 한벗, 1981.

키르케고르, 쇠렌. 『반복/현대의 비판』, 임춘갑 옮김, 치우, 2011.

플라톤. 『메논』, 이상인 옮김, 이제이북스, 2014.

_____. 『플라톤전집 5 : 플라톤의 다섯 대화편』, 천병희 옮김, 숲, 2016.

헤겔, 게오르크 빌헬름 프리드리히. 『정신현상학 1』, 김준수 옮김, 아카넷, 2022.

_____. 『정신현상학 2』, 김준수 옮김, 아카넷, 2022.

「교통일보」, 2023. 1. 20. (https://www.tdaily.co.kr/news/view.php?idx=41273)

「머니투데이」 2023. 8. 5. (https://v.daum.net/v/20230805170330169)

「한겨레」 2023. 7. 24. (https://v.daum.net/v/20230724184010283)

「한국경제」, 2023. 8. 11. (https://v.daum.net/v/20230811070801249)

찾아보기